2026

전면개정 제37회 공인중개사 시험대비 동영상강의 www.pmg.c

박문각 공인중개사

기초입문서 1차

부동산학개론 | 민법·민사특별법

박문각 공인중개사연구소 편

브랜드만족
1위
박문각

수상내역
후면표기

You Tube
동영상강의
무료제공

합격까지 박문각
합격 노하우가 다르다!

박문각

박**각 공인중개사

이 책의 머리말

1985년 처음 시행된 공인중개사 시험이 어느덧 제36회를 거쳐 **제37회째 시험**을 맞이하게 되었습니다.

해가 거듭될수록 높아지는 문제의 난이도로 많은 수험생들이 시험 준비에 어려움을 겪고 계실 테지만, 준비만 제대로 한다면 단기간에 쉽게 딸 수 있는 자격증이 공인중개사입니다.

본서는 중개사 시험 준비의 첫걸음이라 할 수 있는 입문서로, 기본서에 앞서 어떤 내용을 익히고 공부해야 하는지, 그 방향을 잡아주는 지침서 역할을 합니다. 입문과정을 거치느냐 거치지 않느냐에 따라 기본서를 이해하고 습득하는 시간이 크게 차이가 나기 때문에 가능하다면 입문서를 공부하고 기본서를 보시는 것이 훨씬 유리합니다.

이 책의 특징은 다음과 같습니다.

01 각 과목별 특성에 맞추어 중요 개념을 테마별로 정리하여 제시하고 있습니다.

02 기본서 학습에 앞서 기본적으로 알아야 할 이론과 용어를 쉽게 이해하고 받아들일 수 있도록 풀어서 설명하였습니다.

03 필요한 경우 도표나 만화 등을 활용하여 보다 쉽게 이론을 이해할 수 있도록 돕는 한편, 학습에 재미를 더하고 있습니다.

공인중개사 시험을 준비하시는 분들에게 부끄럽지 않은 교재를 내놓기 위해 많은 교수님들께서 불철주야 애써 주셨습니다. 이제 입문서로서의 역할을 제대로 할 수 있도록 다듬고 보완하고 오랜 시간 고민하며 작업한 이 결과물을 조심스럽게 내어놓습니다.
부족한 부분은 계속 채워나갈 것을 약속드리며, 부디 이 책이 공인중개사 합격이라는 수험생들의 꿈을 이루는 데 큰 힘이 되길 바랍니다.

박문각 공인중개사연구소 씀

공인중개사 개요 및 전망

"자격증만 따면 소자본만으로 개업할 수 있고 '나'의 사업을 능력껏 추진할 수 있다."

공인중개사는 자격증만 따면 개업하고, 적당히 돌아다니기만 해도 적지 않은 수입을 올릴 수 있는 자유직업. 이는 뜬구름 잡듯 공인중개사가 되려는 사람들의 생각인데 천만의 말씀이다. 예전에도 그랬고 지금은 더하지만 공인중개사는 '부동산 전문중개인다워야' 제대로 사업을 유지할 수 있고 괜찮은 소득도 올릴 수 있는 최고의 자유직업이 될 수 있다.

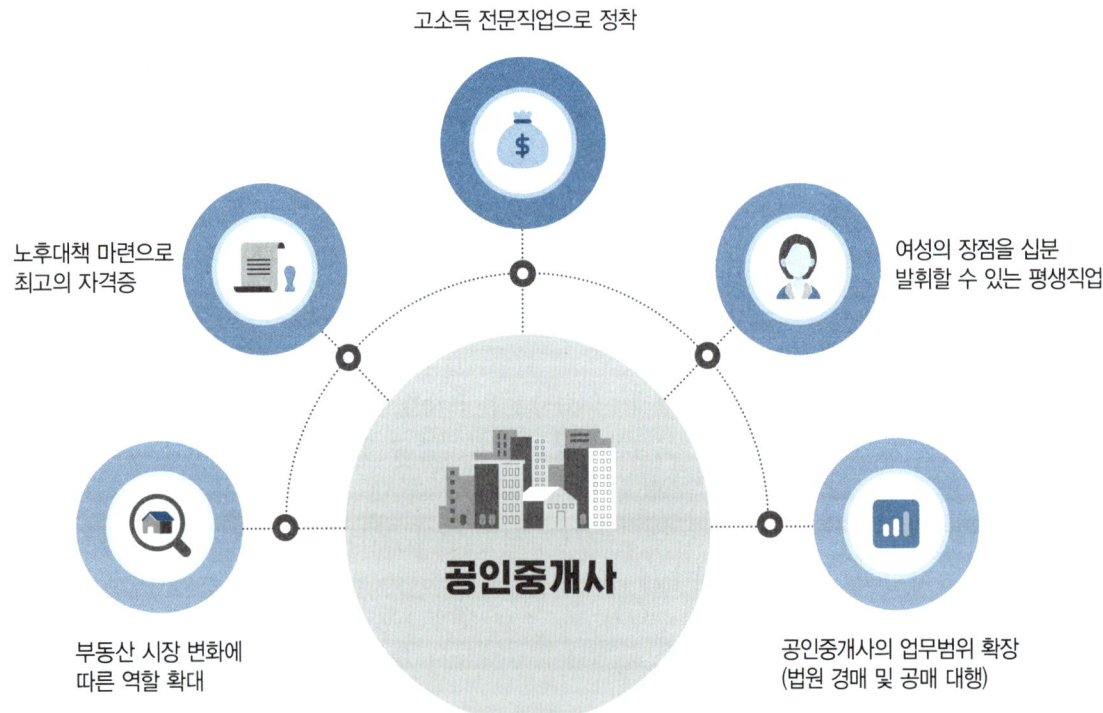

고소득 전문직업으로 정착

노후대책 마련으로
최고의 자격증

여성의 장점을 십분
발휘할 수 있는 평생직업

공인중개사

부동산 시장 변화에
따른 역할 확대

공인중개사의 업무범위 확장
(법원 경매 및 공매 대행)

"자격증 취득하면 무슨 일 할까?"

공인중개사 자격증에 대해 사람들이 가장 많이 궁금해하는 점이 바로 '취득 후 무슨 일을 하냐'이다. 하지만 공인중개사 자격증 취득 후 선택할 수 있는 직업군은 생각보다 다양하다.

개업공인중개사로서의 공인중개사 업무는 알선·중개 외에도 중개부동산의 이용이나 개발에 관한 지도 및 상담(부동산컨설팅)업무도 포함된다. 부동산중개 체인점, 주택 및 상가의 분양대행, 부동산의 관리대행, 경매 및 공매대상 부동산 취득의 알선 등 부동산의 전문적 컨설턴트로서 부동산의 구입에서 이용, 개발, 관리까지 폭넓은 업무를 다룰 수 있다.

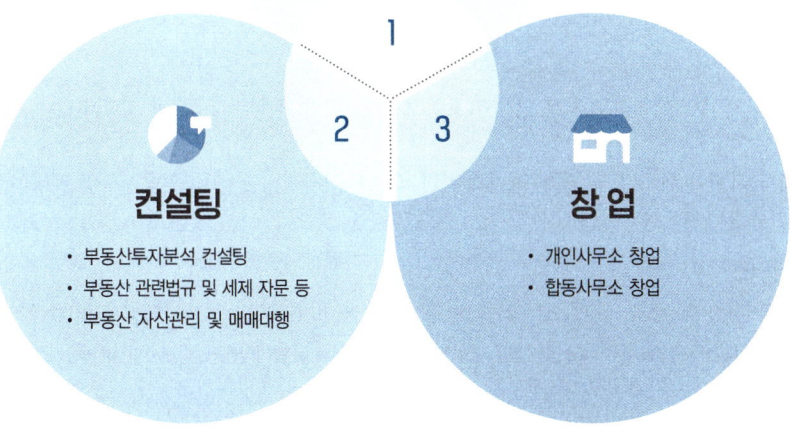

취업
- 온라인 부동산 포털회사 취업
- 개인사무소, 합동사무소 취업
- 정부재투자기관 취업
- 부동산 관련기업 취업
- 은행 등 부동산 금융파트 취업 등

1

2   3

컨설팅
- 부동산투자분석 컨설팅
- 부동산 관련법규 및 세제 자문 등
- 부동산 자산관리 및 매매대행

창업
- 개인사무소 창업
- 합동사무소 창업

2026 공인중개사 시험정보

시험일정 및 시험시간

1. 시험일정 및 장소

구 분	인터넷 / 모바일(App) 원서 접수기간	시험시행일	합격자발표
일 정	매년 8월 2번째 월요일부터 금요일까지(2026. 8. 3 ~ 8. 7 예정)	매년 10월 마지막 주 토요일 시행(2026. 10. 31 예정)	11월 중
장 소	원서 접수시 수험자가 시험지역 및 시험장소를 직접 선택		

TIP 1. 제1·2차 시험이 동시접수·시행됩니다.
       2. 빈자리 접수(2일간)는 정기접수 환불로 발생한 수용인원 범위 내에서 선착순으로만 이루어져 조기마감될 수 있습니다.

2. 시험시간

구 분	교시	시험과목 (과목당 40문제)	시험시간	
			입실시간	시험시간
제1차 시험	1교시	2과목	09:00까지	09:30 ~ 11:10(100분)
제2차 시험	1교시	2과목	12:30까지	13:00 ~ 14:40(100분)
	2교시	1과목	15:10까지	15:30 ~ 16:20(50분)

* 수험자는 반드시 입실시간까지 입실하여야 함(시험 시작 이후 입실 불가)
* 개인별 좌석배치도는 입실시간 20분 전에 해당 교실 칠판에 별도 부착함
* 위 시험시간은 일반응시자 기준이며, 장애인 등은 유형에 따라 편의제공 및 시험시간 연장가능(유형별 편의제공 및 시험시간 연장 등 세부내용은 큐넷 공인중개사 홈페이지 공지사항 참조)
* 2차만 응시하는 시간연장 수험자는 1·2차 동시응시 시간연장자의 2차 시작시간과 동일 시작

TIP 시험일시, 시험장소, 시험방법, 합격자 결정방법 및 응시수수료의 환불에 관한 사항 등은 '제37회 공인중개사 자격시험 시행공고시 고지

응시자격 및 합격자 결정방법

1. 응시자격: 제한 없음

다만, 다음의 각 호에 해당하는 경우에는 공인중개사 시험에 응시할 수 없음

① 공인중개사시험 부정행위자로 처분 받은 날로부터 시험시행일 전일까지 5년이 지나지 않은 자(공인중개사법 제4조의3)
② 공인중개사 자격이 취소된 후 합격자발표일까지 3년이 지나지 않은 자(공인중개사법 제6조)
③ 이미 공인중개사 자격을 취득한 자

2. 합격자 결정방법

제1·2차 시험 공통. 매 과목 100점 만점으로 하여 매 과목 40점 이상, 전 과목 평균 60점 이상 득점한 자

TIP 제1·2차 시험 응시자 중 제1차 시험에 불합격한 자의 제2차 시험은 무효로 합니다(「공인중개사법 시행령」 제5조 제3항).
* 제1차 시험 면제대상자: 2025년 제36회 제1차 시험에 합격한 자

시험과목 및 출제비율

구 분	시험과목	시험범위	출제비율
제1차 시험 (2과목)	부동산학개론 (부동산 감정평가론 포함)	부동산학개론 •부동산학 총론[부동산의 개념과 분류, 부동산의 특성(속성)] •부동산학 각론(부동산 경제론, 부동산 시장론, 부동산 정책론, 부동산 투자론, 부동산 금융론, 부동산 개발 및 관리론)	85% 내외
		부동산 감정평가론(감정평가의 기초이론, 감정평가방식, 부동산가격 공시제도)	15% 내외
	민법 및 민사특별법 중 부동산중개에 관련되는 규정	민 법 •총칙 중 법률행위 •질권을 제외한 물권법 •계약법 중 총칙·매매·교환·임대차	85% 내외
		민사특별법 •주택임대차보호법 •집합건물의 소유 및 관리에 관한 법률 •가등기담보 등에 관한 법률 •부동산 실권리자명의 등기에 관한 법률 •상가건물 임대차보호법	15% 내외
제2차 시험 1교시 (2과목)	공인중개사의 업무 및 부동산 거래신고 등에 관한 법령 및 중개실무	공인중개사법	70% 내외
		부동산 거래신고 등에 관한 법률	
		중개실무	30% 내외
	부동산공법 중 부동산중개에 관련되는 규정	국토의 계획 및 이용에 관한 법률	30% 내외
		도시개발법	30% 내외
		도시 및 주거환경정비법	
		주택법	40% 내외
		건축법	
		농지법	
제2차 시험 2교시 (1과목)	부동산공시에 관한 법령 및 부동산 관련 세법	부동산등기법	30% 내외
		공간정보의 구축 및 관리 등에 관한 법률 제2장 제4절 및 제3장	30% 내외
		부동산 관련 세법(상속세, 증여세, 법인세, 부가가치세 제외)	40% 내외

TIP 답안은 시험시행일에 시행되고 있는 법령을 기준으로 작성

공인중개사 공략법

📖 **학습 정도**에 따른 공략법

type 01 입문자의 경우

공인중개사 시험 준비 경험이 전혀 없는 상태라면 먼저 시험에 대한 전체적인 파악과 과목에 대한 이해가 필요하다. 서점에서 공인중개사 관련 서적을 살펴보고 공인중개사 시험에 대한 대략적 지식을 쌓은 후 학원에서 수험상담을 받는 것이 좋다.

type 02 학습경험이 있는 경우

잠시라도 손을 놓으면 실력이 급격히 떨어질 수 있으므로 문제풀이를 통해 학습한 이론을 정리하고, 안정적 실력 향상을 위해 꾸준히 노력해야 한다. 강의 또한 평소 취약하다고 느끼는 과목에 대해 집중 심화학습을 해야 한다. 정기적인 모의고사를 실시하여 결과에 따라 약점을 보완하는 동시에 성적이 잘 나오는 과목에 대해서도 소홀하지 않도록 지속적인 복습을 해야 한다.

type 03 시간이 부족한 직장인 또는 학생의 경우

시험에 올인하는 수험생에 비해 절대적으로 학습시간이 부족하므로 시간을 최대한 아껴가며 효율적으로 공부하는 방법을 찾는 것이 무엇보다도 중요하다. 평소에는 동영상 강의 등을 활용하여 과목별 이해도를 높이고 자투리 시간을 활용하여 지하철이나 버스 안에서 자기만의 암기카드, 핸드북 등을 보며 학습하는 것이 좋다. 주말은 주로 기본이론보다는 주중에 학습한 내용의 심화학습 위주로 공부해야 한다.

학습 방법에 따른 공략법

type **01**
독학할 경우

 >  +

신뢰할 수 있는 기본서를 선택하여 기본이론을 충실히 학습하면서 문제집 또는 모의고사집을 통하여 실전에 필요한 문제풀이 방법을 터득하는 것이 관건이다. 주기적으로 모의고사 등에 응시하여 자신의 실력을 확인하면서 체계적인 수험계획을 세우고 이에 따라서 공부하여야 한다.

TIP 관련 법령 개정이 잦은 공인중개사 시험의 특성상 시험 전 최신 수험정보를 확인해 보는 자세가 필요하다.

※ 최신 수험정보 및 수험자료는 박문각 홈페이지(www.pmg.co.kr)에서 박문각출판 참고

type **02**
학원강의를 수강할 경우

 >  +

보통 학원에서는 2달을 기준으로 기본서, 문제집, 모의고사 등에 관련된 강의가 개설·진행되는데 그에 맞춰서 수험 전체의 일정을 잡는 것이 좋다. 학원수업 후에는 개인공부를 통해 실력을 쌓아 나가고, 쉬는 날에도 공부의 흐름을 놓치지 않도록 그 주에 공부한 부분을 가볍게 훑어보는 것이 좋다. 학원 내 스터디 모임과 학원의 전문상담원을 통하여 수험정보를 빠르고 쉽게 접할 수 있는 장점도 있다.

type **03**
동영상강의를 수강할 경우

 >  +  =

동영상을 통하여 이론 강의와 문제풀이 강의를 동시에 수강할 수도 있고, 단원별로 이론강의 수강 후에 문제풀이 강의로 즉시 실력을 점검할 수도 있다. 그리고 이해가 안 되거나 어려운 부분은 책갈피해 두었다가 다시 볼 수 있다. 패키지 강좌, 프리미엄 강좌 등을 이용하면 강의료가 할인된다.

※ 공인중개사 동영상강의: www.pmg.co.kr
　박문각 공인중개사 전화문의: 02-6466-7201

이 책의 **활용방법**

Thema 01

Thema

중점적으로 학습해야 할 내용을 선별하여 수험생들이 각 과목의 특성을 파악할 수 있도록 테마별로 일목요연하게 정리하였다.

Thema 37 외부효과

1 개 념

어떤 경제주체의 경제활동(생산활동, 소비활동)이 의도하지 않게 제3자에게 이익이나 손해를 주면서 이에 대한 대가를 받지도, 지불하지도 않는 현상을 말한다.

2 구 분

(1) 생산측면의 외부효과와 소비측면의 외부효과가 있다.

(2) **정(+)의 외부효과(외부경제)와 부(−)외부효과(외부불경제)**

① **정의 외부효과**: 과수원이 이웃하는 양봉업자에게 이익을 주는 경우
② **부의 외부효과**: 연탄공장의 연탄생산으로 주변지역의 대기오염 등의 공해산업

3 외부효과의 내용

부의 외부효과	정의 외부효과
① 대가를 지불하지 않고 의도하지 않은 손해를 미침	① 대가를 받지 않고 의도하지 않는 이익을 줌
② 생산측면: 사적(한계) 비용 < 사회적(한계) 비용	② 생산측면: 사적 비용 > 사회적 비용
③ 소비측면: 사적 편익 > 사회적 편익	③ 소비측면: 사적 편익 < 사회적 편익
④ 생산량: 최적생산량보다 과다생산	④ 생산량: 최적생산량보다 과소생산
⑤ 대책(정부개입): 규제 − 중과세, 부담금 부과 등 ⇨ 생산비↑ ⇨ 공급량↓ ⇨ 공급곡선 좌측이동 ⇨ 가격↑	⑤ 대책(정부개입): 규제완화 − 조세경감, 보조금 지급 등
⑥ 낭비현상	⑥ 핌피현상

기출지문

기출지문을 활용한 문제풀이를 통해 보다 입체적인 학습이 가능하도록 구성하였다.

기출지문

부(−)의 외부효과는 사회가 부담하는 비용을 감소시킨다. 제28회 (×)
⇨ 부(−)의 외부효과는 사회가 부담하는 비용을 증가시킨다.

(2) 제3자에 대한 효과

통정허위표시의 무효는 선의의 제3자에게 대항하지 못한다.

🜉 乙이 이러한 사실을 알지 못하는(선의) 丙에게 매도하고 소유권이전등기를 하여 준 경우, 甲은 丙에게 가장매매라고 주장하지 못한다. 즉 甲과 乙의 통정허위표시(가장매매) 사실을 알지 못한 丙은 소유권을 취득한다.

🜂 **핵심 다지기**

비진의표시와 통정허위표시의 비교
- 공통점 의사와 표시의 불일치를 알고 하는 점
- 차이점 상대방과 통정(합의 또는 양해)이 있었다는 점
따라서 비진의표시를 상대방이 알았다는 사정만으로 통정허위표시가 되는 것은 아니다.

🜊 **핵심 용어 Check**

◆**당사자**
법률행위의 당사자란 법률행위를 통해 권리를 취득하거나 의무를 부담하는 자를 의미한다. 즉, 법률행위의 효과가 귀속되는 주체를 의미한다. 甲과 乙이 매매계약을 한 경우, 甲과 乙이 매매계약의 당사자이다.

◆**포괄승계인**(상속인)
당사자(매도인 또는 매수인)가 사망한 경우, 그 계약상의 권리와 의무를 모두 승계(포괄승계)받는다. 만일 甲과 乙이 매매계약을 한 상태에서 소유권이전등기하지 못한 상태에서 乙이 사망한 경우, 乙의 상속인 丙이 당사자인 乙의 지위를 승계를 받아 매수인으로서 모든 법률효과의 주체가 되는 것이다. 따라서 상속인은 당사자에 해당한다.

◆**제3자**
법률적으로 문제가 있는 법률행위의 당사자와 상속인 이외의 사람으로서, 그러한 비진의표시 또는 통정허위표시를 믿고 새로운 법률관계, 즉 매매계약이나 임대차계약 등을 맺은 사람을 말한다. 제3자를 특별승계인이라고도 한다.

03

2과목

핵심다지기

중요 내용을 한눈에 파악하고, 다시 한 번 상기할 수 있도록 구성하였다.

04

핵심용어 Check

공인중개사 시험공부의 입문자를 위하여 난해한 관련 용어를 알기 쉽게 설명하였다.

CONTENTS

이 책의 차례

01 부동산학개론

CONTENTS

이 책의 차례

CONTENTS

이 책의 차례

02
민법 ·
민사특별법

 **박문각 공인중개사**

과목별 학습 방법

공인중개사 부동산학개론 시험은 해마다 각 단원별로 일반적인 유형들이 골고루 출제되어 수험생들은 조금이나마 편하게 시험을 치룰 수 있을 것이다. 하지만 긴장을 늦출 수 없는 것은 수험생들이 어렵게 생각하는 계산문제가 유독 많은 비중을 차지하여 출제되는 경우가 있는데, 이는 평소 기본과정을 충실하게 준비하고, 문제집 등을 통해 문제 해결능력을 길러 놓았다면 큰 어려움은 없을 것이라고 생각한다.

부동산학개론 시험은 주로 종합적인 사고와 응용능력을 묻고 있기 때문에 이론에 대한 철저한 이해 위주의 학습이 요구된다. 따라서 기본서를 중심으로 전체적인 흐름을 이해하는 것이 우선이며, 정확한 이해를 바탕으로 이론적인 틀을 잡아놓은 상태에서 문제풀이를 통한 핵심부분의 암기가 이루어진다면 분명 좋은 결과가 있을 것이다.

01

부동산학개론

단 | 원 | 열 | 기

1. 부동산학 총론에서는 부동산학의 개념, 부동산학의 성격, 부동산학의 연구대상, 부동산의 개념, 부동산의 분류(토지·주택의 용어), 부동산(토지)의 특성을 공부한다.
2. 부동산의 개념, 부동산의 분류, 부동산의 특성은 매년 1문제씩 출제된다.

Thema 01 부동산학의 성격

(1) **부동산학은 경험과학, 규범과학, 사회과학, 응용과학, 종합과학이다.**

① **경험과학** : 부동산학은 일상생활에서 경험한 부동산 관련 사실을 바탕으로 하는 학문이다.

② **규범과학** : 부동산학은 가치판단의 기준을 제시하여 부동산활동을 바람직한 방향으로 유도하는 규범과학이다.

③ **사회과학** : 부동산학은 부동산과 관련된 사회현상을 대상으로 하는 사회과학이다.

④ **응용과학** : 부동산학은 실생활에 응용함을 목적으로 하는 학문이다.

⑤ **종합과학** : 부동산학은 법학, 경제학, 경영학, 건축공학 등 여러 학문의 지원을 받아 성립된 학문이다. 즉 법학, 경제학, 경영학, 건축공학 등을 결합한 학문이다.

(2) **부동산학은 순수과학, 자연과학이 아니다.**

> **기출지문**
>
> 과학을 순수과학과 응용과학으로 구분할 때 부동산학은 응용과학에 속한다. 제26회 (○)

Thema 02 부동산(학) 3대 측면

1 부동산의 3대 측면

부동산은 법률적 측면, 경제적 측면, 기술적(물리적) 측면 등 3가지 측면이 있는데 이를 부동산의 3대 측면이라 한다.

예를 들어 서울특별시 동작구 노량진동 1번지 토지를 바라볼 때, 이 토지의 용도지역(주거지역이냐? 상업지역이냐? 공업지역이냐?), 건폐율(건축물을 건축할 수 있는 면적), 용적률(건축물의 높이) 등은 법률적 측면이고, 이 토지의 가격, 임대료, 수요·공급, 시장상황 등은 경제적 측면이며, 면적·형상·고저·지세 등은 기술적(물리적) 측면이다.

법률적 측면	무형적 측면
경제적 측면	
기술적 측면	유형적 측면

2 부동산학의 3대 측면

부동산이 법률적 측면, 경제적 측면, 기술적(물리적) 측면의 3가지로 구성되어 있다면 부동산학도 법률적 측면, 경제적 측면, 기술적(물리적) 측면으로 이론이 구성되고, 우리가 공부할 내용도 3가지 측면이 되는데 이를 부동산학의 3대 측면이라고 한다.

> **기출지문**
>
> 경제적 측면의 부동산은 부동산가치에 영향을 미치는 수익성, 수급조절, 시장정보를 포함한다.
>
> 제34회 (○)

Thema 03 · 복합개념의 부동산

1. 복합개념의 부동산

부동산을 법률적, 경제적, 기술적(물리적) 개념으로 체계화한 개념을 말한다.

법률적 개념	좁은 의미의 부동산	민법상 부동산 : 토지 및 그 정착물
	넓은 의미의 부동산	좁은 의미의 부동산 + 준부동산(자동차, 선박, 항공기, 광업재단, 공장재단 등)
경제적 개념	자산, 자본, 생산요소(생산재), 소비재, 상품	
기술적(물리적) 개념	자연, 공간, 위치, 환경	

2. 복합부동산

토지와 그 토지 위의 건물 등이 법률적으로는 각각 독립된 객체로 취급되지만, 부동산활동 (부동산의 이용·거래·평가 등의 활동)면에 있어서는 토지와 건물 등을 하나의 물체로 취급하는데 이를 복합부동산이라 한다.

> **기출지문**
>
> 자산, 자본, 생산요소, 소비재는 경제적 개념이고, 자연, 공간, 위치는 기술적(물리적) 개념이다.
>
> 제30회 (○)

Thema 04 토지정착물

1 도지정착물의 개념

토지에 항구적(고정적)으로 설치되거나 부착됨에 따라 부동산의 일부가 된 물건을 말한다. 토지에 부착되어 있으나 일시적(임시적)으로 부착된 가식중인 수목, 판자집 등은 항구적으로 부착되어 있지 않아 정착물로 보지 않는다.

2 토지정착물의 구분

토지정착물은 토지로부터 독립성이 인정되는 독립정착물과 토지로부터 독립성이 인정되지 않는 종속정착물로 구분된다.

독립정착물	건물(주택, 상가 등), 등기된 입목, 명인방법을 갖춘 수목, 농작물 등
종속정착물	수목(나무), 담장, 울타리, 돌담, 교량, 포장, 구거 등

> **기출지문**
>
> 토지의 정착물 중 토지와 독립된 물건으로 취급되는 것은 없다. 제29회 (×)
> ⇨ 건물(주택, 상가 등), 등기된 입목, 명인방법을 갖춘 수목 등은 토지와 독립된 물건으로 취급되는 정착물이다.

Thema 05 토지의 용어

1 택지와 부지

(1) 택 지

주거용·상업용·공업용 등의 건축물 용도로 이용 중이거나 이용 가능한 토지를 말한다. 즉 토지 위에 주거용·상업용·공업용 등의 건축물이 있거나 건축물의 건축이 가능한 토지를 말한다.

(2) 부 지

토지의 용어 중에서 가장 포괄적인 용어로 어떤 것의 바닥이 되는 토지를 말한다. 이는 건축 가능 여부와 상관없고, 건축물의 용도로 이용 중이거나, 건축 가능한 토지뿐만 아니라 하천부지나 철도부지, 도로부지처럼 건축이 불가능한 토지까지 포함하는 개념이다.

2 필지와 획지

(1) 필 지

1번지, 2번지처럼 하나의 지번이 붙은 토지의 등기·등록 단위를 말한다.

(2) 획 지

자연적·경제적·행정적 측면이 유사하여 가격수준이 유사한 일단의 토지를 말한다.

3 후보지와 이행지

(1) 토지는 용도가 다양하여 현재의 용도에서 다른 용도로 용도를 전환할 수 있다. 이렇게 용도전환 중인 토지에는 후보지와 이행지가 있다.

(2) 후보지

감정평가상 토지는 택지지역, 농지지역, 임지지역으로 구분하는데, 농지지역이 택지지역으로, 임지지역이 농지지역 등으로 용도전환 중인 토지를 말한다. 즉 택지지역, 농지지역, 임지지역 상호간에 용도전환 중인 토지를 말한다.

예를 들어 어떤 토지가 현재 밭으로 이용 중인 농지지역인데, 아파트를 건축하기 위해서 택지지역으로 용도를 전환 중인 토지를 후보지라 한다.

(3) 이행지

택지지역은 주거지, 상업지, 공업지로 구분되고, 농지지역은 전지, 답지, 과수원으로 구분되고, 임지지역은 용재림지역, 신탄림지역으로 구분하는데 택지지역 내에서 주거지가 상업지로 용도전환 중이거나, 농지지역 내에서 전지가 답지로 용도전환 중인 것처럼 동일한 용도지역 내에서 용도전환 중인 토지를 말한다.

> **기출지문**
>
> 이행지는 택지지역·농지지역·임지지역 상호간에 다른 지역으로 전환되고 있는 일단의 토지를 말한다. 제27회, 제29회 (×) ⇨ 후보지이다.

4 나지와 건부지

(1) 나 지

토지 위에 건물 등 정착물이 없고, 지상권 등 사법상 권리가 없는 토지를 말한다. 주의할 것은 나지는 사법상 권리가 없는(사법상 제한이 없는) 토지이지 공법상 제한은 받는다. 예를 들어 모든 토지는 「국토의 계획 및 이용에 관한 법률」에 의해서 주거지역, 상업지역 등 용도지역이 지정되고, 용도지역별로 건폐율이 달리 적용되어 건축물을 건축할 수 있는 면적이 달라진다. 이를 공법상 제한이라 한다.

한편 나대지는 나지이면서 동시에 대지인 토지를 말한다.

(2) 건부지

건축물이 있는 토지를 말한다.

5 법지와 빈지

(1) 법 지

택지 경계와 인접한 경사된 토지(경사지)를 말한다. 법적으로 소유권은 인정하지만 사실상 사용이 불가능한 토지(활용실익이 없거나 아주 적은 토지)이다.

(2) 빈 지

바다와 육지 사이의 해변 토지로 해안선부터 지적공부에 등록된 지역까지의 토지로 법적 소유권은 인정하지 않으나(개인 소유의 대상이 아니다) 활용실익(쓸모)이 있는 토지를 말한다.

Thema 06 　토지의 특성 − 부동성

1 　부동성(不動性, 지리적 위치의 고정성, 비이동성)의 개념

부동성은 토지의 위치에 관한 특성이다. 토지의 위치는 학문적으로 보면 절대적 위치와 상대적 위치가 있다. 부동성은 토지의 절대적 위치가 고정되어 있는 특성을 말한다.

(1) 절대적 위치(물리적 위치 · 지리적 위치)

절대적 위치는 동작구 노량진동 1번지 토지가 있는 장소를 말하며, 이는 인간의 힘으로 이동시킬 수 없이 언제나 그 자리에 있다는 특성(비이동성)으로 지리적 위치 또는 물리적 위치라고 한다. 절대적 위치(물리적 위치, 지리적 위치)는 고정되어 있다. 이를 부동성이라 한다. 시험 관련하여 "토지는 절대적 위치가 변화한다." 라고 출제되면 틀린 지문이다.

(2) 상대적 위치

상대적 위치란 동작구 노량진동 1번지의 쓸모(가치, 유용성)를 말한다. 노량진동 1번지의 쓸모는 변화한다. 이를 상대적 위치의 가변성 또는 위치의 가변성이라 한다.

2 　부동성에서 파생되는 현상

(1) 토지는 부동성으로 인해 물리적(지리적) 위치가 고정되어 있어 부동산 시장 · 활동 · 현상을 지역별로 만든다. 부동산시장을 지역별 부분시장(국지적 시장)으로 만든다.

(2) 부동산활동을 임장활동으로 만든다. 임장활동이란 토지는 부동성으로 움직일 수 없기 때문에 부산 해운대구에 있는 토지를 중개할 때 중개사가 토지가 있는 해운대구 현장에 가서 중개활동에 필요한 여러 가지 행위(활동)를 한다는 의미이다.

> **기출지문**
>
> 토지는 물리적 위치가 고정되어 있어 부동산시장이 국지화 된다. 제33회 (○)

Thema 07 토지의 특성 - 부증성

1 부증성(不增性, 비생산성, 면적의 유한성)의 개념

부증성은 토지의 공급에 관한 특성으로 일반재화는 생산요소(생산비)를 투입하여 공급을 증가시킬 수 있으나 토지는 생산요소(생산비)를 투입하여 물리적 측면에서 공급을 증가시킬 수 없는 특성을 말한다.

2 토지의 공급

토지의 공급은 학문적으로 물리적 공급과 용도적 공급(경제적 공급)이 있다.

(1) 물리적 공급

물리적 공급은 이 세상에 존재하지 않는 것을 새롭게 만드는 것을 의미하는데, 이 지구상에 존재하는 물건 중에서 오로지 토지만 증가시킬 수 없다. 이를 부증성이라고 한다. 결론적으로 토지는 부증성 때문에 물리적 공급이 불가능하여, 토지면적은 고정된다.

(2) 용도적 공급

용도적 공급은 어떤 토지가 현재 농지인데 이를 택지로 용도를 전환시키는 것을 말한다. 토지는 용도가 다양하여 현재의 용도에서 다른 용도로 전환시키는 용도적 공급은 가능하다. 부동산학에서는 바다도 토지로 본다. 즉 부동산학은 지구 전체가 토지가 된다. 바다는 물이 고여 있는 토지이다. 새만금 간척사업처럼 바다를 육지로 만든 것은 이 세상에 존재하지 않은 토지를 새롭게 만드는 것이 아니라, 바다라는 용도의 토지를 농지나 택지로 용도를 변경시킨 것이다.

(3) 토지는 부증성으로 물리적 공급 증가가 불가능하여 토지면적은 고정되어 있으나 용도의 다양성으로 용도전환을 통한 용도적 공급(경제적 공급)은 가능하다. 용도전환으로 용도적 공급이 가능하여도 토지면적은 증가하지 않는다.

3 부증성에서 파생되는 현상

(1) 토지이용 집약화

토지이용이란 토지에 건축물을 건축하는 등 일정한 행위를 하는 것으로 토지에 노동, 자본 등 생산요소를 투입하는 것이다. 그런데 부증성으로 토지를 증가시킬 수 없다면 노동과 자본의 투입량을 증가시키는데 이를 토지이용 집약화라 한다. 결국 토지이용 집약화는 건축물을 고층화 시킨다.

(2) 최유효이용의 근거

최유효이용이란 어떤 부동산을 이용할 때 최고가치를 창출하는 이용을 말한다. 토지는 부증성으로 증가시킬 수 없으므로 늘 부족하다. 따라서 토지를 이용할 때 최고가치를 창출하는 이용을 하게 된다.

> **기출지문**
>
> 부증성으로 인해 토지의 물리적 공급이 어려우므로 토지이용의 집약화가 요구된다. 제34회 (○)

Thema 08 토지의 특성 – 영속성

1 영속성(永續性, 비소멸성)의 개념

영속성은 토지의 수명(학문적으로 내용연수) 및 감가에 관한 특성이다. 토지는 시간이 흐르고 사용하여도 노후화, 마모, 파손, 손상이 없고, 물리적으로 수명(내용연수)이 영원하다. 이를 영속성이라 한다.
건물은 신축 후 시간이 경과하고 사용으로 노후화, 마모, 파손, 손상이 있다.

2 감가요인 : 가치를 감소시키는 요인

① **물리적 감가요인** : 노후화, 마모, 파손, 손상 등
② **기능적 감가요인** : 내부구성요소의 불균형, 과잉설비, 과소설비, 설계불량 등
③ **경제적 감가요인** : 주위환경과 부적합, 인근지역의 쇠퇴, 시장성의 감퇴 등

3 토지는 영속성 때문에 물리적 감가의 대상이 아니다. 그러나 주의할 것은 부동성과 인접성으로 주위환경과 적합하지 않으면 경제적 감가의 대상이 될 수 있다.

4 영속성에서 파생되는 현상

① 물리적 감가상각 배제

② 소모를 전제로 재생산이론 적용 배제

③ 관리의 필요성

> **기출지문**
>
> 토지는 영속성으로 인해 물리적·경제적인 측면에서 감가상각을 하게 한다. 제33회 (×)
> ⇨ 토지는 영속성으로 물리적 감가의 대상이 아니나 주위환경과 부적합하면 경제적 감가의 대상이 될 수 있다.

Thema 09 토지의 특성 − 개별성

1 개별성(個別性, 비대체성)의 개념

개별성이란 토지는 면적, 지세, 지형, 고저, 토양 등(물리적 측면)에서 동일한 토지는 없다는 특성이다. 따라서 물리적 측면에서 동일한 토지는 존재하지 않는다.

2 개별성에서 파생되는 현상

(1) **물리적 비대체성**

노량진 1번지 토지와 면적, 지세, 지형, 고저, 토양 등 물리적 측면에서 동일한 토지가 존재하지 않기 때문에 물리적 대체가 성립하지 않는다.

(2) 일물일가 법칙(一物一價 法則)이 성립하지 않는다. 일물일가의 법칙이란 하나의 물건은 하나의 가격이 아니고, 동일한 상품(一物)이 동일시장, 동일시점에서 하나의 가격(一價)을 갖는다는 원칙을 말한다. 그런데 토지는 개별성으로 동일한 물건이 존재하지 않기 때문에 일물일가의 법칙이 성립할 수 없다.

Thema 10 토지의 특성 − 용도의 다양성

1 용도의 다양성

토지는 하나의 용도만 존재하는 것이 아니고, 여러 가지의 용도가 있다는 성질을 말한다. 예를 들어 수원시 팔달구 1번지 토지는 주거용지, 상업용지, 공업용지, 학교용지 등 여러 가지 용도로 이용할 수 있다는 성질을 말한다.

2 용도의 다양성에서 파생되는 현상

(1) 용도전환을 통한 용도적(경제적) 공급이 가능하다. 예를 들어 어떤 토지가 농지인데 택지라는 용도로 전환할 수 있는데 이를 용도적 공급이라 한다.

(2) **최유효이용의 근거**

최유효이용이란 어떤 부동산을 이용할 때 최고가치를 창출하는 이용을 말한다.
어떤 토지의 용도가 농지밖에 없다면 농지로 이용하는 것이 최고가치를 창출하는 이용 즉, 최유효이용이 된다. 그런데 토지의 용도가 주거용지, 상업용지, 공업용지, 학교용지, 공원용지 등으로 여러 가지 있으면 이 중에서 어떤 용도의 이용이 최유효이용인지 판단해야 하는 근거가 된다.

단|원|열|기

1. 부동산 경제론은 부동산학의 바탕이 되는 부분으로 수요·공급이론과 부동산경기변동이론으로 구성된다.
2. 수요·공급이론, 수요, 공급, 시장 균형과 균형의 변동, 탄력성 등을 공부하고, 부동산경기변동이론에서는 부동산경기변동과 거미집이론을 공부한다.
3. 수요변화, 공급변화, 균형의 변동, 탄력성, 경기변동, 거미집이론이 출제된다.

Thema 11   수요, 수요량

1   수 요

(1) 수요란 일정기간 동안 어떤 재화나 용역을 구입하고자 하는 욕구를 말한다. 구입하고자 하는 것을 학문적으로 사전적 개념이라고 한다. 따라서 수요는 구입한 것이라고 하면 틀린 것이다.

예를 들어 한 달 동안에 사과를 10개를 구입한 경우, 이를 수요라 하는 것이 아니라, 구입하고자 하는 욕구를 수요라고 한다.

(2) 유효수요

수요는 어떤 물건을 막연히 구입하고자 하는 것을 의미하는 것이 아니라 물건의 가격을 지불할 능력이 있어야 한다. 이렇게 수요는 구입의사와 지불능력이 있어야 하는데 이를 유효수요라고 한다. 구입할 의사만 있고 지불능력이 없으면 수요가 될 수 없다.

2   수요량

(1) 주어진 가격수준에서 일정기간 동안 구입하고자 하는 (최대)수량을 의미한다.

(2) 한 달 동안 사과 100개를 구입하고자 했다면 100개를 수요량이라고 한다.

(3) 수요량은 구입하고자 하는 의도된(계획된) 수량을 의미한다. 따라서 실제로 구입한 수량과 반드시 일치하지 않는다.

Thema 12 수요법칙, 수요곡선

1 수요법칙

다른 조건이 일정할 때 가격(임대료)이 상승(하락)하면 수요량이 감소(증가)하는 가격과 수요량의 반비례관계(−관계)를 수요법칙이라 한다.

2 수요곡선

(1) 가격과 수요량의 관계를 나타내는 곡선으로 일반적으로 우하향하는 형태이다.

(2) **개별수요곡선과 시장수요곡선**

① **개별수요곡선**: 수요자 한 명, 한 명의 수요곡선을 말한다.

② **시장수요곡선**: 개별수요곡선을 수평적으로 합계한 것을 말한다.

예를 들어 시장에 수요자가 100명이 있다면 개별수요자마다 수요곡선은 개별수요곡선이고, 이 개별수요곡선의 수평적 합계가 시장수요곡선이다.

Thema 13 | 유량개념과 저량개념

1 유량개념(유량변수, flow)

(1) 경제용어 중 일정기간에 측정되는 것들을 유량개념(변수)이라 한다.

소득, 임금 등이 한 달 동안, 1년 동안 측정되는 것을 유량개념이라 한다. 소득이 2천만원이라고 할 때 기간이 없으면 소득이 많은지, 적은지 알 수 없다. 그런데 1년 동안 소득이 2천만원이면 적은 편이고, 1개월에 2천만원이면 비교적 많은 편이다.

(2) 소득(임금, 월급여), 당기순이익, 순영업소득, 임대료(수입), 지대(수입), 신규공급량, 아파트 생산량 등이 유량개념이다.

2 저량개념(저량변수, stock)

(1) 일정시점에서 측정되는 것들을 저량개념(변수)이라 한다.

(2) 자산, 부채, 자본, 재산, 가격, 가치, 순자산가치, 인구, 중고부동산공급, 주택재고량 등은 저량개념이다.

> **기출지문**
>
> 노동자 소득, 가계 소비, 신규주택 공급량은 유량(flow)변수이고, 가계 자산, 통화량, 자본총량은 저량(stock)변수이다. 제31회 (○)

Thema 14 수요량의 변화와 수요의 변화

1 어떤 재화의 수요량에 영향을 미치는 요인은 무수히 많다. 아파트 가격이 상승하면 아파트의 수요량은 감소하고, 아파트 가격은 불변인데 수요자들의 소득이 증가하거나 인구가 증가하면 일반적으로 아파트의 수요량은 증가한다.

아파트 가격의 변화, 소득변화, 인구변화 등은 아파트 수요량을 변화시키는데, 이는 아파트 수요량의 변화, 아파트 수요의 변화로 구분된다.

2 수요량의 변화

(1) 소득, 인구, 소비자의 선호도 등 (아파트)가격 이외의 다른 요인들이 일정할 때 (아파트)가격이 변화하여 (아파트)수요량이 변화하는 것을 아파트 수요량의 변화라고 한다.

(2) 아파트 수요량의 변화는 아파트 수요곡선상의 점의 이동으로 표시된다.

3 수요의 변화

(1) 수요량에 영향을 미치는 요인들 중에서 가격이 일정할 때 가격 이외의 다른 요인들(인구, 소득, 대출이자율 등)이 변화하여 수요량이 변화하는 것을 수요의 변화라고 한다.

(2) 수요의 변화는 수요의 증가와 수요의 감소가 있고, 수요증가는 수요곡선을 우측(우상향)으로 이동시키고, 수요감소는 수요곡선을 좌측(좌하향)으로 이동시킨다.

4 수요량의 변화와 수요의 변화

구 분	(아파트)수요량의 변화	(아파트)수요의 변화
의 의	다른 요인이 일정할 때 아파트 가격 변화로 아파트 수요량이 변화	아파트 가격이 일정할 때 아파트 가격 이외의 요인의 변화로 아파트 수요량이 변화
원 인	아파트 가격(임대료) 변화(상승, 하락)	아파트 가격 이외의 요인 변화(인구, 소득, 대체재가격 등)
수요곡선	수요곡선상의 점의 이동 ① 가격상승: 수요곡선상 점이 상향이동 ② 가격하락: 수요곡선상 점이 하향이동	수요곡선 자체의 이동 ① 수요증가: 수요곡선 우측(우상향)이동 ⇨ 가격상승, 거래량증가 ② 수요감소: 수요곡선 좌측(좌하향)이동 ⇨ 가격하락, 거래량감소

> **기출지문**
>
> 가격 이외의 다른 요인이 수요량을 변화시키면 수요곡선이 좌측 또는 우측으로 이동한다.
>
> 제30회 (○)

Thema 15 대체재, 보완재

1 대체재

(1) 대체재란 두 가지 재화가 있을 때 소비자 입장에서 두 재화 중 어떤 재화를 소비하더라도 소비자의 효용(만족감)에 큰 차이가 없는 두 재화를 말한다.

아파트와 단독주택, 녹차와 홍차, 사이다와 콜라가 대체재에 해당한다.

(2) **대체재 가격상승**

① 대체재 가격이 상승하면 해당재화의 수요는 증가하고, 수요곡선은 우측이동하고, 가격은 상승하고, 거래량은 증가한다.

② 단독주택과 아파트를 대체재라고 할 때 단독주택 가격이 상승하면 단독주택 수요량이 감소하여, 아파트 수요가 증가하고 아파트 수요곡선은 우측이동하여 아파트 가격은 상승하고, 거래량은 증가한다.

2 보완재

(1) 보완재란 두 가지 재화가 있을 때 소비자 입장에서 두 가지 재화를 동시에 소비했을 때 소비자의 효용이 증가한다면 이 두 재화를 보완재라고 한다.

삼겹살과 소주, 커피와 설탕, 치킨과 맥주가 보완재에 해당한다.

(2) **보완재 가격상승**

① 보완재 가격이 상승하면 해당재화의 수요감소, 수요곡선 좌측이동, 가격하락, 거래량이 감소한다.

② 삼겹살 가격이 상승하면 삼겹살 수요량이 감소하여 소주 수요가 감소하고, 수요곡선은 좌측이동하여 소주 가격이 하락, 거래량은 감소한다.

(3) **보완재 가격하락**

보완재 가격이 하락하면 해당재화의 수요증가, 수요곡선 우측이동, 가격상승, 거래량이 증가한다.

> **기출지문**
>
> 대체재인 단독주택의 가격이 상승하면 아파트의 수요곡선은 우상향으로 이동하게 된다.
>
> 제29회 (○)

Thema 16 소득과 정상재, 열등재

1 정상재

소득이 증가할 때 수요량이 증가하고, 소득이 감소할 때 수요량이 감소하는 재화를 말한다. 소득이 증가(감소)할 때 소고기 수요량이 증가(감소)한다면 소고기는 정상재로 취급한다.

2 열등재

소득이 증가할 때 수요량이 감소하고, 소득이 감소할 때 수요량이 증가하는 재화를 말한다. 소득이 증가할 때 돼지고기 수요량이 감소한다면 돼지고기는 열등재로 취급한다.

> **기출지문**
>
> 아파트가 정상재일 때 실질소득이 증가하면 아파트 수요곡선은 좌하향으로 이동하게 된다.
>
> 제29회 (×)
>
> ⇨ 아파트가 정상재일 때 실질소득이 증가하면 아파트 수요가 증가하여 수요곡선은 우측(우상향)으로 이동한다.

Thema 17 공급, 공급량, 공급법칙, 공급곡선

1 공 급

일정기간 동안 어떤 재화나 용역을 판매하고자 하는 욕구를 말한다.

예를 들어 한 달 동안 사과 100개를 판매(공급)한 경우, 판매한 것을 공급이라 하지 않고, 판매하고자 하는 것을 공급이라 한다.

2 공급량

일정기간 동안 어떤 재화나 용역을 판매하고자 하는 (최대)수량을 말한다.

3 공급법칙

다른 조건이 일정할 때 가격(임대료)이 상승(하락)하면 공급량이 증가(감소)하는 가격과 공급량의 비례관계(+관계)를 공급법칙이라 한다.

4 공급곡선

(1) 가격과 공급량의 관계를 나타내는 곡선으로 일반적으로 우상향하는 형태이다.

(2) **개별공급곡선과 시장공급곡선**

① **개별공급곡선**: 공급자 한 명, 한 명의 공급곡선을 말한다.

② **시장공급곡선**: 개별공급곡선을 수평적으로 합계한 것을 말한다.

(3) **토지의 물리적 공급곡선**

토지는 부증성으로 면적이 고정된다. 따라서 가격이 상승하거나 하락하여도 면적 변화가 없어 수직선이 된다. 그런 경우를 완전비탄력적이라고 한다.

> **기출지문**
>
> 부동산가격이 상승하면 공급량은 증가하고, 가격이 하락하면 공급량은 감소한다. 제20회 (○)

Thema 18 (아파트)공급량의 변화와 (아파트)공급의 변화

1 (아파트)공급량의 변화

다른 요인(생산기술, 생산요소가격 등)이 일정할 때 아파트 가격변화로 아파트 공급량이 변화하는 현상을 말한다.

2 (아파트)공급의 변화

아파트 가격이 일정할 때 아파트 가격 이외의 요인(생산요소가격, 생산기술 등) 변화로 아파트 공급량이 변화하는 현상을 말한다.

3 (아파트)공급량의 변화와 (아파트)공급의 변화

구 분	(아파트)공급량의 변화	(아파트)공급의 변화
의 의	다른 요인이 일정할 때 아파트 가격 변화로 아파트 공급량이 변화	아파트 가격 이외의 요인의 변화로 아파트 공급량이 변화
원 인	아파트 가격 변화(상승, 하락)	아파트 가격 이외의 요인 변화(생산요소가격, 생산기술 등)
공급곡선	공급곡선상의 점의 이동 ① 가격상승 : 공급곡선상 점이 상향이동 ② 가격하락 : 공급곡선상 점이 하향이동	공급곡선 자체의 이동 ① 공급증가 : 공급곡선 우측(우하향)이동 ⇨ 가격하락, 거래량증가 ② 공급감소 : 공급곡선 좌측(좌상향)이동 ⇨ 가격상승, 거래량감소

> **기출지문**
>
> 주택건설용 토지의 가격하락, 주택건설기술 개발에 따른 원가절감은 신규주택시장에서 공급을 증가시키는 요인이다. 제33회 (○)

Thema 19 균형과 균형의 변동

1 시장의 균형

(1) 시장의 균형이란 수요자가 구입하고자 하는 수량인 수요량과 공급자가 팔고자 하는 수량인 공급량이 일치하는 상태를 말한다.

(2) 수요곡선과 공급곡선이 교차하는 점을 시장의 균형이라 하고, 이 점을 균형점이라 한다. 균형 상태일 때의 가격을 균형가격, 거래량을 균형거래량이라 한다.

2 균형의 변동

(1) 균형 상태에서 수요가 변화(증가 또는 감소)하거나 공급이 변화(증가 또는 감소)하여 균형점이 이동하여 균형가격, 균형거래량이 변화하는 것을 균형의 변동이라 한다.

(2) **균형의 변동 원인**

① **수요변화**(공급불변)
   ㉠ 수요증가 : 수요곡선이 우측이동하여 가격상승, 거래량증가
   ㉡ 수요감소 : 수요곡선이 좌측이동하여 가격하락, 거래량감소

② **공급변화**(수요불변)
   ㉠ 공급증가 : 공급곡선이 우측이동하여 가격하락, 거래량증가
   ㉡ 공급감소 : 공급곡선이 좌측이동하여 가격상승, 거래량감소

> **기출지문**
>
> 공급이 불변이고 수요가 증가하는 경우, 균형가격은 상승하고 균형거래량은 감소한다. 제33회 (×)
> ⇨ 수요가 증가하는 경우, 균형가격은 상승하고 균형거래량은 증가한다.

Thema 20 분수식 이해하기

부동산학개론은 수리적인 사고를 필요로 하는 과목이다.

부동산학개론 전반에 걸쳐서 적용되는 기본적이고, 중요한 수식은 대부분 분수식으로 되어 있다. 따라서 분수식의 기본적인 원리를 알아야 한다.

1. 읽기 적용

- $A = \dfrac{C}{B}$ ⇨ (읽기) A는 B에 대한 C의 비율이다.

(1) 수요의 가격탄력성 $= \dfrac{수요량변화율}{가격변화율}$

   (읽기) 수요의 가격탄력성은 수요량변화율에 대한 가격변화율의 비율이다. 제32회 (×)

   ⇨ 수요의 가격탄력성은 가격변화율에 대한 수요량의 변화율의 비율이다.

(2) 부채비율 $= \dfrac{부채}{자본(지분)}$

   (읽기) 부채비율이란 지분에 대한 부채의 비율이다.

2. 비례, 반비례 관계

$A = \dfrac{C}{B}$ ⇨ ① A와 C는 비례관계 ② A와 B는 반비례관계

(1) 수익환원법(직접환원법) : 부동산가격 $= \dfrac{순수익}{환원율}$

   ① 부동산가격과 순수익은 비례관계

   ② 부동산가격과 환원율은 반비례관계(환원율↑ ⇨ 부동산가격↓)

(2) 레일리의 소매인력법칙(소매중력모형)

   도시의 흡인력 $= \dfrac{도시의\ 크기}{도시까지의\ 거리^2}$

   ⇨ 도시의 흡인력은 도시의 크기에 비례하고, 도시까지 거리의 제곱에 반비례한다.

3. 변 형

$A = \dfrac{C}{B}$ ⇨ $B = \dfrac{C}{A}$, $C = A \times B$

(1) 수익환원법(직접환원법)

   부동산가격 $= \dfrac{순수익}{환원율}$ ⇨ 환원율 $= \dfrac{순수익}{부동산가격}$

(2) 유효총소득승수 $= \dfrac{총투자액}{유효총소득}$ ⇨ 유효총소득 $= \dfrac{총투자액}{유효총소득승수}$

Thema 21 수요 · 공급의 탄력성

1 탄력성의 개념

탄력성이란 어떤 자극(가격변화)에 대해서 반응(수요량 변화, 공급량 변화)의 정도를 말한다.

2 수요 · 공급의 탄력성

탄력성에는 수요탄력성과 공급탄력성이 있다.

(1) 수요탄력성

수요의 가격(임대료)탄력성, 수요의 소득탄력성, 수요의 교차탄력성 등

(2) 공급탄력성

공급의 가격탄력성 등

3 수요의 가격탄력성

(1) 어떤 재화의 가격이 변화할 때 수요량 변화의 정도를 말한다.

예를 들어 아파트 가격이 1% 변화할 때 아파트 수요량이 3% 변화하였다면 아파트 수요의 가격탄력성은 '3'이 되고, 수요량이 5% 변화하였다면 아파트 수요의 가격탄력성은 '5'가 된다.

(2) 공 식

$$수요의\ 가격탄력성 = \left| \frac{수요량변화율(\%)}{가격변화율(\%)} \right|$$

기출지문

어느 지역의 오피스텔 가격이 4% 인상되었을 때, 오피스텔 수요의 가격탄력성이 2.0이라면, 오피스텔 수요량은 8% 감소한다. 제25회 (○)

4 ▸ 수요의 소득탄력성

(1) 수요의 소득탄력성이란 소득이 변화할 때 수요량 변화의 정도를 말한다.
소득이 10% 변화할 때 아파트 수요량이 30% 변화했다면 아파트 수요의 소득탄력성은 '3'
이다.

(2) **공 식**

$$\text{수요의 소득탄력성} = \frac{\text{수요량변화율(\%)}}{\text{소득변화율(\%)}}$$

5 ▸ 수요의 교차탄력성

(1) 수요의 교차탄력성이란 A재 가격이 변화할 때 B재 수요량이 변화하는 정도를 말한다.
단독주택 가격이 10% 상승할 때 아파트 수요량이 20% 증가하면 수요의 교차탄력성은 '2'
이다.

(2) **공 식**

$$\text{A재 가격에 대한 B재 수요의 교차탄력성} = \frac{\text{B재 수요량변화율(\%)}}{\text{A재 가격변화율(\%)}}$$

Thema 22 수요의 가격탄력성

1 수요의 가격탄력성과 수요곡선의 형태

탄력성	이 름	수요량변화율과 가격변화율	수요곡선 형태
① 탄력성 = ∞	완전탄력적	수요량변화율 = ∞	수평선
② 1 < 탄력성 < ∞	탄력적	수요량변화율 > 가격변화율	완만(기울기 작다)
③ 탄력성 = 1	단위탄력적	수요량변화율 = 가격변화율	직각쌍곡선
④ 0 < 탄력성 < 1	비탄력적	수요량변화율 < 가격변화율	급경사(기울기 크다)
⑤ 탄력성 = 0	완전비탄력적	수요량변화율 = 0	수직선

① 수요의 가격탄력성이 '1'보다 크면 수요량변화율이 가격변화율보다 크고 탄력적이라고 한다.

② 수요의 가격탄력성이 '1'보다 작으면 수요량변화율이 가격변화율보다 작고 비탄력적이라고 한다.

③ 수요의 가격탄력성이 '1'이면 수요량변화율과 가격변화율이 같고 단위탄력적이라고 한다.

④ 가격변화와 관계없이 언제나 수요량이 고정(예를 들어 수요량이 100개로 고정)되어 있다면 수요의 가격탄력성은 완전비탄력적이다.

⑤ 미세한 가격변화에 수요량이 무한대로 변화하면 수요의 가격탄력성은 완전탄력적이다.

2 수요의 가격탄력성 결정요인

① 용도가 다양하고, 용도전환이 용이할수록 탄력적이다.

② 탄력성 측정기간(관찰기간)이 단기는 비탄력적, 장기는 탄력적이다.

③ 공법상 규제가 완화되면 탄력적, 강화되면 비탄력적이다.

④ 대체재가 많을수록 탄력적이고, 대체재가 감소하면 비탄력적으로 된다.

⑤ 주거용 부동산이 상·공업용 부동산보다 탄력적이다.

⑥ 시장을 세분할수록 탄력적이다.

> **기출지문**
> 수요의 가격탄력성이 비탄력적이면 가격의 변화율보다 수요량의 변화율이 더 작다. 제29회 (○)

Thema 23 거미집이론

1 개 념

농산물처럼 생산기간이 장기인 재화의 가격 결정 과정에 관한 동태적 균형이론이다. 예를 들어 2025년 10월에 양파 수요가 증가하여 양파 가격이 폭등하여도 양파는 생산기간의 장기성 때문에 바로 공급되지 못하고, 2025년 11월쯤에 양파 파종이 증가하고 2026년 5월쯤에 양파 공급량이 증가하여 양파 가격이 결정된다는 이론이다.

2 가정(전제조건)

(1) 가격이 변화하면 수요는 즉각 변화한다고 가정한다.

(2) 가격이 변화하면 공급은 일정기간 후 변화한다고 가정한다.

(3) 공급자가 현재의 가격에만 반응한다는 공급자의 비합리적 사고를 전제로 한다.

3 유 형

(1) **수렴형**

　① 수요의 가격탄력성 절댓값 > 공급의 가격탄력성 절댓값
　② 수요곡선의 기울기 절댓값 < 공급곡선의 기울기 절댓값

(2) **발산형**

　① 수요의 가격탄력성 절댓값 < 공급의 가격탄력성 절댓값
　② 수요곡선의 기울기 절댓값 > 공급곡선의 기울기 절댓값

(3) **순환형**

　① 수요의 가격탄력성 절댓값 = 공급의 가격탄력성 절댓값
　② 수요곡선의 기울기 절댓값 = 공급곡선의 기울기 절댓값

4 사례연습

(1) **수요곡선의 기울기 −0.8, 공급곡선의 기울기 0.6인 경우 거미집모형의 유형은?**

⇨ 수요곡선 기울기의 절댓값(0.8)이 공급곡선 기울기의 절댓값(0.6)보다 크다. 따라서 거미집모형의 유형은 발산형이다.

(2) **수요함수 Qd = 200 − 2P, 공급함수 3Qs = 100 + 2P인 경우 거미집모형의 유형은?**

거미집모형에서 수요함수, 공급함수가 주어지면 수요곡선의 기울기, 공급곡선의 기울기를 계산하여 거미집모형의 유형을 판단한다.

① **수요곡선의 기울기**: Qd 앞의 숫자를 P 앞의 숫자로 나눈 값이 수요곡선의 기울기이다.

수요함수 Qd = 200 − 2P에서 Qd 앞의 숫자 "1"을 P 앞의 숫자 "2"로 나눈 $\frac{1}{2}$이 수요곡선 기울기의 절댓값이다.

② **공급곡선의 기울기**: Qs 앞의 숫자를 P 앞의 숫자로 나눈 값이 공급곡선의 기울기이다.

공급함수 3Qs = 100 + 2P에서 Qs의 숫자 "3"을 P 앞의 숫자 "2"로 나눈 $\frac{3}{2}$이 공급곡선의 기울기이다.

⇨ 수요곡선 기울기 절댓값 $\frac{1}{2}$보다 공급곡선 기울기 절댓값 $\frac{3}{2}$이 더 크다. 따라서 수렴형이다.

기출지문

거미집이론은 가격이 변동하면 수요와 공급은 모두 즉각적으로 반응한다는 가정을 전제하고 있다. 제34회 (×)

⇨ 가격이 변동하면 수요는 즉각 반응하고, 공급은 일정기간 후에 반응한다는 가정을 전제로 한다.

단 | 원 | 열 | 기

1. 부동산 시장론은 부동산시장의 특성, 효율적 시장, 주택여과와 주거분리, 지대이론, 도시공간구조이론, 입지이론을 공부한다.
2. 최근에는 효율적 시장, 지대이론, 도시공간구조이론, 입지이론에서 상업입지이론이 출제되고 있다.

Thema 24 완전경쟁시장과 부동산시장

1 완전경쟁시장과 불완전경쟁시장

(1) 완전경쟁시장

① 다수의 수요자와 공급자가 주어진 시장가격하에서 동질의 상품(상품의 동질성)을 자유롭게 사고파는 시장을 말한다.

② 완전경쟁시장이 성립하기 위해서는 ㉠ 다수의 수요자와 공급자, ㉡ 상품의 동질성, ㉢ 진입·탈퇴의 자유, ㉣ 정보의 완전성 조건이 성립되어야 달성되는 시장이다. 현실적으로 존재하는 시장은 불완전경쟁시장이며 완전경쟁시장은 현실적으로 존재할 수 없다.

(2) 불완전경쟁시장

① 완전경쟁시장의 요건이 성립되지 않는 시장을 말한다. 독점시장, 과점시장, 독점적 경쟁시장 등이 있다.

② 독점시장: 1개의 기업(공급자)만 존재하는 시장을 말한다.

③ 과점시장: 소수기업(공급자)이 유사한 재화를 공급하는 시장을 말한다.

2 완전경쟁시장과 부동산시장

(1) 완전경쟁시장과 부동산시장의 비교

완전경쟁시장의 성립요건	원 인	부동산시장
① 다수의 수요자·공급자	법적 규제, 고가성	소수의 수요자·공급자(시장참여자)
② 상품의 동질성	개별성	상품의 비표준화
③ 진입과 탈퇴의 자유	법적 규제, 고가성	시장진입과 탈퇴의 곤란성
④ 정보의 완전성	거래의 비공개성	정보의 불완전성(비대칭성)

(2) 부동산시장은 법적 규제와 부동산이 갖는 개별성, 고가성 등으로 불완전경쟁시장이다.

> **기출지문**
>
> 진입장벽의 존재는 부동산시장을 불완전하게 만드는 원인이다. 제29회 (○)

Thema 25 부동산시장의 특성

부동산시장은 부동산의 특성이 시장에 반영되어 일반재화시장과 다른 특성이 있는데, 부동산의 특성이 부정적인 면이 많아 부동산시장도 부정적인 특성을 갖는다.

(1) 부동성으로 부동산시장은 지역별 부분시장(국지적 시장)이 형성된다. 즉 서울의 부동산시장, 부산의 부동산시장, 광주의 부동산시장처럼 지역별 시장(국지적 시장)이 형성되고, 지역시장별로 가격, 수요·공급, 시장상황, 경기상태 등이 다르게 된다.

(2) 개별성으로 상품의 비표준화, 시장의 비조직성, 거래의 비공개성의 특성을 갖는다.

(3) 부증성으로 수급조절이 곤란하여 단기적으로 가격왜곡현상이 발생할 수 있다.

(4) 과다한 정부의 (공적)규제로 시장기능이 저하되고, 가격왜곡현상이 발생하며, 시장이 불완전해진다.

(5) 매매기간의 장기성, 즉 단기 거래의 곤란성으로 환금성이 낮다.

기출지문

부동산에 가해지는 다양한 공적 제한은 부동산시장의 기능을 왜곡할 수 있다. 제29회 (○)

Thema 26 효율적 시장

1 효율적 시장의 개념

(1) 어떤 정보가 지체 없이(신속 · 정확하게) 시장가치에 반영된 시장을 말한다.

예를 들어 어떤 지역이 개발된다는 정보가 발표되면 지체 없이 그 지역의 토지(부동산) 가격이 상승되는 경우를 효율적 시장이라 한다.

(2) 이러한 효율적 시장은 반영되는 정보에 따라서 약성 효율적 시장, 준강성 효율적 시장, 강성 효율적 시장으로 구분할 수 있다.

2 효율적 시장의 구분

유 형	반영정보	분석방법	정상이윤	초과이윤획득		
				과거정보 (기술적 분석)	현재정보 (기본적 분석)	미래 정보
약 성	과거	기술적 분석	○	×	○	○
준강성	과거, 현재	기본적 분석	○	×	×	○
강 성	과거, 현재, 미래	분석 불필요	○	×	×	×

◁ 1. **과거정보, 현재정보**: 공표된 정보, **현재정보**: 새롭게 공표된 정보, **미래정보**: 미공개된 정보
2. 효율적 시장이론에서는 시장별로 반영된 정보와 초과이윤 여부가 자주 출제된다.

(1) 약성 효율적 시장

① 약성 효율적 시장은 과거정보만 반영, 시장참여자들이 기술적 분석을 하고 있다고 가정한다.

② 과거정보 이용, 기술적 분석으로 초과이윤을 획득할 수 없다.

③ 현재정보 이용, 기본적 분석, 미래정보 이용으로 초과이윤을 획득할 수 있다.

⑵ 준강성 효율적 시장

① 준강성 효율적 시장은 과거정보, 현재정보 반영, 시장참여자들은 기본적 분석(기술적 분석 포함)을 하고 있다고 전제한다.

② 과거정보, 현재정보 이용, 기본적 분석(기술적 분석 포함)으로 초과이윤을 획득할 수 없다.

③ 미래정보 이용으로만 초과이윤을 획득할 수 있다.

⑶ 강성 효율적 시장

① 모든 정보가 반영된 시장으로 어느 누구도 어떠한 정보를 이용하여도 초과이윤을 획득할 수 없다.

② 완전경쟁시장의 가정에 부합하는 시장이다.

3 할당 효율적 시장

⑴ 할당 효율적 시장의 개념

할당 효율적 시장은 자원의 배분(할당)이 효율적으로 이루어져 어느 누구도 기회비용보다 싼 값으로 정보를 획득할 수 없는 시장으로, 초과이윤이 존재하지 않는(초과이윤이 "0") 시장을 말한다.

⑵ 부동산시장(불완전경쟁시장, 독점시장)도 정보가치와 정보비용이 일치하면 할당 효율적 시장이 될 수 있다.

> **기출지문**
>
> 부동산시장이 강성 효율적 시장일 때 초과이윤을 얻는 것은 불가능하다. 제31회 (○)

Thema 27 주택여과현상, 주거분리

1 주택여과현상

(1) 주택여과현상이란 주택의 질적 수준의 변화 및 주택이용주체들의 소득수준 등의 변화로 주택이용주체가 변화하는 주택순환현상으로 상향여과현상과 하향여과현상이 있다.

(2) 공가(空家)현상은 여과과정의 요소이다.

(3) **하향여과**

① (소득)상위계층(고소득계층)의 가구가 이동하여 발생하는 공가가 (소득)하위계층(저소득계층)가구의 사용으로 전환되는 현상을 말한다.

② 하향여과는 빈민층 인구의 증가, 정부의 보조금 등으로 저가주택의 수요가 증가할 때 나타난다.

(4) **상향여과**

① 저소득계층 주거지역(저가주택지역)이 대수선 · 재건축 · 재개발 등을 통하여 고소득계층 주거지역(고가주택지역)으로 변화하는 현상을 말한다.

② 상향여과는 일반적으로 소득증가로 고가주택의 수요가 증가하고, 저가주택의 수요가 감소할 때 나타난다.

2 주거분리

(1) 주거분리란 소득 문제 등으로 주거지역이 고소득층 주거지역과 저소득층 주거지역으로 분리되는 현상을 말한다.

(2) 도시 전체적인 측면에서뿐만 아니라 지리적으로 인접한 근린지역(인근지역)에서도 나타난다.

(3) 주거분리는 주택소비자가 정(+)의 외부효과 편익은 추구하려 하고, 부(−)의 외부효과 피해는 피하려는 동기에서 비롯된다.

> **기출지문**
>
> 상위계층에서 사용되는 기존주택이 하위계층에서 사용되는 것을 상향여과라 한다. 제30회 (×)
> ⇨ 하향여과이다.

Thema 28 리카도의 차액지대설, 마르크스의 절대지대설

1 리카도의 차액지대설

(1) 농촌 토지는 비옥도(생산성) 차이에 따라서 지대가 발생한다는 이론이다. 한계지는 생산물의 가격과 생산비가 같아 지대가 발생하지 않는다. 모든 토지에서 지대가 발생하는 것은 아니다.

(2) **지대발생원인** : 비옥도, 비옥한 토지의 희소성, 수확체감의 법칙(한계생산성 감소)

(3) 한계지보다 비옥도가 높은 토지에서 지대가 발생한다.

(4) **지대** : 불로소득, 잉여

(5) 생산물가격이 지대를 결정한다. 생산물가격이 상승하면 지대가 상승하고 생산물가격이 하락하면 지대가 하락한다.

2 마르크스의 절대지대설

(1) 토지가 사유화(배타적 소유) 되어 있어 비옥도에 관계없이 지대가 발생한다.

(2) 한계지, 최열등지 등 모든 토지에서 지대가 발생한다.

(3) **지대** : 생산비(비용)

(4) 지대가 생산물가격을 결정한다. 지대가 높으면 생산물가격도 높아진다.

> **기출지문**
>
> 절대지대는 토지의 생산성과 무관하게 토지가 개인에 의해 배타적으로 소유되는 것으로부터 발생한다. 제29회 (○)

Thema 29 | 튀넨의 입지교차지대설, 알론소의 입찰지대

1 튀넨의 입지교차지대설(위치지대설)

(1) 튀넨은 고립국이론(농업입지이론, 동심원이론)에서 지대는 생산물가격에서 생산비와 수송비를 차감한 값으로 본다.

(2) 도심에 가까운 토지는 수송비가 작아 지대가 높고, 도심에서 멀어질수록 수송비가 증가하여 지대는 낮아진다.

(3) 도심에 가까운 토지는 집약적 농업(이용), 외곽 토지는 조방적 농업(이용)을 하게 된다.

(4) 지대곡선은 우하향하는 형태이다.

2 알론소의 입찰지대

(1) 튀넨의 고립국이론을 도시공간에 적용하여 확장·발전시킨 이론이다.

(2) 입찰지대란 토지이용자가 지불할 용의 있는 최대금액으로 초과이윤이 "0"이 되는 수준의 지대를 말한다.

(3) 입찰지대이론에 따르면 입지경쟁 결과 최대지불능력이 있는 입지주체가 토지를 이용하게 된다.

(4) 입찰지대곡선은 가장 높은 지대를 지불할 수 있는 각 산업의 지대곡선들을 연결한 포락선이다.

> **기출지문**
>
> 튀넨의 위치지대설에 의하면 중심지에 가까울수록 집약 농업이 입지하고, 교외로 갈수록 조방 농업이 입지한다. 제33회 (○)

Thema 30 도시공간구조이론

1 버제스의 동심원이론 : 단핵도시이론

(1) 버제스가 1925년에 제시한 도시공간구조이론으로 시카고를 대상으로 하는 실증인 모델이다.

(2) 튀넨의 고립국이론(농업입지이론인 동심원이론)을 도시공간구조에 원용한 이론이다.

(3) 도시생태학적 관점의 이론 ⇨ 침입과 계승(천이)의 논리로 도시공간구조를 설명한다.

(4) **도시공간구조**

중심업무지대 ⇨ 전이지대(천이지대·점이지대) ⇨ 저소득층지대 ⇨ 고소득층지대 ⇨ 통근자지대 ⇒ 순차적으로 5개 지대가 동심원 형태의 공간구조를 갖는다.

(5) 도심에서 외곽으로 갈수록 접근성, 인구밀도, 지대, 범죄율, 빈곤, 질병 등의 도시문제가 감소한다.

2 호이트의 선형(부채꼴, 축)이론 : 단핵도시이론

(1) 도시의 공간구조가 도심에서 교통망(교통축, 교통노선, 도로망)을 따라 확장되어 부채꼴 모양으로 성장하고, 교통축과의 접근성이 지가에 영향을 주며 형성된다는 이론이다.

(2) 주택가격 지불능력이 주거공간유형을 결정하는 중요한 요인이다.

(3) 고소득층 주거지역은 접근성이 양호한 도로 교통망의 축(주요 간선도로 인근)에 가까이 입지, 중급주택지역은 고소득층 주거지역 인근에 입지, 저소득층 주거지역은 고급주택지역 반대편에 입지하는 경향이 있다.

3 해리스와 울만의 다핵심이론 : 다핵도시, 대도시

(1) 도시의 핵심은 하나가 아니라 도시가 성장하면 핵심 수가 증가하고 도시는 복수의 핵심주변에서 발달한다는 이론이다.

(2) 다핵이 성립하는 이유

① 유사업종(동종업종) 간의 집중지향성(양립성) ⇨ 동종활동 간의 집적이익

② 이종업종 간의 분산지향성(비양립성)

③ 특정위치나 특정시설의 필요성

④ 특정장소에 대한 업종별 지대 지불능력 차이

> **기출지문**
>
> 버제스의 동심원이론에서 통근자지대는 가장 외곽에 위치한다. 제34회 (○)

Thema 31 허프의 확률(중력)모형

1 소비자의 심리(개성)와 소비 형태를 분석하여, 소비자가 특정매장(점포)에서 쇼핑할 확률을 제시하는 모형이다.

2 소비자가 특정매장(점포)에 갈 확률

① 소비자와 특정매장(점포)까지의 거리

② 매장의 면적(크기)

③ 경쟁매장의 수에 의해 결정된다.

3 공간(거리)마찰계수

(1) 소비자가 특정매장(점포)를 이용하는 데 따른 교통조건이나 하천 등의 방해 요소로 인하여 소비자가 부담하는 정도를 말한다.

(2) 공간마찰계수는 도로환경, 지형, 주행수단 등 다양한 요인에 영향을 받을 수 있는 값이다.

(3) 공간마찰계수는 교통이 좋아지면 작아지는 경향이 있다.

⑷ 전문품점은 거리의 영향을 적게 받기 때문에 전문품점은 편의품점(일상용품점)보다 공간 마찰계수가 작다.

> **기출지문**
>
> 허프 확률모형의 공간(거리)마찰계수는 시장의 교통조건과 매장물건의 특성에 따라 달라지는 값이며, 교통조건이 나빠지면 더 커진다. 제33회 (○)

Thema 32 크리스탈러의 중심지이론

1 의 의

1933년 독일의 지리학자인 크리스탈러가 독일 남부지역의 중심지(특정점포)를 고차, 저차로 구분하고, 재화의 도달거리, 최소요구치의 관계로 중심지 형성과정을 실증한 상권에 관한 이론이다.

2 주요 개념

① **중심지**: 주변지역(배후지)에 재화와 서비스를 공급하는 중심지역을 말한다.

② **중심지 재화 및 서비스**: 중심지에서 배후지로 제공되는 재화와 서비스를 말한다.

③ **최소요구치**: 중심지 기능이 유지되기 위해서 필요한 최소한의 수요 규모를 말한다.

④ **최소요구범위**: 판매자가 정상이윤을 얻을 만큼 충분한 소비자들을 포함하는 경계까지의 거리를 말한다.

⑤ **재화의 도달범위(거리)**: 중심지 활동이 제공되는 공간적 한계로, 중심지로부터 어느 기능에 대한 수요가 '0'이 되는 지점까지의 거리를 말한다.

3 중심지가 성립(유지)되기 위한 조건: 최소요구치 < 재화의 도달거리

> **기출지문**
>
> 최소요구치란 중심지로부터 어느 기능에 대한 수요가 '0'이 되는 곳까지의 거리이다. 제34회 (×)
> ⇨ 재화의 도달범위(거리)에 대한 내용이다.

Thema 33 공업입지이론

1 공업입지 유형

📋 원료지향형 입지와 시장지향형 입지

원료지향형 입지	시장지향형 입지
① 원료무게 > 제품무게	① 원료무게 < 제품무게
② 원료수송비 > 제품수송비	② 원료수송비 < 제품수송비
③ 중량감소산업	③ 중량증가산업
④ 원료지수 > 1	④ 원료지수 < 1

2 베버의 최소비용이론 : 공급측면 이론

(1) 의 의

수송비(운송비), 노동비(인건비), 집적이익 등을 고려하여 비용 최소점을 최적의 공장입지로 보는 이론이다.

(2) 최적 공업입지

수송비 최소점, 노동비 최소점, 집적이익 최대점이 최적의 공장입지가 된다.

3 뢰쉬의 최대수요이론 : 수요측면 이론

(1) 최적의 공장입지는 수요가 최대인 지점으로 보는 이론이다.

(2) 시장 확대 가능성이 가장 큰 곳이 최적의 공장입지가 된다는 이론이다.

> **기출지문**
>
> 베버는 운송비·노동비·집적이익을 고려하여 비용이 최소화되는 지점이 공장의 최적입지가 된다고 보았다. 제29회 (○)

단│원│열│기

1. 부동산 정책론은 정부의 부동산 시장개입 논리, 시장의 실패, 토지정책, 주택정책, 조세정책을 공부한다.
2. 정부의 시장개입방법, 토지정책에서 지역지구제, 주택정책에서는 임대료 규제, 분양가 규제, 공공임대주택, 조세정책이 계속해서 출제된다.

Thema 34 정부의 부동산 시장개입 방법

1 정부는 부동산시장의 여러 가지 문제를 해결하기 위해서 개입하는데 이를 부동산정책이라 한다.

2 정부의 시장개입 필요성

(1) 정부는 시장의 불완전경쟁, 공공재, 외부효과 등으로 인한 시장의 실패를 수정하기 위해서 개입할 수 있다.

(2) 정부는 소득재분배, 주거복지 등 사회적 목표를 달성하기 위해서 개입할 수 있다.

3 시장개입 방법(정책수단)

(1) **직접개입**

정부가 직접 개입하여 수요량·공급량을 통제하거나 가격을 통제하거나 직접 수요자·공급자 역할을 담당하는 방법을 말한다.

(2) **간접개입**

시장기구의 틀을 유지하면서 그 기능을 통하여 소기의 성과를 거두려는 방법을 말한다.

직접개입방법	공영개발, 공공투자사업, 공공임대주택공급, 공공임대보유, 토지수용, 토지은행(공공토지비축), 토지선매, 도시개발사업, 도시재개발사업, 행복주택, 분양가규제(상한제), 임대료규제(상한제) 등
간접개입방법	조세(취득세, 종합부동산세 등), 각종 부담금, 보조금, 임대료보조, 금융지원, 대부비율, 총부채상환비율, 행정지원, 정보제공, 부동산가격공시제도 등
토지이용규제	지역지구제(용도지역, 용도지구, 용도구역), 인·허가제, 건축규제, 도시계획, 지구단위계획, 개발권양도제, 토지거래허가제 등

기출지문

토지비축제도(토지은행)와 부동산가격공시제도는 정부가 간접적으로 부동산시장에 개입하는 수단이다. 제33회 (×)
⇨ 토지비축제도(토지은행)는 직접개입방법이다.

Thema 35 | **시장의 실패**

1 개 념

시장의 실패란 시장은 가격결정, 자원배분, 교환 등의 기능을 수행하는 데 여러 가지 원인으로 시장이 자원배분을 비효율적으로 하는 것을 말한다. 즉 최적 배분에 실패한 것을 말한다.

2 원 인

① **불완전경쟁시장**: 독점시장, 공급독점, 과점시장, 규모의 경제(비용체감산업)

② **공공재**(비경합성, 비배제성), **무임승차**

③ **외부효과**: 정의 외부효과, 부의 외부효과

④ **정보의 비대칭성, 정보의 불확실성**: 도덕적 해이, 역선택

핵심 용어 Check

◆ **정부의 실패**
시장의 실패를 수정하기 위하여 정부가 시장에 여러 가지 정책수단으로 개입한 경우 잘못된 정책수단, 관료주의, 이해집단의 로비 등으로 오히려 자원배분의 비효율성이 심화되는 현상을 말한다.

부동산 시장실패의 대표적인 원인으로 공공재, 외부효과, 정보의 비대칭성이 있다. 제34회 (○)

Thema 36 공공재

① **개념**: 공공재란 소비에 있어서 비경합성과 비배제성(무임승차)을 갖는 재화를 말한다.

핵심 용어 Check

◆**비경합성**
한 사람의 소비가 다른 사람 소비에 영향을 미치지 않는 성질을 말한다.
예를 들어 어떤 사람이 도로(공공재)를 이용해도 다른 사람의 도로 이용에 영향을 미치지 않는다.

◆**비배제성**
비용을 지불하지 않은 사람도 소비할 수 있다. 무임승차
예를 들어 등대를 이용하는 사람이 요금을 지불하지 않는다고 해서 이용하지 못하게 배제할 수 없다.

② **공공재 종류**: 도로, 공원, 의무교육, 치안(경찰), 국방, 소방, 가로등, 등대, 명승지, 잘 보존된 산림 등이 있다.

③ 공공재의 생산을 시장기구에 맡기면 무임승차의 문제로 적정한 생산량보다 과소생산된다.

④ 공공재는 세금, 기금 등으로 국가·공기업이 직접 생산한다.

⑤ 공공재는 정의 외부효과를 유발시킨다.

기출지문
공공재는 비배제성에 의해 비용을 부담하지 않은 사람도 소비할 수 있다. 제30회 (○)

Thema 37 외부효과

1 개 념

어떤 경제주체의 경제활동(생산활동, 소비활동)이 의도하지 않게 제3자에게 이익이나 손해를 주면서 이에 대한 대가를 받지도, 지불하지도 않는 현상을 말한다.

2 구 분

(1) 생산측면의 외부효과와 소비측면의 외부효과가 있다.

(2) **정(+)의 외부효과**(외부경제)**와 부(−)외부효과**(외부불경제)

① **정의 외부효과**: 과수원이 이웃하는 양봉업자에게 이익을 주는 경우

② **부의 외부효과**: 연탄공장의 연탄생산으로 주변지역의 대기오염 등의 공해산업

3 외부효과의 내용

부의 외부효과	정의 외부효과
① 대가를 지불하지 않고 의도하지 않은 손해를 미침	① 대가를 받지 않고 의도하지 않는 이익을 줌
② 생산측면: 사적(한계) 비용 < 사회적(한계)비용	② 생산측면: 사적 비용 > 사회적 비용
③ 소비측면: 사적 편익 > 사회적 편익	③ 소비측면: 사적 편익 < 사회적 편익
④ 생산량: 최적생산량보다 과다생산	④ 생산량: 최적생산량보다 과소생산
⑤ 대책(정부개입): 규제 − 중과세, 부담금 부과 등 ⇨ 생산비↑ ⇨ 공급량↓ ⇨ 공급곡선 좌측이동 ⇨ 가격↑	⑤ 대책(정부개입): 규제완화 − 조세경감, 보조금 지급 등
⑥ 님비현상	⑥ 핌피현상

기출지문

부(−)의 외부효과는 사회가 부담하는 비용을 감소시킨다. 제28회 (×)

⇨ 부(−)의 외부효과는 사회가 부담하는 비용을 증가시킨다.

Thema 38 지역지구제

1 의 의

어느 지역의 토지이용을 사적주체(토지소유자)들에게 맡길 경우 서로 상반된 토지이용(주거지역과 공업지역)으로 부(−)의 외부효과가 발생하여 토지이용이 비효율적이다. 이 경우 부(−)의 외부효과를 제거·감소시키기 위한 토지이용을 특정 용도로 이용규제하는 제도를 말한다.

2 문제점

지역지구제는 개발지역은 지가가 상승하고, 반대로 보전지역은 지가가 하락하는 문제점이 있다.

3 국토의 계획 및 이용에 관한 법령상 용도지역

(1) **용도지역** : 도시지역, 관리지역, 농림지역, 자연환경보전지역

(2) **도시지역** : 주거지역, 상업지역, 공업지역, 녹지지역

(3) **주거지역** : 전용주거지역, 일반주거지역, 준주거지역

① **전용주거지역** : 양호한 주거환경 보호를 위하여 필요한 지역
  ㉠ 제1종 전용주거지역 : 단독주택 중심의 양호한 주거환경 보호를 위하여 필요한 지역
  ㉡ 제2종 전용주거지역 : 공동주택 중심의 양호한 주거환경 보호를 위하여 필요한 지역
② **일반주거지역** : 편리한 주거환경 조성을 위하여 필요한 지역
  ㉠ 제1종 : 저층(4층 이하)주택 중심이 편리한 주거환경 조성을 위하여 필요한 지역
  ㉡ 제2종 : 중층주택 중심이 편리한 주거환경 조성을 위하여 필요한 지역
  ㉢ 제3종 : 중고층주택 중심이 편리한 주거환경 조성을 위하여 필요한 지역
③ **준주거지역** : 주거기능 위주에 상업·업무기능을 보완하는 지역

(4) **상업지역** : 중심상업지역, 일반상업지역, 유통상업지역, 근린상업지역

Thema 39 임대료 규제

(1) 균형임대료보다 낮은 수준에서 임대료를 규제한다. 예를 들어 임대주택시장에서 균형임대료가 월 50만원인 경우 임대료를 월 30만원으로 규제하는 것으로, 임대료 월 30만원을 최고 임대료로 하는 것을 말한다.

(2) 임대주택의 수요가 증가하고 공급이 감소하여 초과수요(공급부족) 현상이 발생한다. 이때 초과수요(공급부족)는 수요와 공급이 탄력적일수록, 장기적으로 크다.

(3) **장기적 효과**

① 임대인이 수선·유지를 소홀히 하여 임대주택의 질적 수준이 저하된다.

② 임대주택 투자 기피 현상 및 다른 용도로 전환하여 임대주택 공급이 감소하여 주택난이 심화될 수 있다.

③ 암시장이 형성되어 이중가격이 발생하여 임차인 주거비부담을 증가시킨다.

④ 임차인의 주거이동을 제한시킨다.

(4) 균형임대료보다 높은 수준에서 규제하면 시장에 아무런 변화가 없다.

Thema 40 임대료 보조

(1) 서소득계층에게 임대료의 일부 또는 전부를 보조해주는 정책이다.

(2) 임대료 보조는 저소득층의 실질소득이 증가하여, 임대주택 소비량이 증가하고, 다른 재화의 소비량도 증가한다.

(3) 단기적으로 임대주택 수요가 증가하여 임대료를 상승시키고, 장기적으로 임대주택 공급을 증가시켜 임대료를 하락시킨다.

(4) 임대주택 공급자에게 보조하는 방식보다 임대주택 수요자에게 보조하는 방식이 임차인의 주거지 선택의 자유가 보장된다.

(5) **주거(택)바우처**

임대료 보조를 현금이 아닌 상품권으로 지급하는 방식으로 소비자보조방식의 일종이며, 임차인의 주거지 선택을 용이하게 할 수 있다.

(6) **주거급여**

생활이 어려운 사람에게 주거안정에 필요한 임차료 등을 지급하는 것으로 소비자보조방식의 일종이다.

기출지문

임대료 보조정책은 장기적으로 임대주택의 공급을 증가시킬 수 있다. 제28회 (○)

Thema 41 　분양가 규제(상한제)

1 의 의

균형가격보다 낮은 수준에서 분양가를 규제하여 무주택자의 주택 구입 부담을 감소시킬 목적으로 하는 제도이다. 현재 주택법에 의해서 시행하는 정책이다.

2 균형가격보다 낮은 수준으로 규제시 효과

① 주택 수요는 증가하고, 공급이 감소하여 초과수요가 발생하는데 수요와 공급이 탄력적 일수록, 장기에서 초과수요가 크다.

② 주택 건설사의 수익성 악화로 주택 공급이 감소하여 주택난이 심화될 수 있다.

③ 주택을 공급할 때 양질의 자재를 사용하지 않으면 주택의 질적 수준이 저하된다.

④ 주택에 대한 이중가격이 형성되어 전매차익에 따른 투기적 수요가 증가한다.

3 균형가격보다 높은 수준에서 분양가를 규제할 경우 시장에 아무런 변화가 없다.

4 주택법령의 내용

(1) 분양가 상한제의 적용주택 및 그 주택의 입주자로 선정된 지위는 일정기간 전매를 제한한다.

(2) 분양가 상한제 적용주택의 분양가격은 택지비와 건축비로 구성된다.

> **기출지문**
> 주택법령상 분양가상한제 적용주택의 분양가격은 택지비와 건축비로 구성된다. 제27회, 제30회 (○)

Thema 42 　조세전가와 귀착(부담액)

1 개 념

납세의무자에게 부과된 조세가 그 거래상대방에게 떠넘겨지는 것을 조세전가라 하고, 그 결과 최종적인 부담이 당사자 사이에 어떻게 배분되느냐의 문제를 조세의 귀착이라 한다.

2 조세 부담액의 크기는 수요와 공급의 상대적 탄력성으로 결정되는데 상대적으로 탄력성이 작으면(비탄력적) 조세를 많이 부담한다.

① **수요탄력성 > 공급탄력성**: 공급이 상대적으로 탄력성이 작아 공급자가 수요자보다 조세를 많이 부담한다.

② **수요탄력성 < 공급탄력성**: 수요가 상대적으로 탄력성이 작아 수요자가 공급자보다 조세를 많이 부담한다.

③ **수요탄력성 = 공급탄력성**: 수요자와 공급자가 절반씩 부담한다.

④ **수요가 완전탄력적일 때**: 수요자는 부담하지 않고, 공급자가 전액 부담한다.

⑤ **수요가 완전비탄력적일 때**: 수요자가 전액 부담한다.

⑥ **공급이 완전탄력적일 때**: 수요자 전액 부담한다.

⑦ **공급이 완전비탄력적일 때**: 공급자가 전액 부담한다.

기출지문

수요곡선이 공급곡선에 비해 더 탄력적이면 수요자에 비해 공급자의 조세부담이 더 커진다.

제26회 (○)

05 부동산 투자론

1. 부동산 투자론은 투자의 위험, 수익률, 포트폴리오, 화폐의 시간가치계수, 현금흐름, 투자분석기법을 공부하는데, 경제론에서 공부한 분수식의 논리는 투자론에서 자주 적용된다.
2. 부동산 투자론에서는 모든 부분이 고르게 출제되고 있으며, 특히 투자분석기법에서 순현가법, 내부수익률법, 어림셈법 등이 계산문제를 포함하여 계속해서 출제된다.

Thema 43　지렛대 효과(레버리지 효과)

1. 개 념

(1) 타인자본(차입금, 부채, 융자)을 이용하여 투자할 때 자기자본수익률(지분수익률, 순자산대비 투자수익률)의 진폭을 크게 하는 것을 말한다.

　◁ 전세를 안고 주택을 사는 것도 지렛대 효과를 이용하는 것이다.

(2) 타인자본(차입금)을 이용하여 자기자본수익률이 상승하는 것을 정(+)의 지렛대 효과라 하고, 오히려 자기자본수익률이 하락하는 것을 부(−)의 지렛대 효과, 자기자본수익률이 변하지 않는 경우를 중립 지렛대 효과라 한다.

2. 유 형

정(+)의 지렛대 효과, 부(−)의 지렛대 효과, 중립 지렛대효과를 결정하는 것은 차입금리(저당이자율, 저당수익률)이다. 차입금리가 총자본수익률보다 낮으면(은행에서 매우 낮은 금리로 차입하는 경우) 자기자본수익률이 상승하여 총자본수익률보다 높아지는 정(+)의 지렛대 효과가 발생한다.

① **정의 지렛대 효과** : 총자본수익률 > 차입금리 ⇨ 총자본수익률 < 자기자본수익률↑
② **중립 지렛대 효과** : 총자본수익률 = 차입금리 ⇨ 총자본수익률 = 자기자본수익률
③ **부의 지렛대 효과** : 총자본수익률 < 차입금리 ⇨ 총자본수익률 > 자기자본수익률↓

3 지렛대 효과와 투자 위험

타인자본을 이용하여 투자할 때 자기자본수익률을 높일 수 있으나(지렛대 효과 기대) 금융적 위험 등 투자 위험이 증가한다.

4 자기자본수익률

$$자기자본수익률 = \frac{순영업소득 - (이자비용) \pm 부동산가치\ 변화액}{자기자본}$$

> **기출지문**
>
> 타인자본의 이용으로 레버리지를 활용하면 위험이 감소된다. 제27회 (×)
> ⇨ 레버리지를 활용하면 위험이 증가한다.

Thema 44 │ 부동산투자의 위험

1 위험의 개념

(1) 위험이란 투자대상 부동산으로부터 얻게 되는 미래 현금흐름 및 수익에 대한 불확실성을 말한다. 즉 실현될 결과가 예상한 결과에서 벗어날 가능성을 의미한다.

예를 들어 어떤 부동산으로부터 예상되는 수익률은 10%인데 실제 수익률이 10%가 아닌 8%, 12% 이렇게 될 가능성을 의미한다.

(2) 위험은 통계학적으로 표준편차, 분산, 변이계수(변동계수)로 측정한다.

2 위험의 종류

(1) 사업상 위험

부동산 사업 자체의 수익성의 불확실성에 관한 위험으로 시장위험, 운영위험, 위치적 위험이 있다.

① **시장 위험**: 경기침체 등 (수요·공급)시장상황의 변동에 따른 위험을 말한다.

② **운영 위험**: 영업경비의 변동, 근로자 파업 등으로 인한 위험을 말한다.

③ **위치적 위험**: 입지선정의 실패 또는 환경이 변화하여 부동산의 상대적 위치가 변화하는 위험을 말한다.

(2) 금융적 위험

① 타인자본(부채)을 이용하여 투자한 경우 원리금을 상환하지 못하는 채무불이행의 위험을 말한다.

② 부채 없이 전액 자기자본으로 투자한다면 금융적 위험을 완전히 제거할 수 있다.

(3) 유동성 위험

① 부동산은 현금화 가능성(환금성)이 낮다. 따라서 투자한 부동산을 현금화하는 과정에서의 시장가치 손실가능성을 말한다. 예를 들어 시장가격이 10억원인 부동산에 투자한 경우 현금이 필요하여 팔려고 할 때 10억원에 팔리지 않고 7억원에 팔렸다면 3억원의 시장가치 손실이 발생하는데, 이를 유동성 위험이라 한다.

② 원하는 시기에 현금화 하지 못하는 것도 유동성 위험이다.

(4) 법률적 위험

지역지구제, 감가상각방법, 세율 등의 정책 등 법률적 환경에 따른 불확실성을 말한다.

(5) 인플레이션 위험

인플레이션이 발생하면 물가가 상승하고 화폐의 실지가치가 하락함에 따라 발생하는 위험을 말한다.

> **기출지문**
>
> 투자자가 대상부동산을 원하는 시기에 현금화하지 못할 가능성은 유동성 위험에 해당한다.
>
> 제29회 (○)

Thema 45 수익률

1 기대수익률

투자로부터 기대되는 예상수입과 예상지출을 바탕으로 계산되는 예상수익률로, 투자결정 하기 전에 사전에 결정되는 사전적 수익률을 의미한다. 객관적인 추정치를 이용하여 산정 한 객관적 수익률이며, 그 투자안으로부터 산정된 내부수익률이다.

2 요구수익률

(1) 개 념

투자자가 투자대안에 투자하기 위하여 충족되어야 할 최소한의 수익률로 자본에 대한 기 회비용을 반영한 주관적 수익률이며, 위험조정할인율, 필수적 수익률, 외부적 수익률이다.

(2) 구 성

- 요구수익률 = 시간의 대가 + 위험의 대가 + 예상인플레이션
- 요구수익률 = 무위험(수익)률 + 위험할증률 + 예상인플레이션

◁ **무위험(수익)률**: 시간에 대한 대가, 예금이자율, 국·공채수익률

(3) 무위험(수익)률 상승 ⇨ 요구수익률 상승

(4) 위험 상승 ⇨ 요구수익률 상승

(5) 순현재가치법에서 순현가를 계산할 때, 정보(현재)가치를 계산할 때의 할인율이다.

3 투자결정

기대수익률이 요구수익률보다 크면 투자가치가 있다고 판단한다.

4 실현수익률

투자가 결정된 후 투자로부터 실제 발생한 수익률을 말하며, 실제수익률이라 한다.
투자결정 여부와 관련이 없다.

기출지문

금리상승은 투자자의 요구수익률을 상승시키는 요인이다. 제33회 (○)

Thema 46 포트폴리오

1 개 념

여러 자산에 분산 투자하여 (비체계적)위험을 제거·감소시키기 위한 투자전략을 말한다.

2 체계적 위험과 비체계적 위험

체계적 위험(피할 수 없는 위험)	비체계적 위험(피할 수 있는 위험)
① 시장의 힘에 의해 야기되는 위험으로서 모든 부동산에 공통된 위험 ② 경기변동, 인플레이션, 이자율 변동 등 시장 상황의 변화로 인한 위험 ③ 분산투자(포트폴리오 구성)로 제거·감소시킬 수 없는 위험	① 개별자산(부동산)의 고유한 위험 ② 운영경비 변동 등으로 인한 위험 ③ 분산투자(포트폴리오 구성)로 제거·감소시킬 수 있는 위험

▽ **총위험**(전체위험) : 체계적 위험 + 비체계적 위험

3 포트폴리오 구성으로 위험 제거 · 감소 효과

① 포트폴리오 구성으로 체계적 위험을 감소시킬 수 있다. (×)
  ⇨ 체계적 위험은 감소시킬 수 없다.

② 포트폴리오 구성으로 총위험을 감소시킬 수 있다. (○)

③ 포트폴리오 구성으로 총위험을 '0'까지 감소시킬 수 있다. (×)
  ⇨ 체계적 위험이 감소하지 않기 때문에 총위험은 감소하지만 "0"까지 감소하지 않는다.

④ 포트폴리오 구성으로 비체계적 위험을 '0'까지 감소시킬 수 있다. (○)

⑤ 포트폴리오 구성으로 경기변동, 금리변동 위험, 인플레이션 위험을 감소시킬 수 있다. (×)
  ⇨ 경기변동, 금리변동 위험, 인플레이션 위험은 체계적 위험이기 때문에 감소시킬 수 없다.

> **기출지문**
>
> 포트폴리오 분산투자를 통해 체계적 위험뿐만 아니라 비체계적 위험도 감소시킬 수 있다.
>
> 제32회 (×)
>
> ⇨ 포트폴리오 분산투자를 통해 체계적 위험은 감소시킬 수 없다.

Thema 47 | 화폐의 시간가치

1 개 념

화폐의 시간가치란 화폐(돈)는 동일한 금액이라도 시점에 따라서 그 가치를 달리하는데 이를 화폐의 시간가치라 한다. 예를 들어 1억원이라는 돈의 가치는 현재시점(지금)의 가치와 미래시점(1년 후)의 가치가 달라지는 것을 말한다.

2 현재가치와 미래가치

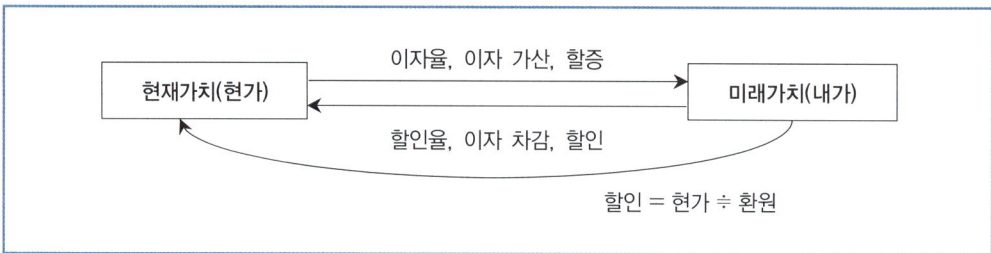

(1) 미래가치는 현재가치에 이자율만큼 이자를 가산하여 계산한다.

① 지금 1억원을 연간 이자율 10%로 저금한 경우, 1년 후(미래가치)는 1억원에 이자율 10%에 따른 이자를 가산하여 계산된다. ⇨ 1억원 × (1 + 0.1) = 1억 1천만원

② 이자율↑ ⇨ 미래가치↑

(2) 현재가치는 미래가치를 할인율(이자율)만큼 이자를 차감하여 계산한다.

① 1년 후 1억 1천만원을 현재시점의 가치(현재가치)로 계산할 때, 할인율이 10%라면 할인율만큼 이자를 차감하여 계산한다. ⇨ 1억 1천만원(미래가치)을 현재가치로 만들 때 할인율 10%로 할인한다. $\dfrac{1억\ 1천만원}{(1+0.1)} = 1억원$

② 할인율↑ ⇨ 현재가치↓

(3) 순현재가치를 계산할 때 요구수익률로 할인하고, 수익환원법에 의한 부동산가치를 계산할 때 환원율을 적용하는 것은 현재가치 계산 논리가 적용된다.

① 요구수익률↑ ⇨ 순현재가치↓

② 환원율↑ ⇨ 부동산가치↓

기출지문

일시불의 현재가치계수는 할인율이 상승할수록 작아진다. 제30회 (○)

Thema 48 화폐의 시간가치계수

1 개 념

화폐의 시간가치계수란 현재가치, 미래가치를 계산하는 수식을 말한다.

2 현재가치계수와 미래가치계수

(1) 현재가치계수와 미래가치계수

현재가치계수	미래가치계수
일시불의 현재가치계수	일시불의 미래가치계수
연금의 현재가치계수	연금의 미래가치계수
저당상수	감채기금계수

(2) **역수관계** ⇨ **역수끼리의 곱은 1이 된다.**

① 일시불의 현재가치계수	↔	일시불의 미래가치계수
② 연금의 현재가치계수	↔	저당상수
③ 연금의 미래가치계수	↔	감채기금계수

◁ 1. 연금의 현재가치계수 × 저당상수 = 1
   2. 연금의 미래가치계수 × 감채기금계수 = 1

3 화폐의 시간가치계수 활용

(1) **일시불(금)의 현재가치계수** : 일시불의 현재가치를 계산할 때 사용한다.

10년 후 5억원이 되는 토지의 가치를 현재시점에서 계산할 때는 일시불의 현재가치계수를 적용한다. ⇨ 5억원 × 일시불의 현재가치계수

(2) **연금의 현재가치계수** : 연금의 현재가치를 계산할 때 사용한다.

① 매월 말 50만원씩 5년간 들어올 것으로 예상되는 임대료 수입의 현재가치를 계산하려면, 연금의 현재가치계수[저당상수(월 기준)의 역수]를 적용한다.

② 저당상수의 역수. 연금의 현재가치계수 × 저당상수 = 1

(3) **저당상수**

① 주택구입 자금 5억원을 원리금균등상환방식으로 대출 받은 경우 매월(매년) 원리금상환액(부채서비스액, 저당지불액)을 계산할 때 저당상수(연금의 현재가치계수의 역수)를 적용한다. ⇨ 원리금상환액 = 5억원(융자액) × 저당상수

② 연금의 현재가치계수의 역수

(4) **감채기금계수**

① 적금에 가입한 경우 매월 불입액(적립액)을 계산할 때 사용한다.

② 10년 후에 10억원을 받는 적금에 가입한 경우 매월 불입액을 산정할 때 감채기금계수(연금의 미래가치계수의 역수)를 적용한다.

> **기출지문**
> 연금의 현재가치계수와 저당상수는 역수관계에 있다. 제30회 (○)

Thema 49 현금흐름(수지)의 측정

부동산투자에 따른 현금흐름은 보유기간 동안 매 기산 넝업(운영)을 통하여 발생할 것으로 예상되는 영업현금흐름(소득이득)과 부동산을 처분하는 경우 발생할 것으로 예상되는 매각현금흐름(자본이득)이 있다.

1 영업(운영)현금흐름(수지)

```
              임대단위수
          ×  단위당 예상임대료
              가능총소득
          -  공실 및 불량부채
          +  기타수입(영업외수입)
              유효총소득
          -  영업경비
              순영업소득
          -  부채서비스액
              세전현금수지
          -  영업소득세
              세후현금수지
```

(1) 공실 및 불량부채

공실 = 공실손실상당액

불량부채 = 회수불능채권 = 회수불가능한 임대료수입 = 대손충당금

(2) 크기 비교 : 동일할 수 있다.

① 순영업소득과 세전현금수지 : 동일할 수 있다.

② 세전현금수지와 세후현금수지 : 동일할 수 있다.

⑶ **필요한 항목**(영향을 미치는 요인, 고려사항)

　① **유효총소득 산정시 영향을 미치는 요인**

　　⇨ 유효총소득보다 위쪽에 있는 항목들 : 단위당 예상임대료, 공실률, 불량부채, 기타수입(영업외수입)

　② **순영업소득 산정시 영향을 미치는 요인**

　　⇨ 순영업총소득보다 위쪽에 있는 항목들

⑷ **영업경비**

　부동산 보유기간 동안에 대상부동산에 대한 비용을 말한다.

포함 항목	유지ㆍ관리비, 수선비, 광고ㆍ선전비, 전화료, 전기료, 재산세, 종합부동산세, (화재)보험료, 직원인건비, 용역비 등
불포함 항목	공실 및 불량부채(공실손실상당액, 회수불능채권), 부채서비스액(이자비용, 원금상환액), 소득세, 감가상각비, 소유자 급여, 개인적인 업무비, 자본적 지출, 취득세, 법인세 등

2　매각현금흐름(지분복귀액)

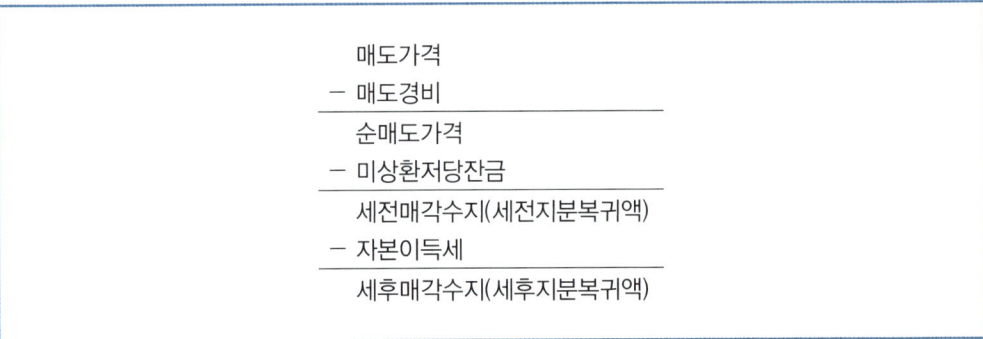

```
              매도가격
         ─   매도경비
              순매도가격
         ─   미상환저당잔금
              세전매각수지(세전지분복귀액)
         ─   자본이득세
              세후매각수지(세후지분복귀액)
```

> **기출지문**
>
> 세전현금흐름은 순영업소득에서 부채서비스액을 차감한 소득이다. 제28회 (○)

Thema 50   투자분석기법의 구분

1 투자분석기법의 논리

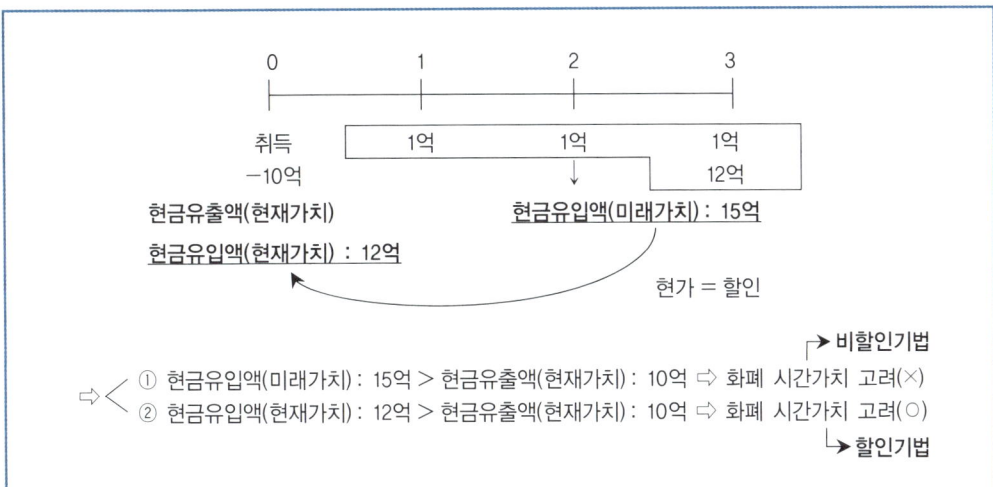

2 투자분석기법의 구분

화폐의 시간가치 고려하는 방법(할인기법)	화폐의 시간가치 고려하지 않는 방법(비할인기법)
① 순현재가치법	① (단순)회수기간법
② 수익성지수법	② 회계적수익률법
③ 내부수익률법	③ 어림셈법(승수법, 수익률법)
④ 연평균순현가법	④ 비율분석법
⑤ 현가회수기간법	

> **기출지문**
>
> 부동산 투자분석기법 중 화폐의 시간가치를 고려한 방법에는 순현재가치법, 내부수익률법, 회계적 이익률법이 있다. 제32회 (×)
> ⇨ 회계적 이익률법은 화폐의 시간가치를 고려하지 않는다.

Thema 51 할인현금흐름(수지)분석법

(1) 대상부동산으로 예상되는 미래의 현금흐름을 일정한 할인율로 할인하여 투자분석하는 방법이다.

(2) 순현재가치법, 수익성지수법, 내부수익률법은 할인현금흐름(수지)분석법이다.

(3) **할인율이 필요**

　① **순현재가치법, 수익성지수법의 할인율** : 요구수익률

　② **내부수익률법의 할인율** : 내부수익률

(4) 투자기간 동안 모든 현금흐름을 고려한다(보유기간 소득이득, 처분시 자본이득 모두 고려한다).

> **기출지문**
>
> 할인현금흐름기법이란 부동산투자로부터 발생하는 현금흐름을 일정한 할인율로 할인하는 투자의사결정 기법이다. 제30회 (○)

Thema 52 순현재가치법, 수익성지수, 내부수익률법

1 순현재가치법

(1) 요구수익률로 할인한 수입의 현재가치와 지출의 현재가치를 비교하여 투자 결정하는 방법이다.

　① 순현가 ≧ 0 ⇨ 투자(○)

　② 순현가 < 0 ⇨ 투자(×)

(2) **순현가**

　① 현금수입액 현재가치 − 현금지출액 현재가치

　② 예상수익의 현재가치 − 예상지출의 현재가치

(3) **할인율** : 투자자의 요구수익률

2 수익성지수법

(1) 수익성지수

$$수익성지수 = \frac{현금수입액의\ 현가}{현금지출액의\ 현가}$$

투자로부터 예상되는 현금수입액의 현재가치를 투자지출액(비용)의 현재가치로 나눈 값이다.

(2) 투자결정

① 수익성지수 $\geqq 1$ ⇨ 투자(○)

② 수익성지수 < 1 ⇨ 투자(×)

3 내부수익률법

(1) 내부수익률

① 현금수입액의 현재가치와 현금지출액의 현재가치를 같게 만드는 할인율

② 순현가를 "0"으로 만드는 할인율

③ 수익성지수를 "1"로 만드는 할인율

(2) 투자결정

① 내부수익률 $\geqq$ 요구수익률 ⇨ 투자(○)

② 내부수익률 $<$ 요구수익률 ⇨ 투자(×)

> **기출지문**
>
> 내부수익률법에서는 내부수익률이 요구수익률보다 작은 경우 해당 투자안을 선택하지 않는다.
>
> 제32회 (○)

Thema 53 어림셈법

(1) 어림셈법은 화폐의 시간가치를 고려하지 않는 투자분석기법으로 승수법과 수익률법이 있다.

(2) 승수는 투자금액을 소득으로 회수하는 기간을 나타내는 회수기간을 의미한다. 승수가 높을수록 회수기간이 길다.

(3) 승수와 수익률

승수법		수익률법
총소득승수 = $\dfrac{총투자액}{총소득}$	역수	총자산회전율 = $\dfrac{총소득}{총자산(총투자액)}$
순(영업)소득승수 = $\dfrac{총투자액}{순영업소득}$ (자본회수기간)	역수	(종합)자본환원율 = $\dfrac{순영업소득}{부동산가격(총투자액)}$ (총투자수익률)
세전현금수지승수 = $\dfrac{지분투자액}{세전현금수지}$	역수	지분배당률(지분환원율) = $\dfrac{세전현금수지}{지분투자액}$
세후현금수지승수 = $\dfrac{지분투자액}{세후현금수지}$	역수	세후수익률(지분투자수익률) = $\dfrac{세후현금수지}{지분투자액}$

(4) 사례연습

부동산가격(총투자액)이 10억원, 순영업소득이 1억원인 경우

① **순(영업)소득승수** : $\dfrac{총투자액}{순영업소득} = \dfrac{10억원}{1억원} = 10$

② **자본회수기간** : 10년

③ **(종합)자본환원율**

  ㉠ 공식 이용 = $\dfrac{순영업소득}{부동산가격(총투자액)} = \dfrac{1억원}{10억원} = 10\%$

  ㉡ 순소득승수의 역수 = $\dfrac{1}{10} = 10\%$

> **기출지문**
>
> 투자의 타당성은 총투자액 또는 지분투자액을 기준으로 분석할 수 있으며, 총소득승수는 총투자액을 기준으로 분석하는 지표다. 제33회 (○)

Thema 54 대부비율, 부채비율

1 대부비율(저당비율, 차입비율, 융자비율, 담보인정비율, LTV)

$$대부비율 = \frac{부채잔금(융자잔금)}{부동산가격}$$

(1) 대출시점을 기준으로 할 때 대부비율이란 부동산가격에 대한 융자액의 비율이다.

(2) 대부비율이 상승하면 ① 부동산 수요증가, ② 지렛대효과 증가, ③ 금융적 위험 증가, ④ 채무불이행위험 증가, ⑤ 대출이자율이 상승한다.

(3) 대부비율 + 지분비율 = 1

2 부채비율

- 부채비율 $= \dfrac{저당(투자액)}{지분(투자액)} = \dfrac{부채}{자본}$

- 부채비율 $= \dfrac{대부비율}{지분비율}$

(1) 부채비율은 자본(지분)에 대한 부채의 비율이다.

(2) 대부비율이 50%이면 지분비율이 50%이고, 부채비율은 100%이다.

> **기출지문**
>
> 대부비율은 부동산가치에 대한 융자액의 비율을 가리키며, 대부비율을 저당비율이라고도 한다.
>
> 제28회 (○)

1 과목

Thema 55　부채감당률

(1) 개 념

투자대상 부동산으로부터 기대되는 순영업소득으로 부채서비스액(원리금상환액)을 상환할 수 있는가를 나타내는 비율을 말한다.

(2) 부채감당률

$$부채감당률 = \frac{순영업소득}{부채서비스액}$$

① 부채감당률은 부채서비스액에 대한 순영업소득의 비율이다.

② 순영업소득으로 부채서비스액을 감당할 수 있는지를 나타내는 지표이다.

③ 순영업소득이 부채서비스액의 몇 배인가를 나타내는 배수이다.

(3) 부채감당률이 1보다 크다.

순영업소득으로 부채서비스액을 감당하기에 충분하다.

(4) 부채감당률이 1보다 작다.

순영업소득으로 부채서비스액을 감당하기에 불충분하다.

(5) 사 례

순영업소득이 1억 5천만원, 부채서비스액이 1억원일 때

① 부채감당률은 1.5이다.

② 순영업소득으로 부채서비스액을 감당하기에 충분하다.

기출지문

부채감당률이 1보다 작다는 것은 순영업소득이 부채서비스액을 감당하기에 부족하다는 것이다.

제28회 (○)

1. 부동산 금융론은 대출이자율, 저당상환방법, 주택저당채권유동화, 부동산투자회사 등을 공부한다.
2. 저당상환방법, 주택저당채권유동화, 부동산투자회사 등이 자주 출제된다.

Thema 56 금융의 분류

(1) 부동산 금융은 토지금융과 주택금융이 있고, 주택금융은 주택소비금융과 주택개발금융으로 구분된다. 주택소비금융은 주택을 담보로 대출을 받는 주택담보대출을 의미한다.

(2) 주택금융은 주택소비 증가, 주택공급 증가, 주택경기 조절, 주거안정 등의 기능이 있다.

(3) 금융의 분류

지분금융	신디케이트, 조인트벤처, 공모에 의한 증자, 주식발행, 부동산간접펀드, 부동산투자회사 등
부채금융	저당대출, 회사채발행, 주택상환사채, 신탁증서금융, 프로젝트파이낸싱, 자산담보부기업어음, ABS, MBS, MBB 등
메자닌금융	신주인수권부사채, 전환사채, 우선주, 후순위대출 등

기출지문

주택상환사채, 신탁증서금융, 자산유동화증권, 저당채권담보부채권(MBB), 자산담보부기업어음은 부채금융이다. 제29회 (○)

Thema 57 고정이자율과 변동이자율

1 고정이자율

① 대출시점에서 결정된 이자율이 대출기간 동안 변동 없이 적용되는 이자율을 말한다.

② 예상하지 못한 인플레이션이 발생하면 대출자의 실질금리는 하락하여 대출자에게는 손해이고, 차입자에게는 이익이 된다.

③ 시장이자율이 하락하여 대출이자율보다 낮아지면 차입자에게는 조기상환이 유리하다.

2 변동이자율

① 대출시점에서 결정된 이자율이 시장상황이 변화하면 일정한 조정주기에 따라 대출금리를 변동시키는 이자율을 말한다.

② 대출이자율은 기준금리와 가산금리로 구성되고, 기준금리(CD금리, 코픽스금리)가 변동할 때 조정주기에 따라 금리를 변동시킨다.

③ 물가가 상승할 때 이자율 변동(조정)주기가 짧을수록 차입자에게 신속하게 이자율변동 위험 등을 전가시키므로 대출자가 유리하다.

3 고정이자율과 변동이자율의 비교

① 대출시점에서는 고정이자율이 변동이자율보다 높다.

② 물가상승시 차입자는 고정이자율을 선호하고, 대출자는 변동이자율을 선호한다.

③ 인플레이션으로부터 대출자를 보호해주는 것은 변동이자율이다.

④ 물가상승시 일반적으로 변동금리 차입자의 채무불이행 위험이 높다.

> **기출지문**
>
> 변동금리 주택담보대출은 이자율 변동으로 인한 위험을 차주에게 전가하는 방식으로 금융기관의 이자율 변동위험을 줄일 수 있다. 제32회 (○)

Thema 58 | 저당상환방법

1 개 념

저당상환방법은 대출 받고 매기간 원금 일부와 이자를 상환하는 원리금상환방식이 있고, 대출기간 동안 이자만 지급하고, 만기에 원금을 일시에 상환하는 만기일시상환방식이 있으며, 이자만 지급하는 거치기간이 있는 상환방식도 있다. 만기일시상환방식과 거치기간이 있으면 이자비용이 많다는 특징이 있다.

2 원리금상환방법

원리금상환방법에는 원금균등상환방식, 원리금균등상환방식, 체증식(점증식)상환방식이 있다.

3 원금균등상환방식

① **매기간 원금상환액** : 항상 일정

② **매기간 원리금상환액**
  ㉠ 원금상환액 + 이자비용
  ㉡ 원금상환액은 항상 일정한데 이자비용이 점점 감소하기 때문에 원리금상환액이 점점 감소한다.

4 원리금균등상환방식

① **매기간 원리금상환액** : 융자액 × 저당상수, 항상 일정

② **매기간 원금상환액** : 매기간 원리금상환액은 항상 일정한데 이자비용이 점점 감소하기 때문에 원금상환액은 점점 증가한다.

5 체증식(점증식)상환방식

① 초기 상환액을 적게 하고 후기로 갈수록 상환액이 점점 증가하는 방식이다.
② 미래 소득이 증가할 것으로 예상되는 젊은층에 유리한 방식이다.
③ 대출 전체기간 동안 이자누적액과 원리금상환액 누적액이 가장 많다.

> **기출지문**
>
> 원리금균등상환방식의 경우, 매기 상환하는 원금이 점차 감소한다. 제32회 (×)
> ⇨ 원금상환액이 점점 증가한다.

Thema 59 | 주택저당채권유동화(MBS)

1 자산유동화(ABS)

기업들이 보유하는 매출채권, 할부채권 등을 바탕으로 발행하는 증권을 말한다.

2 주택저당채권유동화(MBS)

금융기관이 보유하는 주택저당채권을 바탕으로 발행하는 주택저당증권을 말한다.

3 주택저당증권의 종류

주택저당증권은 MPTS(주택저당채권이체증권), MBB(주택저당채권담보부채권), MPTB (저당채권지불이체채권), CMO(다계층채권)이 있다.

4 MPTS(주택저당채권이체증권)

① 지분형으로 주택저당채권집합물의 소유권(저당권)과 원리금수취권 모두가 투자자에게 이전된다.
② 투자자가 채무불이행위험, 조기상환위험을 부담한다.

5 MBB(주택저당채권담보부채권)

① 주택저당채권을 담보로 하여 발행기관의 신용으로 발행하는 채권형이다.

② 모기지소유권(저당권), 원리금수취권 모두 발행자가 보유한다.

③ 조기상환위험, 채무불이행 등의 위험을 발행자가 부담한다.

④ 발행기관의 신용으로 채권을 발행하기 때문에 발행기관은 투자의 안전성을 높이기 위해 초과담보가 필요하다.

6 MPTB(저당채권지불이체채권)

① 저당채권(MBB)과 이체증권(MPTS)의 혼합형이다.

② **저당권소유권, 채무불이행의 위험**: 발행자

③ **원리금수취권, 조기상환위험**: 투자자

7 CMO(다계층채권)

① 하나의 주택저당채권을 위험·수익구조가 다른 여러 개의 계층(다계층)으로 구분하여 상환순서를 다르게 만든 채권이다.

② 저당권소유권은 발행자가 보유하고, 채무불이행의 위험은 발행자가 부담하며, 원리금 수취권과 조기상환위험을 투자자가 부담한다.

③ 트렌치별로 만기와 이자율이 다르고 만기가 장기일수록 이자율이 높다.

> **기출지문**
>
> MPTS의 조기상환위험은 투자자가 부담한다. 제27회 (○)

Thema 60 부동산투자회사

1 개 념

부동산투자회사는 주식을 발행하여 자금을 모아 부동산 등에 투자하여 수익을 배당하는 상법상 주식회사이다.

부동산투자회사의 주식에 투자한 투자자는 배당에 따른 이익과 주식매매차익을 얻을 수 있고, 투자 원금의 손실이 발생할 수 있다.

2 부동산투자회사법상 부동산투자회사

(1) **자기관리 부동산투자회사**

실체상 회사로 본점과 지점이 있고, 상근임직원을 두는 회사이다.

(2) **위탁관리 부동산투자회사**

명목상 회사로 본점은 있으나 지점은 둘 수 없고, 상근임직원이 없다. 자산의 투자·운용을 자산관리회사에 위탁한다.

(3) **기업구조조정 부동산투자회사**

명목상 회사로 본점은 있으나 지점은 둘 수 없고, 상근임직원이 없다. 자산의 투자·운용을 자산관리회사에 위탁한다.

3 부동산투자회사의 설립자본금과 최저자본금

(1) **자기관리 부동산투자회사**

설립자본금 5억원 이상, 최저자본금 70억원 이상으로 한다.

(2) **위탁관리 부동산투자회사**

설립자본금 3억원 이상, 최저자본금 50억원 이상으로 한다.

(3) **기업구조조정 부동산투자회사**

설립자본금 3억원 이상, 최저자본금 50억원 이상으로 한다.

> **기출지문**
>
> 위탁관리 부동산투자회사는 본점 외의 지점을 설치할 수 없다. 제29회 (○)

07 부동산 개발·관리·마케팅

단 | 원 | 열 | 기

1. 부동산 개발론에서는 개발의 위험, 민간개발방식, 민간자본유치개발방식, 부동산 관리론에서는 관리방식의 내용, 마케팅에서는 마케팅 전략을 공부한다.
2. 민간개발방식, 민간자본유치개발방식, 관리방식의 내용, 시장점유마케팅 전략이 자주 출제된다.

Thema 61 부동산개발의 위험

1 부동산개발의 위험

(1) 부동산개발의 위험이란 개발에 따른 미래의 불확실성을 말한다.

(2) 부동산개발은 미래의 불확실한 수익을 근거로 개발을 진행하기 때문에 위험성이 수반된다.

(3) 부동산개발의 위험은 법적위험, 시장위험, 비용위험이 있다.

(4) 개발업자가 통제 가능한 위험과 통제 불가능한 위험이 있고, (행정 변화) 인·허가 지연, 매장문화재 등은 개발업자가 통제 불가능한 위험이다.

2 법적 위험 : 법률적 사항의 변동에 따른 불확실성을 말한다.

(1) **사법적 위험**

소유권 관계 등에 발생하는 위험을 말한다.

(2) **공법적 위험**

토지이용규제 등 지역지구제의 변화, 세금제도 변화 등의 위험을 말한다.

(3) 토지이용계획이 확정된 토지를 구입하는 것은 법적 위험을 최소화 시키는 방법이다.

3 시장위험

(1) 인플레이션 발생, 이자율 변동 등 시장상황 변동에 따른 위험으로 미분양, 미임대, 낮은 가격으로 매매되는 것을 말한다.

(2) **시장위험을 줄이는 방법**

① **시장분석**: 특정 부동산에 대한 시장의 수요·공급 상황을 분석하는 것을 말한다.

② **시장성분석**: 매매 가능성, 임대 가능성 분석하는 것을 말한다.

③ **흡수율분석**: 공급된 부동산이 일정기간 수요된 비율을 파악하는 분석으로 미래의 흡수율 파악이 주목적이다.

> **기출지문**
>
> 법률위험을 최소화하기 위해서는 이용계획이 확정된 토지를 구입하는 것이 유리하다.
>
> 제28회 (O)

Thema 62 민간개발방식

1 자체(력)개발방식

토지소유자가 자금조달, 개발위험을 부담하고, 개발이 완성되면 개발이익을 토지소유자가 획득하는 방법으로, 토지소유자의 위기관리 능력이 요구된다.

2 지주공동사업

(1) **공사비 대물변제형**

① 토지소유자가 개발사업을 발주하고, 개발업자는 공사비를 준공된 건축물의 일부로 변제받는 방식이다.

② 일반적으로 토지소유자가 사업시행자가 되고 건설업체는 시공사로 참여한다.

(2) **사업수탁**(위탁)**방식** : 토지소유권의 이전이 없다.

① 토지소유자가 자금(공사비)을 조달하고, 토지소유자가 사업주체(사업자명의 : 토지소유자)가 되며, 개발이익은 토지소유자에게 귀속되는 방식이나.

② 개발업자는 개발에 따른 수수료를 받는다.

3 신탁개발방식 : (형식적)토지소유권이 신탁회사에게 이전된다.

① 신탁회사가 자금을 조달하고, 사업주체(사업자명의)가 되고, 수수료를 받는 방식이다.

② 개발이익을 수익자 등에 배분한다.

4 컨소시엄 구성방식

대규모 개발사업에 적합, 문제발생시 책임소재가 불분명한 단점이 있다.

> **기출지문**
>
> 토지소유자로부터 형식적인 토지소유권을 이전받은 신탁회사가 사업주체가 되어 개발·공급하는 방식은 신탁개발방식이다. 제29회 (○)

Thema 63 민간자본유치개발방식

- 도로, 터널, 교도소, 학교 등 사회간접자본시설을 민간자본으로 건설하는 방식이다.
- B(Build) : 건설
- T(Transfer) : 소유권이전
- O(Operate) : 운영
- L(Lease) : 임차
- O(Own) : 소유권

1 BTO개발방식

① 도로, 터널, 공항, 항만 등 사회간접자본시설을 민간이 건설(B)하고, 준공과 동시에 시설의 소유권을 국가·지방자치단체에 이전(T)하고, 민간이 운영권을 받아 운영(O)하는 방식

② **투하자본 회수**: 시설 이용자의 사용료

③ **적용대상**: 도로, 터널, 공항, 항만 등

2 BTL개발방식

① 도서관, 학교, 교도소 등 사회간접자본시설을 민간이 건설(B)하고, 준공과 동시에 시설의 소유권을 국가·지방자치단체에 이전(T)하고, 민간이 운영권을 받아 국가·지방자치단체에 임대(L)하는 방식

② **투하자본 회수**: 국가·지방자치단체의 임대료

③ **적용대상**: 도서관, 학교, 교도소 등

3 BOT개발방식

① 도로, 터널 등 사회간접자본시설을 민간이 건설(B)

② 사업시행자에게 소유권(운영권)을 인정(O)

③ 기간의 만료시 시설의 소유권을 정부 또는 지방자치단체에 귀속하는 방식(T)

4 BLT개발방식

① 학교, 교도소 등 사회간접자본시설을 민간이 건설(B)

② 정부 또는 지방자치단체에 일정기간 임대(L)

③ 기간의 만료시 시설의 소유권을 정부 또는 지방자치단체에 귀속하는 방식(T)

5 BOO(Build-Own-Operate)방식

민간이 사회간접자본시설을 건설(B)하고, 민간에게 당해 시설의 소유권(O) 및 운영권(O)을 인정하는 방식

> **기출지문**
>
> BOO(build-own-operate)방식은 민간사업자가 자금을 조달하여 시설을 건설하고, 준공과 함께 민간사업자가 당해 시설의 소유권과 운영권을 갖는 방식이다. **제32회** (○)

Thema 64 정비사업(도시 및 주거환경정비법 제2조)

1 주거환경개선시업

도시 저소득 주민이 집단거주하는 지역으로 정비기반시설이 극히 열악하고 노후·불량건축물이 과도하게 밀집한 지역의 주거환경을 개선하거나 단독주택 및 다세대주택이 밀집한 지역에서 정비기반시설과 공동이용시설 확충을 통하여 주거환경을 보전·정비·개량하기 위한 사업

2 재개발사업

정비기반시설이 열악하고 노후·불량건축물이 밀집한 지역에서 주거환경을 개선하거나 상업지역·공업지역 등에서 도시기능의 회복 및 상권활성화 등을 위하여 도시환경을 개선하기 위한 사업

3 재건축사업

정비기반시설은 양호하나 노후·불량건축물에 해당하는 공동주택이 밀접한 지역에서 주거환경을 개선하기 위한 사업

Thema 65 자산관리와 시설관리

자산관리	① 부의 극대화 방법, 매입·매각관리, 투자 리스크 관리, 포트폴리오, 프로젝트 파이낸싱 등 ② 부동산가치 증가, 적극적 관리
시설관리	① 부동산소유자 및 시설 이용자의 요구에 부응하는 부동산 시설에 대한 관리 ② 설비의 운전·보수, 에너지관리, 청소관리, 방범·방재 등 시설을 운영·유지하는 소극적 관리

> **기출지문**
>
> 시설관리는 부동산시설을 운영하고 유지하는 것으로 시설 사용자나 기업의 요구에 따르는 소극적 관리에 해당한다. 제26회 (○)

Thema 66 복합개념의 관리

(1) **기술적 관리**(유지관리, 소극적 관리)

물리적 · 기능적 결함을 시정하기 위한 기술적 조치

① 건물과 부지의 부적응 개선, 물리적 · 기능적 하자의 유무를 판단하여 필요한 조치를 하는 것

② 위생관리, 설비관리, 보안관리, 보전관리

③ 경계확정, 사도방지, 옹벽설치, 배수로 정비 등

(2) **경제적 관리**(경영관리, 적극적 관리)

① 손익분기점, 회계관리, 수지관리, 인력관리

② 주차장 부지, 모델하우스 부지, 자재하치장, 공사장 가건물 부지 등으로 이용하는 것

(3) **법률적 관리**(보존관리)

(임대차)계약, 예약, 권리관계 조정 등 법률적 하자 제거 조치

> **기출지문**
>
> 법률적 측면의 부동산관리는 부동산의 유용성을 보호하기 위하여 법률상의 제반 조치를 취함으로써 법적인 보장을 확보하려는 것이다. 제26회 (○)

Thema 67 　관리방식

자기관리방식 **(직접관리)**	① 기밀유지·보안 유리, 친절한 서비스, 신속한 의사결정, 높은 애호정신, 강한 통제력, 종합적 관리의 장점이 있다. ② 전문성이 결여되고, 매너리즘화(타성화) 될 수 있는 단점이 있다.
위탁관리방식 **(외주관리)**	① 전문성이 높다. 효율적인 관리, 타성화(매너리즘화) 방지, 소유와 경영의 분리, 대형건물 관리 유용, 소유자 본업에 전념할 수 있는 방식이다. ② 관리에 따른 용역비 부담, 기밀유지·보안 곤란, 신속한 업무처리 곤란 등 단점이 있다.
혼합관리방식	① 과도기적인 방법으로 자기관리와 위탁관리의 장점만 채택할 수 있다. ② 문제 발생시 책임소재 불분명(불명확)한 단점이 있다.

> **기출지문**
>
> 관리의 전문성과 효율성을 높일 수 있고, 건물설비의 고도화에 대응할 수 있으며, 소유와 경영의 분리가 가능한 관리방식은 위탁관리방식이다. 제34회 (○)

Thema 68 　부동산마케팅

1 마케팅 전략

(1) 시장점유마케팅 전략

공급자 중심 마케팅으로 STP 전략, 4P 믹스 전략이 있다.

(2) 고객점유마케팅 전략

수요자 중심 마케팅으로 AIDA의 원리가 있다.

(3) 관계마케팅 전략

생산자와 소비자 간의 1회성 거래를 전제로 한 종래의 마케팅 이론에 대한 반성으로 양자 간의 장기적이고 지속적인 관계 유지를 주축으로 하는 마케팅을 말한다. 부동산마케팅에 있어서 이는 '브랜드'의 문제와 연관된다.

2 STP 전략

(1) S(Segmentation, 시장세분화)

시장을 수요자(소비자)의 동질적인 특성에 따라 소집단으로 세분화하는 전략

(2) T(Targeting, 표적시장선정)

세분된 시장에서 표적으로 삼는 목표시장을 선정하는 전략

(3) P(Positioning, 차별화)

목표시장에서 경쟁관계의 공급자와 차별화하는 전략, 소비자 지각 속에 자리 잡는 전략

3 4P 믹스 전략

제품(product)	주차장의 지하화, 자연친화적인 공원 설치 등
가격(price)	시가전략, 고가·저가전략, 신축가격전략, 할부 판매 전략 등
유통경로(place)	중개업소 이용, 금융기관 이용 등
판촉(promotion)	모델하우스 방문자에게 경품(냉장고, TV 등)제공 등

4 고객점유마케팅

(1) 수요자(소비자)를 중심으로 하는 마케팅

(2) 고객과의 심리적 접점을 마련하려는 전략

(3) AIDA[주의(Attention), 관심(Interest), 욕망(Desire), 행동(Action)]의 각 단계에서 소비자의 심리를 이해하고 다양한 소비자와 접점을 찾아가는 고객 지향적 전략

> **기출지문**
>
> 시장점유마케팅 전략이란 부동산시장을 점유하기 위한 전략으로 4P Mix 전략, STP 전략이 있다.
>
> 제32회 (○)

단|원|열|기

1. 감정평가론은 감정평가에 관한 규칙, 부동산가격이론, 지역분석과 개별분석, 감정평가방식, 부동산가격공시 제도 등을 공부하고, 특히 감정평가에 관한 규칙의 내용은 매우 중요하다.
2. 감정평가에 관한 규칙의 내용과 부동산가격공시제도는 매년 출제되고, 감정평가방법 중 원가법, 거래사례비 교법, 공시지가기준법, 수익환원법에서 매년 2문항 정도는 계산문제가 출제된다.

Thema 69 시장가치 기준 원칙(감정평가에 관한 규칙 제5조)

(1) 감정평가액은 시장가치를 기준으로 결정한다.

(2) 다음의 경우 시장가치 외의 가치를 기준으로 결정할 수 있다.

① 법령에 다른 규정이 있는 경우

② 의뢰인 요청하는 경우

③ 김징평가의 목적이나 내상물건의 특성에 비추어 사회봉념상 필요하다고 인정되는 경우

(3) 시장가치 이외의 가치를 기준으로 감정평가할 때에는 시장가치 외의 가치의 성격과 특성, 합리성, 적법성 등을 검토하여야 한다. 단, 법령에 다른 규정이 있는 경우에는 검토하지 않는다.

(4) 시장가치 외의 가치를 기준으로 감정평가하는 경우 합리성 및 적법성이 결여되었다고 판단할 때에는 의뢰를 거부하거나, 수임을 철회할 수 있다.

기출지문

감정평가법인등은 법령에 다른 규정이 있는 경우에는 대상물건의 감정평가액을 시장가치 외의 가치를 기준으로 결정할 수 있다. 제30회, 제33회, 제34회 (○)

Thema 70 현황기준의 원칙(감정평가에 관한 규칙 제6조)

(1) 감정평가는 기준시점에서 이용상황(불법적·일시적 이용은 제외) 및 공법상 제한을 받는 상태를 기준으로 한다.

(2) 다음의 경우 기준시점의 가치형성요인 등을 실제와 다르게 가정하거나 특수한 경우로 한정하는 조건을 붙여 감정평가할 수 있다.

① 법령에 다른 규정이 있는 경우

② 의뢰인 요청하는 경우

③ 감정평가의 목적이나 대상물건의 특성에 비추어 사회통념상 필요하다고 인정되는 경우

(3) 감정평가조건을 붙일 때에는 감정평가조건의 합리성, 적법성 및 실현가능성을 검토해야 한다. 단, 법령에 다른 규정이 있는 경우에는 검토하지 않는다.

(4) 감정평가조건의 합리성과 적법성이 결여되거나 사실상 실현 불가능하다고 판단할 때에는 의뢰를 거부하거나, 수임을 철회할 수 있다.

> **기출지문**
>
> 감정평가법인등은 법령에 다른 규정이 있는 경우에는 기준시점의 가치형성요인 등을 실제와 다르게 가정하거나 특수한 경우로 한정하는 조건(감정평가조건)을 붙여 감정평가할 수 있다.
>
> 제30회, 제34회 (○)

Thema 71 개별물건기준 원칙 등(감정평가에 관한 규칙 제7조)

(1) 감정평가는 대상물건마다 개별로 하여야 한다.

(2) **예 외**

① 둘 이상의 대상물건이 일체로 거래되거나 대상물건 상호간 용도상 불가분의 관계에 있는 경우에는 일괄하여 감정평가할 수 있다.

예 복합부동산, 산지와 입목 일괄평가, 집합건물의 건물부분과 대지사용권 일괄평가

② 하나의 대상물건이라도 가치를 달리하는 부분은 구분하여 감정평가할 수 있다.

> **예** 도로에 접한 넓은 토지의 전면과 후면의 가치가 다른 경우, 선박, 산림, (주상)복합건물 등

③ 일체로 이용되고 있는 대상물건의 일부분에 감정평가해야 할 특수한 목적, 합리적 이유가 있는 경우 그 부분을 감정평가할 수 있다.

> **예** 토지의 일부분이 도시계획시설에 저촉되어 그 부분에 대한 보상 평가

> **기출지문**
>
> 하나의 대상물건이라도 가치를 달리하는 부분은 이를 구분하여 감정평가할 수 있다.
>
> 제30회, 제33회 (○)

Thema 72 기준시점

(1) 감정평가액 결정의 기준이 되는 날(감정평가에 관한 규칙 제2조 제2호)

(2) 기준시점은 대상물건의 가격조사를 완료한 날짜로 한다. 다만, 기준시점을 미리 정하였을 때에는 그 날짜에 가격조사가 가능한 경우에만 기준시점으로 할 수 있다(감정평가에 관한 규칙 제9조 제2항).

> 📑 **사례 — A토지의 감정평가**

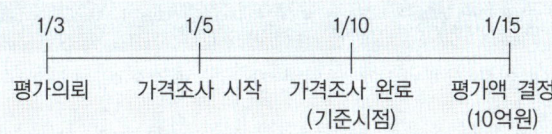

1/3	1/5	1/10	1/15
평가의뢰	가격조사 시작	가격조사 완료 (기준시점)	평가액 결정 (10억원)

1월 3일에 평가 의뢰 받고, 1월 5일에 가격조사를 시작하여 1월 10일에 가격조사를 완료하여 1월 15일에 감정평가액을 10억원으로 결정하였어도 가격에 영향을 미치는 요인은 1월 10일까지만 반영되어 있다. 만약 1월 13일에 이 A토지 옆으로 도로 신설계획이 발표되었다고 하더라도 이 사항은 반영되지 않는다. 왜냐하면 가격조사는 1월 10일에 완료했기 때문이다. 1월 15일에 감정평가액을 10억원으로 결정하는 데 기준이 되는 날이 가격조사를 완료한 날짜인 1월 10일이다.

(3) 기준시점은 변동의 원칙, 재조달원가, 시점수정과 관련된다.

> **기출지문**
>
> 기준시점은 대상물건의 가격조사를 개시한 날짜로 한다. 제35회 (×)
> ⇨ 가격조사를 완료한 날짜로 한다.

Thema 73 가치와 가격

(1) 가치와 가격은 비슷한 개념같지만 학문적으로는 구별되는 다른 개념이다.

(2) 가치는 어떤 물건의 쓸모(효용, 유용성)를 의미하고, 가격은 어떤 물건을 구입할 때 지불된 금액이다.

(3) 가격의 본질은 가치이다. 가치 있는 물건만 가격이 지불된다는 의미이다.

(4) 가치는 장래 기대되는 편익의 현재가치로 정의되고, 가격은 매수인(수요자)이 매도인(공급자)에게 실제로 지불하는 금액이다.

(5) **가치와 가격의 비교**

가 치	가 격
① 장래 기대되는 편익을 현재가치로 환원한 값 ② 추상적 · 주관적 ③ 현재값 ④ 여러 개 존재	① 매수인이 매도인에게 교환의 대가로 실제로 지불한 금액 ② 구체적 · 객관적 ③ 과거값 ④ (특정시점) 하나만 존재

(6) **가치와 가격의 관계**

가치가 상승하면 가격이 상승하고, 가치가 하락하면 가격이 하락한다.

> **기출지문**
>
> 일정시점에서 부동산가격은 하나밖에 없지만, 부동산가치는 여러 개 있을 수 있다. 제25회 (○)

Thema 74 가치 제 원칙

1 개 념

부동산가치(가격)가 형성되고 유지 및 변동하는 과정에 여러 가지 일정한 법칙성이 존재하는데 이를 가치 제 원칙이라 하고, 이는 감정평가법인등이 감정평가할 때 지켜야 할 행위기준이 되는 평가원리이다. 예를 들어 부동산은 부동성으로 움직일 수 없어 특정지역에 속한다. 따라서 그 지역의 지역적 특성 및 주위환경과 적합하면 가치가 높게 나타나고, 적합하지 않으면 가치는 낮게 나타나는데 이를 적합의 원칙이라 한다.

2 가치 제 원칙

(1) 변동의 원칙

부동산가치는 가치형성요인이 항상 변동하기 때문에 부동산가치도 변동한다는 원칙을 말한다. 이는 감정평가할 때 기준시점을 확정해야 하는 근거가 된다.

(2) 예측의 원칙

부동산가치는 대상부동산의 장래 이용상황, 주위환경변화 등 가치에 영향을 미치는 요인변화를 예측하여 형성된다는 원칙이다. 예측의 원칙은 영속성이 근거가 되고, 부동산가치를 장래 기대되는 편익의 현재가치로 정의하는 근거, 감정평가방법 중 수익환원법(직접환원법)의 근거가 된다.

(3) 균형의 원칙

① 부동산의 유용성(가치)이 최고가 되기 위해서는 내부 구성요소 간의 균형이 있어야 한다는 원칙을 말한다. 예를 들어 엘리베이터, 화장실 등은 건물의 내부구성요소인데 다중이 이용하는 상가 건물이 엘리베이터가 3개 있어야 하는데 1개밖에 없거나 화장실이 부족한 경우 균형의 원칙에 위배되어 가치가 낮게 평가된다.

② 균형의 원칙은 감정평가할 때 개별분석 과정에서 적용되며, 부동산 내부 구성요소 간에 불균형 상태이면 기능적 감가의 요인이 된다.

(4) 적합의 원칙

① 부동산의 유용성(가치)이 최고로 발휘되기 위해서는 인근(주위)환경 및 시장에 적합해야 한다는 원칙이다.

② 주택은 주거지역에, 공장은 공업지역에, 상점은 상업지역에 위치해야 유용성이 최고로 발휘된다는 원칙이다.

③ 적합의 원칙은 감정평가할 때 지역분석 과정에서 적용되며, 적합의 원칙에 위배(주위환경과 부적합)되면 경제적 감가요인이다.

(5) 기여의 원칙

부동산가치(가격)는 각 구성 요소의 기여도에 따라서 영향을 받는다는 원칙이다. 부동산의 가격은 각 구성 요소의 생산비의 합이 아니라 기여도의 합에 의해 결정된다. 추가 투자의 적정성 판정에 활용된다.

(6) 대체의 원칙

부동산가치(가격)는 대체성이 있는 다른 재화 및 부동산과의 상호 작용 과정에서 형성된다는 것으로 이는 효용이 동일하다면 낮은 가격을, 가격이 동일하다면 효용이 높은 것을 선택한다는 원칙을 말한다. 감정평가 3방식의 이론적 근거가 되고, 특히 거래사례비교법의 이론적 근거가 된다.

> **기출지문**
>
> 복도의 천정 높이를 과대개량한 전원주택이 냉·난방비 문제로 시장에서 선호도가 떨어지는 것은 균형의 원칙과 관련된다. 제28회 (○)

Thema 75 지역분석과 개별분석

1 지역분석과 개별분석

(1) **지역분석**

부동산은 부동성으로 움직이지 못하기 때문에 어떤 특정지역에 속하고, 그 지역의 가치형성요인(지역요인)에 영향을 받고, 인접성으로 인하여 주변지역의 부동산이용에 영향을 주고받으면서 가치가 형성된다. 따라서 감정평가법인등이 감정평가할 때는 그 지역의 지역요인을 분석하여 그 지역의 표준적 사용(일반적이고, 평균적 이용)을 판정하고, 가격수준을 판정하는데 이를 지역분석이라 한다.

(2) **개별분석**

부동산은 개별성 때문에 모두 다르기 때문에 각각 다른 가치형성(개별요인)이 있다. 따라서 감정평가법인등이 감정평가할 부동산의 개별요인을 분석하여 최유효이용과 구체적 가격을 판정하는데 이를 개별분석이라 한다.

2 지역분석과 개별분석의 비교

구 분	지역분석	개별분석
의 의	표준적 사용, 가격수준 판정	최유효이용, 구체적 가격 판정
분석대상	인근지역·유사지역 동일수급권	대상부동산
선·후	선행	후행
가치원칙	적합의 원칙	균형의 원칙
감 가	경제적 감가	기능적 감가
특 성	부동성·인접성	개별성
분석범위	거시적, 전체적, 광역적	미시적, 부분적

3 인근지역, 유사지역, 동일수급권

(1) 인근지역

인근지역이란 감정평가의 대상이 된 부동산이 속한 지역으로서 부동산의 이용이 동질적이고 가치형성요인 중 지역요인을 공유하는 지역을 말한다.

(2) 유사지역

유사지역이란 대상부동산이 속하지 아니한 지역으로서 인근지역과 유사한 특성을 갖는 지역을 말한다.

(3) 동일수급권

동일수급권이란 대상부동산과 대체 · 경쟁관계가 성립하고, 가치형성에 서로 영향을 미치는 관계에 있는 다른 부동산이 존재하는 권역을 말하며, 인근지역과 유사지역을 포함한다.

> **기출지문**
>
> 지역분석이란 대상부동산이 속해 있는 지역의 지역요인을 분석하여 대상부동산의 최유효이용을 판정하는 것을 말한다. 제34회 (×)
> ⇨ 지역분석은 표준적 이용을 판정한다.

Thema 76 | 감정평가 3방식과 7방법

1 감정평가방식과 방법

가격 3면성	방 식	평가조건	방 법	시산가액(임대료)	성 격
비용성	원가방식	가액	원가법	적산가액	공급가격
		임대료	적산법	적산임대료	
시장성	비교방식	가액	거래사례비교법	비준가액	균형가격
		임대료	임대사례비교법	비준임대료	
		토지가액	공시지가기준법	토지가액	
수익성	수익방식	가액	수익환원법	수익가액	수요가격
		임대료	수익분석법	수익임대료	

◁ **공시지가기준법**: 비교방식

2 시산가액(임대료) 조정

(1) 의 의

각 방법으로 산정된 가액을 조정하여 최종평가액을 결정하는 과정을 시산가액 조정이라 한다.

(2) 시산가액

각 방법으로 산정된 가액을 말한다. 최종평가액이 아니다.

(3) 시산가액 조정의 필요성

① 부동산시장은 불완전하여 3면 등가의 원리가 성립하지 않는다. 따라서 시산가액을 조정하여 최종 감정평가액을 결정한다.

② 시산가액 조정은 (단순)산술평균하는 것이 아니라 자료의 양, 정확성 등을 고려하여 가중치를 두어 가중평균한다.

> **기출지문**
>
> 시산가액 조정은 각 시산가액을 상호 관련시켜 재검토함으로써 시산가액 상호간의 격차를 합리적으로 조정하는 작업이다. 제30회 (○)

Thema 77 원가법

1 의 의

원가법이란 대상물건의 재조달원가에 감가수정을 하여 대상물건의 가액을 산정하는 감정평가방법을 말한다(감정평가에 관한 규칙 제2조).

2 원가법의 공식

$$\underset{(감가수정)}{재조달원가 - 감가수정액(감가누계액)} = 적산가액$$

3 재조달원가

(1) 재조달원가란 기준시점에서 대상물건을 재생산, 재취득하는 경우 적정한 원가의 총액을 말한다.

(2) 도급건설기준으로 산정한다. 따라서 자가건설하는 경우 도급건설기준으로 처리한다.

(3) **구 성**

표준적인 건설비(직접공사비, 간접공사비, 수급인의 이윤) + 통상의 부대비용(제세공과금, 이자, 감독비, 등기비용 등)

(4) 수급인의 이윤(개발업자의 이윤), 제세공과금은 재조달원가에 포함된다.

> **기출지문**
>
> 재조달원가는 대상물건을 일반적인 방법으로 생산하거나 취득하는 데 드는 비용으로 하되, 제세공과금은 제외한다. 제35회 (×)
> ⇨ 재조달원가에 제세공과금이 포함된다.

4 감가수정

(1) 감가수정이란 재조달원가에서 감가누계액을 공제하는 과정을 말한다.

(2) **감가수정방법**

① 내용연수를 기준으로하는 정액법, 정률법, 상환기금법과 관찰감가법, 분해법(내구성 분해방식)이 있다. 이때 내용연수는 경제적 내용연수로 한다.

② **정액법**(균등상각법, 직선법)
  ㉠ 매년의 감가액 : 항상 일정
  ㉡ 감가누계액 : 경과연수에 정비례하여 증가한다.

③ **정률법**
  ㉠ 매년의 감가율 : 항상 일정
  ㉡ 매년의 감가액 : 초기에 크고, 후기로 갈수록 점점 감소한다.

Thema 78 · 거래사례비교법, 공시지가기준법

1 거래사례비교법

(1) 거래사례비교법이란 대상물건과 가치형성요인이 같거나 비슷한 물건의 거래사례와 비교하여 대상물건의 현황에 맞게 사정보정, 시점수정, 가치형성요인 비교 등을 거쳐 대상물건의 가액을 산정하는 감정평가방법을 말한다(감정평가에 관한 규칙 제2조).

(2) **공 식**

> 거래사례가격 × 사정보정치 × 시점수정치 × 지역요인비교치 × 개별요인비교치 × 면적비교치 = 비준가액

2 공시지가기준법

(1) 공시지가기준법이란 감정평가의 대상이 된 토지와 가치형성요인이 같거나 비슷하여 유사한 이용가치를 지닌다고 인정되는 표준지(비교표준지)의 공시지가를 기준으로 대상토지의 현황에 맞게 시점수정, 지역요인 및 개별요인 비교, 그 밖의 요인의 보정을 거쳐 대상토지의 가액을 산정하는 감정평가방법을 말한다.

(2) **공 식**

> 비교표준지공시지가 × 시점수정치 × 지역요인비교치 × 개별요인비교치 × 그 밖의 요인보정

◁ 주의: 공시지가기준법은 비교방식으로 거래사례비교법과 논리가 같은데 사정보정과 면적비교를 하지 않는다.

(3) 공시지가기준법에 적용하는 공시지가는 표준지공시지가이다.

(4) 감정평가에 관한 규칙상 토지의 주된 평가방법이다.

> **기출지문**
>
> 공시지가기준법을 적용할 때 비교표준지공시지가를 기준으로 (㉠), 지역요인 및 개별요인비교, 그 밖의 요인의 보정과정을 거친다. ㉠은 시점수정이다. 제31회 (○)

Thema 79 수익환원법

(1) 수익환원법이란 대상물건이 장래에 산출할 것으로 기대되는 순수익이나 미래의 현금흐름을 환원하거나 할인하여 대상물건의 가액을 산정하는 감정평가방법을 말한다.

(2) 공 식

$$부동산가격(수익가액) = \frac{순수익}{환원율}$$

(3) 순수익

대상부동산이 장래(미래)에 산출할 것으로 기대되는 수익이다.

(4) 환원이율

$$환원율 = \frac{순수익}{부동산가격} \Rightarrow (부동산가격에 대한 순수익의 비율)$$

① 환원율은 순수익을 부동산가격으로 나눈 값이다.

② 환원율은 부동산가격과 반비례 한다. ⇨ 자본환원율이 상승하면 부동산가격은 하락한다.

③ 위험이 높아지면 자본환원율은 상승한다.

④ 금리(시장이자율)가 상승하면 자본환원율은 상승한다.

(5) 수익환원법은 부동산가치의 정의에 부합하는 방법이다.

> **기출지문**
>
> 자본환원율은 부동산 자산이 창출하는 순영업소득에 해당 자산의 가격을 곱한 값이다.
>
> 제31회 (×)
>
> ⇨ 자본환원율은 순영업소득을 자산의 가격으로 나눈 값이다.

Thema 80 토지가격공시제도

1 표준지공시지가

(1) 표준지공시지가란 국토교통부장관이 매년 공시기준일(1월 1일)을 기준으로 표준지가격을 조사·평가하여 공시하는 표준지 단위면적당 가격을 말한다.

(2) 조사평가 의뢰

둘 이상의 감정평가법인등에 의뢰한다(하나의 법인등에 의뢰하는 경우도 있다).

(3) 공시사항

표준지의 지번, 단위면적당 가격, 면적 및 형상, 표준지 및 주변토지의 이용상황, 그 밖에 대통령령으로 정하는 사항(지목, 용도지역, 도로상황 등)

(4) 적 용

① 토지시장에 지가정보제공

② 일반적인 토지거래의 지표

③ 국가·지방자치단체 등이 기관의 그 업무와 관련하여 지가를 산정할 때 기준(매수 또는 수용시 보상액 산정, 국·공유지의 취득 및 처분, 선매토지매수 등에 있어서 지가 산정 기준)

④ 감정평가법인등이 개별적으로 개별토지가격을 산정할 때 기준

(5) 이의신청

표준지공시지가의 공시일로부터 30일 이내에 국토교통부장관에게 서면으로 이의신청할 수 있다.

2 개별공시지가

(1) 시장·군수 또는 구청장이 결정·공시하는 개별토지의 가격을 말한다.

(2) 적용

① 국세 및 지방세의 부과 기준

② 개발부담금, 농지전용부담금 등 각종 부담금 산정기준

③ 국·공유지의 사용료 및 대부료 산정기준

(3) 개별공시지가를 공시하지 아니할 수 있는 토지

① 표준지로 선정된 토지
② 부담금 부과대상이 아닌 토지
③ 국세 또는 지방세 부과 대상이 아닌 토지

기출지문

표준지로 선정된 토지에 대하여는 개별공시지가를 결정·공시하지 아니할 수 있다.

제28회, 제34회 (○)

박문각 공인중개사

과목별 학습 방법

민법은 비교적 객관적이고 공정하게 시험이 출제되고, 학문 자체도 체계가 확실히 정립되어 있어 기본적인 체계만 잘 잡으면 고득점을 노릴 수 있는 과목이라 할 수 있다. 그러나 민법은 어느 한 부분만을 택해서 공부할 수 있는 과목이 아니므로, 기초 입문강의부터 마지막 마무리 강의까지 단계적으로 꾸준히 공부해야만 한다.

또한, 민법은 전체 출제비중을 보았을 때 판례가 차지하는 비중이 절대적이므로, 민법 공부는 판례 공부라고 해도 결코 지나치지 않다.

그러나 무작정 모든 판례를 공부하려 하기 보다는 다소 어려운 판례나 지엽적인 부분은 과감히 넘기고, 보다 시험에 자주 출제되는 중요판례와 기출문제를 우선적으로 확실하게 정리한 후, 문제를 해결하는 요령을 기르는 것이 가장 중요하다. 그리고 무엇보다 기본을 철저히 암기하고 이해해야 하며, 이를 응용하는 과정을 연습하는 것 또한 필요할 것이다.

02

민법 ·
민사특별법

민법전의 구성과 민법의 의의

1. 민법전의 구성

민법전은 제1편 총칙, 제2편 물권, 제3편 채권, 제4편 친족, 제5편 상속으로 구성되어 있다. 이 중 물권 및 채권은 재산법에 관한 것이고, 친족 및 상속은 가족법에 관한 것이다.

2. 민법의 의의

민법이란 사인(私人)과 사인(私人) 간의 법률관계를 규율하는 일반법을 말한다.

(1) 민법은 사법(私法)이다.

민법은 사인과 사인 간의 법률관계를 규율하는 사법이다.

(2) 민법은 일반법이다.

① **일반법**: 일반법이란 대상이 특정되어 있지 않고 모든 국민들의 모든 법률관계를 그 규율대상으로 하는 법을 말한다. 예 민법

② **특별법**: 특별법이란 특정된 사람과 특정된 장소 등 대상이 특정되어 있고 한정된 경우에 적용되는 법을 의미한다. 예 주택임대차보호법, 상법 등

3. 법률관계

사람의 사회생활 가운데에서 법에 의하여 규율되는 생활관계를 법률관계라고 하며 이러한 법률관계는 법에 의하여 보호를 받는 자와 법에 의하여 구속받는 자의 관계로 나타나게 되는데, 이를 권리·의무관계라 한다.

4 권리의 의의

권리란 일정한 이익을 향유하기 위하여 법적으로 인정된 힘을 의미한다(권리법력설). 재산상의 법률관계에서 발생하게 되는 재산권과 신분상의 법률관계에서 발생하는 신분권으로 구분할 수 있으며 이러한 재산권은 다시 물권과 채권으로 나누어 볼 수 있다.

(I) 물 권

물권이라 함은 물건을 직접 배타적으로 지배할 수 있는 권리를 말한다.
예컨대 A라는 건물의 소유권을 甲이 가지고 있는 경우에 甲은 당해 건물을 직접 지배하며 배타적으로 사용·수익할 수 있는 물권을 가지고 있는 것이다.

(2) 채 권

채권이라 함은 상대방의 일정한 행위를 청구할 수 있는 권리를 의미한다.
예컨대 매매계약을 통하여 취득하게 되는 소유권이전등기청구권 등이 채권의 가장 대표적인 예라 할 수 있다. 소유권이전등기청구권은 매수인이 매도인에게 소유권이전등기를 해줄 것을 요구할 수 있는 권리이므로 상대방의 일정한 행위를 청구하는 채권이다.

◎ 핵심 다지기

권리와 비교개념

1. **권한**: 타인을 위하여, 그에 대하여 일정한 법률효과를 발생하게 하는 행위를 할 수 있는 법률상의 자격을 말한다. **예** 대리권 등
2. **권능**: 권리의 내용을 구성하는 개개의 법률상의 힘을 말한다. **예** 용익권능, 처분권능
3. **권원**: 법률상 또는 사실상의 행위를 하는 것을 정당화시키는 원인을 말한다. 본권이라고도 한다.
   예 타인의 물건을 절도하여 가지고 있는 것을 권원없는 점유라고 한다.

핵심 용어 Check

◆ **청구권**
청구권이란 권리자가 의무자에 대하여 특정의 행위(작위. 부작위)를 청구할 수 있는 권리로서 권리의 실현을 위하여 의무자의 자발적 협력(의무의 이행)을 필요로 하는 권리를 말한다.

◆ **형성권**
권리자의 일방적인 의사에 의하여 법률관계를 변경(형성)시킬 수 있는 권리를 말한다.

5 권리의 주체

(1) 자연인

자연인이라 함은 살아있는 사람을 의미한다.

(2) 법 인

일정한 목적을 위해서 모인 사람의 단체인 사단법인과 일정한 목적을 위해서 모인 재산의 단체인 재단법인이 있다.

6 권리의 객체

권리의 객체는 권리의 대상 즉, 힘의 대상을 지칭하는 개념이다.

(1) 물권의 객체 : 물권의 객체는 물건이다.

(2) 채권의 객체 : 채권의 객체는 상대방의 일정한 행위라 할 수 있다.

> **예** 매매계약을 한 경우 매도인이 매수인에게 대금을 청구할 수 있는 권리가 채권에 해당하며, 이를 대금채권이라 한다. 매수인이 매도인에 대하여 물건에 대한 소유권이전을 청구할 수 있는 권리가 채권에 해당하며, 이를 소유권이전채권이라 한다.

1 권리변동

(1) 의 의

권리변동이란 권리가 발생하고, 변경되고, 소멸되는 모습을 의미한다.

(2) 권리변동의 원인

당사자가 원하는대로 법률효과가 발생하는 법률행위(예 매매계약)와 당사자의 의사와는 관계없이 법률효과가 발생하는 법률규정(예 상속)이 있다.

(3) 권리변동을 일으키는 원인을 법률요건이라 하고, 이로 인한 권리변동을 법률효과라고 한다.

2 법률행위

(1) 의 의

법률행위란 일정한 권리변동을 목적으로 하는 의사표시를 필수불가결의 구성요소로 하는 법률요건을 말한다. 법률행위는 당사자가 의욕하고 원한대로 법률효과가 발생한다. 따라서 사적자치의 원칙이 지배하는 사법관계에서 가장 중요한 법률요건은 법률행위이다.

(2) 종 류

① **단독행위**: 행위자의 일방적인 의사표시 하나에 의하여 성립하는 법률행위를 말하며 상대방 있는 단독행위와 상대방 없는 단독행위가 있다.

　㉠ 상대방 있는 단독행위: 의사표시가 법률관계를 맺은 당사자에게 도달해야 효력이 발생하는 행위로서 취소·추인·동의·해제·해지·철회 등이 있다.

　㉡ 상대방 없는 단독행위: 의사표시의 수령자가 특정되어 있지 않고 의사표시가 있으면 도달하지 않아도 곧 효력이 발생하는 행위로서, 유언·유증·재단법인 설립행위·소유권의 포기 등이 있다.

② **계 약**

　　㉠ 의의 : 사법상의 일정한 법률효과의 발생을 목적으로 하는 청약과 승낙이라고 하는 당사자 사이의 대립적·교환적 의사표시의 합치에 의하여 성립하는 법률행위를 말한다.

　　㉡ 종 류

　　　ⓐ 전형계약 : 매매, 증여, 교환, 임대차, 소비대차, 사용대차, 위임, 고용, 도급, 여행계약 등 민법전에 규정된 15개 계약을 의미한다.

　　　ⓑ 비전형계약 : 대물변제, 경개, 공탁 등 민법전에 규정되지 않은 계약을 의미한다.

3 법률행위의 요건

(1) 법률행위의 성립요건

법률행위가 성립하려면 당사자의 존재, 목적의 존재, 의사표시의 존재 등 세 가지 요건을 구비하여야 한다.

① **일반적 성립요건** : 모든 법률행위에 공통된 성립요건을 의미한다. 즉 매매계약이든, 증여이든 어떤 법률행위이든 다음의 3가지가 있어야 성립한다.

　　㉠ 당사자가 있어야 한다.

　　㉡ 목적(당사자가 달성하기를 의욕하는 법률효과)이 존재하여야 한다.

　　㉢ 의사표시가 있어야 한다.

　　　예 매매계약, 혼인계약, 임대차 계약, 유언 등 모든 법률행위를 할 때는 그 행위를 하는 당사자, 그 행위를 하는 목적(내용), 그리고 그것을 하려는 의사표시가 있어야 법률행위가 성립하게 된다. 모든 법률행위에 공통되는 요건이라 일반적 성립요건이라 한다.

② **특별 성립요건** : 개별적 법률행위마다 요구되는 성립요건을 의미한다.

혼인에서의 혼인신고, 유언에서의 법정의 방식 등 법에서 특별히 요구하는 요건을 말한다.

　　예 혼인신고는 혼인계약에만 필요한 요건이지, 매매계약에는 필요한 요건이 아니다. 따라서 혼인계약에만 필요한 요건이므로 특별성립요건에 해당한다.

> 1. **일반** : 공통된다는 의미를 가지고 있다. **예** 공통질문을 일반질문이라 한다.
> 2. **특별** : 일반의 반대어로 '개별적이다.'라는 의미를 가지고 있다. **예** 개별질문을 특별질문이라 한다.

(2) 법률행위의 효력요건

효력요건이라 함은 법률행위의 효력이 발생하기 위한 요건을 의미하며, 유효요건이라 하기도 한다.

> 1. **유효**: 권리와 의무가 있다.
> 2. **무효**: 권리와 의무가 없다.

① 법률행위의 일반적 효력요건

모든 법률행위에 요구되는 유효요건을 말하며, 법률행위는 적어도 다음의 요건을 충족함으로써 효력을 가진다.

㉠ 당사자에게 능력이 있을 것

　권리능력, 의사능력, 행위능력은 모든 행위에 공통되는 일반적 효력요건이다.

> 1. **권리능력**: 권리의 주체가 될 수 있는 지위 또는 자격을 의미하며, 자연인과 법인이 권리의 주체가 될 수 있다. 사람이면 누구나 권리능력이 있다.
> 2. **의사능력**: 자신의 행위와 그 결과를 인식하고 판단하여 정상적인 의사결정을 할 수 있는 판단능력 내지 조종능력을 의미한다. 의사무능력자의 법률행위는 무효이다.
> 3. **행위능력**: 단독으로 유효하게 법률행위를 할 수 있는 능력을 행위능력이라고 하며 민법상 이러한 행위능력이 제한되는 자들이 있는데 미성년자·피한정후견인·피성년후견인이며, 제한능력자의 법률행위는 취소할 수 있다.

㉡ 법률행위의 목적(내용)은 모든 법률행위에 공통적으로 확정되고 가능하고 적법하고 사회적으로 타당할 것

㉢ 의사와 표시가 일치하고 하자가 없을 것

　즉 비정상적인 의사표시(비진의표시, 통정허위표시, 착오에 의한 의사표시, 사기강박에 의한 의사표시) 등이 없어야 한다. 그러한 비정상적 의사표시가 존재하는 경우, 무효 또는 취소될 수 있다.

　🔵 甲이 乙에게 재산을 증여할 의사를 가지고 증여한다는 표시를 하는 것과 같이 의사와 표시가 일치하고, 이 과정에서 상대방의 사기나 강박(협박)이 없는 것을 의미한다. 만일 사기나 강박이 있는 경우, 그 의사표시를 취소할 수 있다.

② **법률행위의 특별 효력요건**

　㉠ 의의 : 당사자, 목적, 의사표시 외에 개개의 법률행위마다 특별히 요구되는 효력요건을 말한다.

　　예 서울시 강남구를 토지거래허가구역으로 지정하였다면, 강남구에서 토지거래를 할 때 토지거래허가를 받아야 그 매매계약이 유효가 되며, 허가를 얻지 못한 경우 그 매매계약은 무효가 된다. 토지거래허가지역으로 지정되지 않은 지역은 토지매매계약시 허가없이도 유효가 된다. 이처럼 토지거래허가지역으로 지정된 곳에서만 허가를 필요로 하는 것처럼 특정 법률행위에만 필요한 효력요건을 의미한다.

　㉡ 종류 : 대리행위에 있어서 대리권의 존재(제114조 내지 제136조), 조건 또는 기한부 법률행위에서의 조건의 성취·기한의 도래, 토지거래허가지역에서의 허가, 유언에서의 유언자의 사망 등

법률행위의 목적이란 법률행위의 내용을 말하는 것으로서 예를 들어 甲의 X건물을 乙에게 10억원에 매도하는 매매계약이라는 법률행위를 할 경우, X건물을 10억에 매매한다는 것이 그 매매계약의 내용인데 이를 법률행위의 목적이라고 한다.

법률행위가 유효하기 위해서는 그 법률행위의 내용 즉 목적이 확정되어야 하고 실현가능하여야 하며, 적법하고 사회적으로 타당하여야 한다.

1 확 정

법률행위의 목적은 확정되어 있거나 아니면 적어도 법률행위의 내용을 실현할 당시(이행기)까지는 확정될 수 있는 것이어야 한다.

> 예 아파트분양계약을 하는 경우, 목적물인 아파트가 매매계약 당시에는 아파트의 구조, 마감재 등이 아직 정해져 있지 않지만, 장래에 분양을 할 때에는 모든 것이 정해질 수 있도록 분양매매계약 당시에 장래 확정할 수 있는 기준이 정해져 있으면 유효한 매매계약이 된다.

2 가 능

(1) 의 의

법률행위의 목적은 실현 가능한 것이어야 하며, 실현이 불가능한 목적인 경우에 당해 법률행위는 무효가 된다. 목적의 가능과 불능의 판단은 사회통념에 따라서 평가하게 된다.

> 예 예컨대 한강에 빠진 시가 50만원의 1돈 금반지를 찾아주기로 하는 계약을 한 경우 금반지를 찾는 것은 물리적으로는 가능하지만 사회구성원들의 일반적인 생각(이를 사회통념이라 한다)은 찾을 수 없다고 생각한다. 따라서 이 계약은 무효가 된다.

(2) 원시적 불능과 후발적 불능

① 원시적 불능

㉠ 의의 : 법률행위의 목적이 법률행위의 성립 당시부터 그 실현이 불가능하였던 것을 원시적 불능이라 한다.

> 예 甲은 자신의 X건물을 乙에게 매도하는 매매계약을 하였으나 매매계약 성립 하루 전에 화재로 멸실되어 이행이 불가능한 경우를 원시적 불능이라고 한다.

㉡ 효과 : 이러한 원시적 불능을 목적으로 하는 법률행위는 무효이다. 원시적 불능은 계약체결상 과실책임과 담보책임의 문제가 발생하며, 계약법에서 자세히 다룬다.

② 후발적 불능

㉠ 의의 : 법률행위의 성립 당시에는 가능하였지만 그 성립 후에 불가능하게 된 것을 후발적 불능이라고 한다.

> 예 매매계약이 성립한 후 이전등기일 이전에 건물이 화재로 멸실되어 이전등기가 불가능한 경우를 의미한다.

㉡ 효과 : 이러한 후발적 불능의 경우에는 그 법률행위는 성립당시에는 실현가능하였으므로 유효인 법률행위이다. 무효행위가 아님을 주의해야 한다. 후발적 불능은 채무불이행과 위험부담으로 나누어 지는데 계약법에서 자세한 내용을 다룬다.

(3) 전부불능과 일부불능

① 전부불능

법률행위의 목적의 전부가 실현불가능한 것으로서 원시적 불능, 후발적 불능에 따라 법률적 취급이 달라진다.

② 일부불능

일부무효의 법리에 따라 전부가 불능이 되지만, 불능부분이 없더라도 법률행위를 하였으리라고 인정될 경우에는 불능인 부분을 제외한 나머지 부분은 유효한 것으로 취급된다(제137조).

> 예 토지와 건물을 함께 10억원에 매매계약을 하였는데, 매매계약 이전에 건물이 멸실되어 버린 상황이라면 토지는 존재하지만 건물이 없는 일부불능상황이다. 원칙적으로 매매계약 전부가 무효이지만, 매수인이 토지만이라도 매매계약을 할 의사가 있다면(가정적 의사), 토지만의 매매계약을 인정할 수 있다(일부무효).

3 적법성

(1) 의 의

법률행위의 목적은 적법해야하며, 적법이란 강행법규에 위반하지 않는 것을 의미한다. 이에 위반한 행위는 무효이다.

(2) 강행규정과 임의규정

① **강행규정**: 선량한 풍속 기타 사회질서와 관계있는 규정으로서 당사자의 의사에 의하여 그 적용을 배제할 수 없는 규정을 말한다. 강행규정에 위반한 법률행위는 무효가 된다. 민법에 개별적으로 존재한다.

② **임의규정**: 선량한 풍속 기타 사회질서와 관계없는 규정으로서 당사자의 의사에 의하여 그 적용을 배제할 수 있는 규정을 말한다.

> **예** 임대차 차임지급시기를 매월 말에 지급할 것을 정하고 있지만(민법 제633조), 당사자가 약정으로 매월 초에 지급할 수 있다.

4 사회적 타당성

> **제103조【반사회질서의 법률행위】** 선량한 풍속 기타 사회질서에 위반하는 사항을 내용으로 하는 법률행위는 무효로 한다

(1) 의 의

우리 민법 제103조에서는 '선량한 풍속 기타 사회질서에 위반하는 사항을 내용으로 하는 법률행위는 무효로 한다.'고 규정하여 법률행위의 목적이 사회적으로 타당할 것을 요구하고 있다.

(2) 반사회질서 법률행위에 해당하는 경우

① 처의 동의를 얻은 첩계약을 한 경우

② 부첩관계의 종료를 해제조건으로 증여계약을 한 경우

③ 허위진술의 대가로 금원을 교부하는 약정을 한 경우

④ 사실대로 증언하는 대가로 용인되는 정도(**예** 식대, 여비, 일당)를 초과하는 급부를 지급하기로 약정한 경우

⑤ 적극가담하여 이중매매 한 경우

⑥ 불법적인 동기가 표시되거나 알려진 경우

⑦ 변호사 아닌 자가 승소조건으로 대금약정을 한 경우

⑧ 변호사가 형사소송에서 승소조건으로 성공보수약정을 한 경우

⑨ 공무원이 직무에 관하여 특별한 청탁을 받고 고액의 금전 지급 약정을 한 경우

⑩ 처음부터 보험사고를 가장하여 보험금을 취할 목적으로 체결한 보험계약

- 동기의 불법은 불법이 아니나, 표시되거나 알려진 동기의 불법은 반사회질서에 해당한다.
- 동기의 착오는 착오가 아니나, 표시되거나 유발된 경우 착오에 해당한다.

(3) 반사회질서행위에 해당하지 않는 경우

① 변호사가 민사소송에서 승소조건으로 성공보수약정을 한 경우

② 불법조성한 비자금을 소극적으로 은닉하기 위해 타인과 임치약정을 한 경우

③ 강박이라는 불법적 방법을 사용한 경우

④ 강제집행을 면할 목적으로 허위의 근저당권설정계약(매매 등)을 경료한 경우

⑤ 양도소득세를 회피하기 위해 실제거래금액보다 낮은 금액으로 계약서를 작성하거나 일정기간 후에 소유권이전등기 특약을 한 경우

(4) 사회질서 위반의 효과

사회적으로 타당하지 아니한 목적을 의도하는 경우에는 권리변동은 발생할 수가 없으며 법률효과는 무효가 된다. 따라서 이행 전이면 이행청구할 수 없고, 이행을 한 경우라면 제746조에 따라 반환청구할 수 없다.

예 甲과 乙이 첩계약을 하면서 아파트를 이전하기로 약정하였는데 甲이 아파트 소유권이전등기를 해주지 않는다고 乙이 甲을 상대로 소유권이전등기청구를 할 수 없고, 이전등기 해준 경우라면 甲은 무효를 이유로 반환청구 할 수 없다. 이렇게 반사회적 법률행위를 통해 상대방에게 이행한 것을 불법원인급여라고 한다.

핵심 용어 Check

◆ **불법원인급여**
불법의 원인에 기하여 행해진 급부를 말한다. 불법의 원인으로 인하여 재산을 증여하거나 노무를 제공한 때에는 그 이익의 반환을 청구하지 못한다. 불법의 의미는 "선량한 풍속 기타 사회질서"에 위반하는 것을 말한다.

5 불공정한 법률행위

> **제104조【불공정한 법률행위】** 당사자의 궁박, 경솔 또는 무경험으로 인하여 현저하게 공정을 잃은 법률행위는 무효로 한다.

(1) 의 의

불공정한 법률행위라 함은 상대방의 궁박·경솔·무경험과 같이 비정상적인 상태에 편승하여 상대방으로부터 자기의 급부에 비하여 현저하게 균형을 잃은 반대급부를 얻는 행위를 말한다.

예 甲이 치매상태(정신적 궁박)라는 것을 알고 있는 乙이 이를 이용하여 甲소유의 시가 10억의 상당의 X토지를 3억원에 매수하여 현저한 폭리를 취한 행위를 불공정한 법률행위라고 한다.

(2) 불공정한 법률행위의 성립요건

① **객관적 요건**

급부와 반대급부 사이에 현저한 불균형이 있어야 한다. 즉 객관적 가치에 큰 차이가 있어서 현저하게 공정성을 상실해야 한다.

불균형유무는 거래가치의 객관적 기준으로 정해지며, 개별적 사안에 따라 사회질서 개념을 표준으로 하여 정하게 된다.

② **주관적 요건**

㉠ 당사자의 궁박이나 경솔 또는 무경험을 알고 폭리자가 이를 적극적으로 이용하려는 의사, 즉 악의가 있어야 한다.

㉡ 궁박, 경솔, 무경험은 모두 구비하여야 하는 것은 아니고 그 중 하나만 갖추어 져도 충분하다(대판 93다19924).

㉢ 민법 제104조에서 말하는 "궁박"이라고 함은 급박한 곤궁을 말하며 경제적 원인뿐만 아니라 정신적 궁박 또는 심리적 원인도 포함한다.

㉣ 무경험이란 일반적인 생활경험의 부족을 의미하는 것으로서 거래일반의 무경험을 뜻한다. 어느 특정영역에서의 무경험을 의미하는 것이 아니다(대판 2002다38927).

예 사회경험이 전혀 없는 것을 일반적인 무경험이라 한다.

(3) 효 과

① **불공정한 법률행위는 무효이다.**

현저한 불균형 부분에 한하여 무효가 아니라 법률행위 전부가 무효이다. 피해자는 급부한 것을 반환청구할 수 있으나, 폭리자는 반환청구할 수 없다.

② **불공정한 법률행위 무효는 선의의 제3자에게 대항할 수 있다.**

乙이 甲의 치매상태를 이용하여 폭리를 취한 후 X토지를 이러한 내용을 알지 못하는 제3자 丙에게 매매계약 후 소유권이전등기를 하여 준 경우, 甲은 丙을 상대로 소유권이전등기 말소를 청구하고 소유권을 회복받을 수 있다.

(4) 적용범위

① **불공정한 법률행위는 급부와 반대급부 즉 유상행위에만 적용된다.**

따라서 증여와 같은 무상행위에는 적용되지 않는다. 증여와 같은 무상행위는 아무런 반대급부없이 당사자 일방이 상대방에게 일방적으로 급부를 하는 법률행위이므로 불공정의 문제는 발생하지 않는다.

② 경매의 경우에도 불공정행위 문제는 발생하지 않는다.

핵심 용어 Check

◆ **추 정**

1. 불명확한 사실을 일단 존재하는 것으로 정하여 법률효과를 발생시키는 것을 말한다.
2. 당사자가 반증을 제시하면 추정된 효과는 발생하지 않는다는 점에서 간주와 다르다.

◆ **간 주**

1. 성질이 상이한 것을 어느 일정한 법률관계에 관하여 동일한 것으로 하여 동일한 법률효과를 생기게 하는 것이다. 이른바 법률에 의한 의제로서 민법은 '~으로 본다'고 표현한다.
2. 간주에 있어서는 반증이 제시되더라도 법률이 정한 효력은 그대로 유지된다.

◆ **부당이득**(不當利得)

법률상 원인 없이 타인의 재산이나 노무로 인하여 얻은 이득을 말한다. 부당한 방법으로 남에게 손해를 주면서 얻는 이익을 말한다.

◇ 핵심 다지기

의사표시의 방법

1. 명시적 의사표시

명시적 의사표시는 법률효과를 발생시키려는 의사를 말이나 글 등 언어나 문자를 통해 분명하게 외부에 표현하는 행위를 뜻한다. 이는 표의자(의사를 표시하는 사람)가 자신의 의도를 직접적이고 분명하게 드러내는 방식이다.

예 임대차계약이 기간만료된 경우, 임차인이나 임대인이 계속적으로 임대차를 유지할 의사가 있는 경우, 문서나 언어를 통해 명확하게 임대차를 갱신하자는 의사표시를 하여 임대차를 갱신하거나 또는 임대차를 유지할 의사가 없는 경우, 만기 도래 전에 갱신거절의 의사를 언어나 문서(문자) 등을 통해 명확히 표시하는 것을 명시적 의사표시라고 한다.

2. 묵시적 의사표시

묵시적 의사표시는 적극적이고 명확한 의사표시없이 법률행위의 제반 사정에 비추어 의사표시가 있는 것으로 해석될 수 있는 경우를 말한다. 이는 주변 상황이나 행동, 또는 일정한 조건에서의 침묵 등을 통해 간접적으로 의사를 **추론**할 수 있을 때 인정된다.

예 임대차계약에 의하여 기간이 만료되었음에도 불구하고, 임차인이 계속 사용·수익을 하면서 차임(월세)을 지급하고 있고, 임대인이 이에 대해 이의를 제기하지 않고 있다면, 당사자들이 명확하게 임대차를 갱신하자고 표시한 적은 없지만, 그러한 임대인과 임차인의 행동을 통해 판단하였을 때 임대차의 갱신의 의사가 있다고 판단되는 것을 묵시적 의사표시라고 한다.

1 ▶ 의 의

제107조【진의 아닌 의사표시】 ① 의사표시는 표의자가 진의아님을 알고한 것이라도 그 효력이 있다. 그러나 상대방이 표의자의 진의아님을 알았거나 이를 알 수 있었을 경우에는 무효로 한다.
② 전항의 의사표시의 무효는 선의의 제3자에게 대항하지 못한다.

(1) 표의자가 자신이 하는 표시행위의 객관적 의미가 내심상의 의사(진의)와 다르다는 것을 알면서 한 의사표시를 진의 아닌 의사표시 또는 비진의표시라고 한다.

(2) 혼자하는 거짓의 의사표시를 말한다. 그래서 단독허위표시라고도 한다. 일반적인 거짓말을 법률용어로 비진의표시라고 한다.

> **예** 甲이 자신의 X건물을 乙에게 증여(무상으로 재산 이전)할 의사가 없으면서도 증여하겠다고 의사표시 하는 것을 말한다.

2 요 건

(1) 의사표시가 있어야 한다.

(2) 의사 · 표시가 일치하지 않아야 한다.

(3) 표의자가 스스로 위와 같은 불일치를 알고 있어야 한다.

(4) 표의자가 그러한 의사표시를 하게 된 이유나 동기는 묻지 않는다.

3 효 과

(1) **당사자 사이의 효과**

① **원칙**: 유효

의사표시는 표의자가 진의 아님을 알고 한 것이라도 그 효력이 있다(제107조 제1항). 즉 표시된 대로 효력이 발생하는 것이 원칙이다.

> **예** 甲이 자신의 X건물을 乙에게 증여할 의사가 없으면서도 증여하겠다고 의사표시를 하는 경우, 증여의사표시는 유효이므로, 乙은 X건물의 소유권을 취득한다.

② **예외**: 무효

다만 상대방이 표의자의 진의 아님을 알았거나 알 수 있었던 경우에는 그 진의 아닌 의사표시는 무효로 한다(제107조).

> **예** 甲이 자신의 X건물을 乙에게 증여할 의사가 없으면서도 증여하겠다고 의사표시를 하였는데, 乙이 甲의 비진의표시(거짓말)를 알았거나 알 수 있었다면 증여표시는 무효이므로, 乙은 X건물의 소유권을 취득하지 못한다.

핵심 용어 Check

◆ **과실**(過失)
甲이 어떠한 행위를 하면 일정한 결과가 발생하리라는 점을 인식하였어야 함에도 불구하고 부주의 (不注意)로 말미암아 인식하지 못한 채 그러한 행위를 하는 것이다. 즉, 주의력(注意力)이 부족(不足)한 상태이다. 민법에서는 "알 수 있었을"이라고도 표현한다.

(2) 제3자에 대한 효과

진의 아닌 의사표시가 예외적으로 무효가 되는 경우라도 그 무효를 가지고 선의의 제3자에게 대항하지는 못한다(제107조 제2항). 그러나 악의의 제3자에게는 대항할 수 있다.

예 丙이 乙과 X건물에 대하여 매매계약을 할 때, 甲이 乙에게 X건물을 증여할 의사가 없이 증여했다는 사실을 모르고 X건물을 매매하여 소유권이전등기를 하였다면 소유권을 취득하므로, 甲이 丙에게 X건물을 반환청구할 수 없다.

예 반면에 丙이 매매계약당시에 그러한 사실을 알고 매수하였다면 甲은 丙 앞으로 소유권이전등기된 X건물을 말소등기하여 소유권을 회복할 수 있다.

1. **선의**: 어떤 사정을 알지 못한다는 뜻이다. 즉, 착하다는 의미의 도덕적 평가의 개념이 아니다.
2. **악의**: 어떤 사정을 알고 있음을 말한다. 선의에 대립되는 개념인바 도덕적으로 악하다는 뜻이 아니다. 민법은 선의와 악의의 경우를 구별하여 법률상의 효과를 달리하는 규정을 많이 두고 있다(제107조 내지 제110조, 제249조).
   甲이 자신의 X건물을 증여할 의사가 없으면서도 증여의사 표시를 한 경우, 증여의사가 없음을 乙이 몰랐다면 선의, 알았다면 악의라고 한다.
3. 당사자가 선의인지 악의인지 알지 못하는 경우에는, 법률은 선의로 인정한다(추정한다).
4. **대항하지 못한다**: 이것은 이미 성립한 권리관계를 타인에 대하여 주장하지 못한다는 것이다. 구체적으로 '반환청구하지 못한다', '말소청구하지 못한다', '이행거절하지 못한다'라는 것으로 표현된다. 주로 거래안전보호를 위하여 당사자 간 효력이 생긴 권리관계를 선의의 제3자에 대하여 주장하지 못하도록 하는 경우에 사용된다(제107조 제2항, 제109조 제2항).

1 의 의

> **제108조【통정한 허위의 의사표시】** ① 상대방과 통정한 허위의 의사표시는 무효로 한다.
> ② 전항의 의사표시의 무효는 선의의 제3자에게 대항하지 못한다.

서로 상대방과 통정(합의)하여 하는 진의 아닌 의사표시를 통정허위표시라고 한다. 이러한 허위표시를 요소로 하는 법률행위를 가리켜 "가장행위"라고도 한다.

예 채무자 甲이 채권자 A의 강제집행을 면탈하기 위한 목적으로 친구인 乙과 마치 매매계약을 체결한 것처럼 가장(가장매매)하고 乙명의로 소유권이전등기를 이전하는 경우를 말한다.

예 甲이 사업을 하다 채무가 많아지자 채권자들의 강제집행을 면하기 위해 자신의 재산을 모두 처 乙명의로 이전한 후 乙과 가장이혼을 하는 것이 통정허위표시의 예이다.

2 요 건

(1) 의사표시가 있어야 한다.

(2) 표시와 진의가 일치하지 않아야 한다.

(3) 표의자가 스스로 위와 같은 불일치를 알고 있어야 한다.

(4) 진의와는 다른 표시를 하는 데에 상대방과의 통정(通情)이 있어야 한다.

3 효 과

(1) **당사자 사이의 효과**

① **무 효**

통정허위표시는 당사자 사이에서 무효이다. 즉 당사자 사이에서는 매매계약을 한 사실이 없으므로 매매계약은 무효이다.

> **예** 위의 사례에서 乙은 甲과 통정하여 가장으로 무효인 매매계약을 하였으므로 소유권을 취득하지 못한다.

② 채권자취소권의 대상이 된다.

> **🔲 핵심**용어 **Check**
>
> ----
>
> ◆ **채권자취소권**
> 채권자취소권은 채무자가 자신의 재산을 감소시켜 채권자를 해하는 행위(사해행위)를 한 경우, 채권자가 그 행위의 취소와 원상회복을 청구할 수 있는 권리를 말한다.

(2) 제3자에 대한 효과

통정허위표시의 무효는 선의의 제3자에게 대항하지 못한다.

> **예** 乙이 이러한 사실을 알지 못하는(선의) 丙에게 매도하고 소유권이전등기를 하여 준 경우, 甲은 丙에게 가장매매라고 주장하지 못한다. 즉 甲과 乙의 통정허위표시(가장매매) 사실을 알지 못한 丙은 소유권을 취득한다.

> **◎ 핵심 다지기**
>
> **비진의표시와 통정허위표시의 비교**
> • 공통점 : 의사와 표시의 불일치를 알고 하는 점
> • 차이점 : 상대방과 통정(합의 또는 양해)이 있었다는 점
> 따라서 비진의표시를 상대방이 알았다는 사정만으로 통정허위표시가 되는 것은 아니다.

> **🔲 핵심**용어 **Check**
>
> ----
>
> ◆ **당사자**
> 법률행위의 당사자란 법률행위를 통해 권리를 취득하거나 의무를 부담하는 자를 의미한다. 즉, 법률행위의 효과가 귀속되는 주체를 의미한다. 甲과 乙이 매매계약을 한 경우, 甲과 乙이 매매계약의 당사자이다.
>
> ◆ **포괄승계인**(상속인)
> 당사자(매도인 또는 매수인)가 사망한 경우, 그 계약상의 권리와 의무를 모두 승계(포괄승계)받는다. 만일 甲과 乙이 매매계약을 한 상태에서 소유권이전등기 이전에 乙이 사망한 경우, 乙의 상속인 丙이 당사자인 乙의 지위를 승계를 받아 매수인으로서 모든 법률효과의 주체가 되는 것이다. 따라서 상속인은 당사자에 해당한다.
>
> ◆ **제3자**
> 법률적으로 문제가 있는 법률행위의 당사자와 상속인 이외의 사람으로서, 그러한 비진의표시 또는 통정허위표시를 믿고 새로운 법률관계, 즉 매매계약이나 임대차계약 등을 맺은 사람을 말한다. 제3자를 특별승계인이라고도 한다.

Thema 06 착 오

1 의 의

> **제109조【착오로 인한 의사표시】** ① 의사표시는 법률행위의 내용의 중요부분에 착오가 있는 때에는 취소할 수 있다. 그러나 그 착오가 표의자의 중대한 과실로 인한 때에는 취소하지 못한다.
> ② 전항의 의사표시의 취소는 선의의 제3자에게 대항하지 못한다.

일반적으로 착오란 내심의 효과의사와 표시행위가 일치하지 않음에도 불구하고, 의사표시하는 자 즉, 표의자가 인식하지 못하고 하는 의사표시를 말한다. 이러한 착오는 표시와 진의의 불일치를 표의자가 알지 못한다는 점에서 비진의표시나 통정허위표시와 구별된다.

예 甲은 1번지 토지를 매도하겠다는 청약을 할 의사가 있는데, 잘못하여 2번지 토지를 매도하겠다고 하는 경우로서 甲은 여전히 1번지를 매도한다고 표시했다고 생각하고 그러한 내용을 알지 못하는 경우를 말한다.

2 취소의 요건

착오를 이유로 취소하기 위해서는 다음의 요건을 갖추어야 한다.

(1) 법률행위 내용의 착오가 있어야 한다.

즉, 의사와 표시가 불일치하여야 한다.

(2) 중요부분의 착오가 있어야 한다.

① 중요부분의 착오란 의사표시에 의해 달성하려고 하는 법률적 효과의 중심내용의 착오를 말하는 것으로서, 중요부분이 되기 위해서는 경제적 불이익이 있어야 한다.

② 중요부분의 착오의 판단기준으로서 중요부분의 착오가 있는가의 여부는 주관적·객관적 표준에 기초하여 구체적 사정에 따라 결정한다.

③ 즉, 표의자도 그러한 착오가 없었다면 그러한 의사표시를 하지 않았을 것이라고 생각될 중요한 것이어야 하고(주관적 요건), 보통의 일반인도 표의자 입장에 있었다면 그러한 의사표시를 하지 않았을 것(객관적 요건)이라고 생각될 정도로 중요한 것이어야 한다.

④ 사람을 중시하는 법률행위(**예** 증여·사용대차·위임·고용·신용매매 등)에서의 당사자 동일성에 관한 착오, 목적물의 동일성에 관한 착오, 토지의 현황·경계(境界)에 관한 착오 능이 중요부분의 착오에 해낭한나.

⑤ 수량(면적)에 관한 착오, 시가에 관한 착오, 법률행위의 목적물의 소유권에 관한 착오는 중요부분의 착오가 아니다.

⑥ 중요부분의 착오가 있다는 사실은 의사표시를 취소하려고하는 표의자가 입증하여야 한다.

(3) 표의자에게 중대한 과실이 없어야 한다.

① 중대한 과실이라 함은 표의자가 그의 직업, 행위의 종류·목적 등에 비추어 보통 요구되는 주의의무를 현저히 결여한 것을 말한다.

② 공장을 경영하는 자가 공장이 협소하여 새로운 공장을 설립할 목적으로 토지를 매수함에 있어서 토지 위에 공장을 건축할 수 있는지 여부를 관할관청에 알아보지 아니하고 매수한 경우, 중대한 과실에 해당한다(대판 92다38881).

③ 표의자에게 중대한 과실이 있는 경우 그 의사표시를 취소하지 못하므로, 그 의사표시를 취소하지 못하게 하려는 상대방이 표의자에게 중대한 과실이 있음에 대한 증명책임을 부담한다.

3 효 과

(1) 당사자 사이의 효과

① 내용의 중요부분에 대한 착오를 일으켜 의사표시하였으나 중과실이 없는 경우에는 표의자는 법률행위를 취소할 수 있다(제109조).

② 취소하면 그 법률행위는 처음부터 무효가 되므로 이행하지 않은 채무는 이행할 필요가 없고, 이미 이행된 것은 반환청구할 수 있다(부당이득반환).

(2) 제3자에 대한 효과

착오로 인한 의사표시의 취소는 선의의 제3자에게 대항하지 못한다(제109조 제2항).

1 의 의

> 제110조【사기, 강박에 의한 의사표시】 ① 사기나 강박에 의한 의사표시는 취소할 수 있다.
> ② 상대방있는 의사표시에 관하여 제3자가 사기나 강박을 행한 경우에는 상대방이 그 사실을 알 았거나 알 수 있었을 경우에 한하여 그 의사표시를 취소할 수 있다.
> ③ 전2항의 의사표시의 취소는 선의의 제3자에게 대항하지 못한다.

의사표시가 완전히 유효하기 위하여는 표의자의 자유로운 의사에 기한 것이어야 하나 이 와 같이 표의자의 자유이어야 할 의사가 타인의 위법한 간섭으로 인하여 자유로이 행하여 지지 못한 의사표시를 하자있는 의사표시라고 한다.

이러한 부당한 간섭에는 사기와 강박을 들 수 있다. 사기란 타인을 기망하는 행위를 말하 며 타인을 속여서 정상적인 의사결정을 하지 못하게 하는 상태를 의미한다. 또한 강박이란 불법한 해악을 고지하여 상대방으로 하여금 공포심을 느끼게 하는 행위를 말한다.

2 사기에 의한 의사표시 취소요건

(1) 사기자의 2단의 고의

사기자에게 고의가 있어야 한다. 표의자를 기망하여 착오에 빠지게 하려는 고의와 그 착오 에 기하여 의사표시를 하게 하려는 2단의 고의를 요한다.

(2) 기망행위가 있을 것

기망이란 표의자에게 그릇된 관념을 가지게 하거나 그 관념을 강화·유지하게 하려는 모 든 용태를 말한다. 적극적(작위)인 허위사실의 날조는 물론, 소극적(부작위)으로 고지의무 있는 자가 진실을 숨기는 것도 기망행위에 해당한다.

예 사고차인 사실을 숨기는 것은 부작위에 의한 기망행위에 해당한다.

(3) 위법성이 있을 것

① 기망행위가 거래상 요구되는 신의성실의 원칙에 반하는 것이어야 한다.

② 상품의 선전광고에 있어서 다소의 과장이나 허위가 수반되는 것은 일반 상거래의 관행과 신의칙에 비추어 시인될 수 있는 한 기망성이 결여된다고 하겠으나 거래에 있어서 중요한 사항에 관하여 구체적 사실을 신의성실의 의무에 비추어 비난받을 정도의 방법으로 허위로 고지한 경우에는 기망행위에 해당한다고 판시하였다(대판 92다52665).

(4) 착오로 인한 의사표시

① 기망행위와 착오 의사표시 사이에는 인과관계가 있어야 한다. 즉 표의자가 기망에 의해 착오에 빠지고 그 착오에 기하여 의사표시를 하여야 한다.

② 이때 인과관계는 표의자의 주관적인 것으로 족하고 객관적임을 요하지 않는다.

---

3 **강박에 의한 의사표시의 취소요건**

"강박에 의한 의사표시"란 해악을 고지하여 공포심을 갖게 되고, 그 해악을 피하기 위하여 마음에도 없이 행한 진의 아닌 의사표시를 의미한다.

(1) 강박자의 고의

표의자로 하여금 공포심을 생기게 하고 이로 인하여 법률행위의 의사를 결정하게 할 고의가 있어야 한다. 표의자에게 공포심을 일으키려는 고의와 그 공포심에 기하여 의사표시를 하게 하려는 2단의 고의를 요한다.

(2) 강박행위

강박행위의 방법이나 해악의 종류는 아무런 제한이 없다.

(3) 위법한 강박행위

강박행위란 구체적인 해악의 고지가 있어야 하므로 단지 각서에 서명·날인할 것을 강력히 요구하는 것만으로는 강박이라 할 수 없다. 부정행위에 대한 고소·고발은 일반적으로 정당한 권리행사가 되어 위법하다고 할 수 없으나 부정한 이익의 취득을 목적으로 하는 경우 또는 목적이 정당하다 하더라도 수단 등이 부당한 때에는 위법성이 있는 경우가 있을 수 있다(대판 2002다73708).

⑷ **공포심에 기한 의사표시**

강박·공포심과 의사표시 사이에 인과관계가 있어야 한다. 즉 강박의 결과로 표의자가 공포심을 가지게 되고 그 공포심으로 인하여 의사표시를 하였어야 한다. 이때 강박과 의사표시와의 사이에 인과관계는 표의자를 기준으로 주관적인 인과관계를 말한다.

▋4▐ 하자있는 의사표시의 효과

⑴ **상대방의 사기·강박에 의한 경우**

① 상대방의 사기 또는 강박에 의하여 의사표시를 한 경우에는 표의자는 그 의사표시를 취소할 수 있다.

② 취소하기 전까지는 일단 유효한 것으로 다루게 되지만, 취소한 경우 그 법률행위는 처음부터(소급하여) 무효가 되고, 이행되기 전이면 이행할 필요가 없고, 이미 이행된 것에 대하여는 부당이득으로 반환하게 된다.

⑵ **제3자의 사기·강박에 의한 경우**

상대방있는 의사표시에 관하여 제3자가 사기나 강박을 행한 경우에는 상대방이 그 사실을 알았거나 알 수 있었을 경우에 한하여 그 의사표시를 취소할 수 있다.

예 甲이 乙의 기망행위에 의해 丙과 매매계약을 하였다면 甲은 丙이 乙의 기망사실을 알았거나 알 수 있었을 경우에 한하여 매매계약을 취소할 수 있다.

⑶ **제3자와의 관계**

사기·강박에 의한 의사표시의 취소는 선의의 제3자에게 대항하지 못한다.

1 도달주의

> **제111조【의사표시의 효력발생시기】** ① 상대방이 있는 의사표시는 상대방에게 도달한 때에 그 효력이 생긴다.
> ② 의사표시자가 그 통지를 발송한 후 사망하거나 제한능력자가 되어도 의사표시의 효력에 영향을 미치지 아니한다.

(1) 민법 제111조는 상대방 있는 의사표시는 그 통지가 상대방에게 도달한 때로부터 그 효력이 생긴다고 함으로써 도달주의를 원칙으로 삼는다. 상대방 있는 의사표시라고 함은 계약 또는 상대방 있는 단독행위를 말한다.

(2) 도달이란 사회통념상 상대방이 통지의 내용을 알 수 있는 객관적 상태에 놓여졌다고 인정되는 상태를 말한다.

(3) 현실적으로 수령하였다거나 그 통지의 내용을 알았을 것을 필요로 하지 않는다. 단, 고의로 수령을 거절하는 경우에는 도달로 인정된다.

> 예 甲이 乙에게 보낸 의사표시가 乙의 가족이 편지를 받았지만 乙에게 전해주지 않아서 乙이 그 내용을 알지 못하여도 도달로 인정된다.

(4) 도달주의 원칙은 대화자간이나 격지자간에도 인정된다.

(5) **의사표시의 연착·불착**: 의사표시의 연착·불착에 따른 불이익은 표의자가 부담한다.

(6) **의사표시의 철회**

의사표시는 상대방에게 도달한 때에 그 효력이 생기므로 발신 후라도 도달 전에 그 의사표시를 철회할 수 있다. 의사표시의 통지가 철회되지 않는 한 통지된 의사표시의 내용에 반하는 행위를 하여서는 안 된다.

(7) 발신 후 사정변경

의사표시를 발한 후 표의자가 능력을 상실하거나 사망하더라도 도달의 효력에 아무런 영향을 미치지 않는다(제111조 제2항).

(8) 의사표시의 공시송달

> **제113조【의사표시의 공시송달】** 표의자가 과실없이 상대방을 알지 못하거나 상대방의 소재를 알지 못하는 경우에는 의사표시는 민사소송법 공시송달의 규정에 의하여 송달할 수 있다.

표의자가 상대방이 누구인지 알지 못하거나 상대방의 주소를 과실 없이 알지 못하는 경우에 민사소송법상의 공시송달에 관한 규정에 의하여 송달할 수 있다(제113조). 최초의 공시송달은 게시한 날로부터 2주일이 경과한 때에 상대방에게 도달한 것으로 간주된다.

2 발신주의

(1) 무권대리의 상대방의 최고에 대한 본인의 확답

(2) 격지자간의 계약의 승낙의 통지

> **핵심 다지기**
>
> **대화자와 격지자**
> 1. 대화자는 상대방이 의사표시를 즉시 알 수 있는 상태에 있는 경우를 말한다.
> 2. 격지자는 의사표시가 발송되면 그것을 알기까지 다소의 시간이 필요한 경우를 말한다.
> 3. 대화자와 격지자의 구별은 거리적·공간적 개념이 아니라 시간적 개념이다. 서울과 대전에 거주하는 사람이라도 전화를 통해 의사표시를 할 경우 대화자에 해당하며, 같은 건물에 거주하는 사람이라도 편지를 통해 의사표시를 하는 경우 격지자에 해당한다.

3 의사표시의 수령능력

> **제112조【제한능력자에 대한 의사표시의 효력】** 의사표시의 상대방이 의사표시를 받은 때에 제한능력자인 경우에는 의사표시자는 그 의사표시로써 대항할 수 없다. 다만, 그 상대방의 법정대리인이 의사표시가 도달한 사실을 안 후에는 그러하지 아니하다.

법률행위의 대리

1 대리의 의의

대리제도는 타인으로 하여금 법률행위를 대신하게 하는 제도를 말한다. 즉, 대리인으로 하여금 본인의 이름으로 법률행위를 하거나 의사표시를 수령하게 하고 그 법률효과는 직접 본인에게 귀속시키는 제도를 말한다.

대리는 법률행위에 있어서 행위자와 그 효과의 귀속주체가 분리되는 예외적인 제도의 하나이다.

> **핵심 용어 Check**
>
> ◆ **사 자**
> 본인의 의사표시를 단순히 전달하거나 또는 그 표시행위의 완성에 협력하는 자를 말한다. 대리인은 직접 의사결정을 하는 반면에, 사자는 본인이 의사결정을 한다는 점에서 차이가 있다.

2 대리의 종류

(1) 임의대리와 법정대리

① **임의대리** : 본인의 수권행위에 의하여 발생하는 대리가 임의대리이다.

② **법정대리** : 법정대리는 법률의 규정이나 법원의 선임에 의하여 대리권이 수여되며, 본인에 대하여 일정한 지위에 있는 자가 당연히 대리인이 되는 대리이다.

(2) 능동대리와 수동대리

① **능동대리** : 대리인이 본인을 위하여 상대방에게 의사표시를 하는 것을 능동대리라 한다.

② **수동대리** : 대리인이 상대방으로부터 의사표시를 수령하는 것을 수동대리라 한다.

(3) 유권대리와 무권대리

① **유권대리** : 대리인이 적법한 대리권을 가진 대리를 유권대리라고 한다.

② **무권대리** : 적법한 대리권을 가지고 있지 않은 대리를 말하며, 무권대리에는 다시 협의의 무권대리와 표현대리의 두 유형이 있다.

3. 대리권(본인과 대리인의 관계)

대리관계는 본인과 대리인·대리인과 상대방·상대방과 본인과의 3면관계(三面關係)로 되어 있다. 즉 대리인이 본인의 정당한 대리인이라는 관계(대리권의 관계), 이러한 대리인이 본인을 위하여 상대방과의 사이에 법률행위를 한다는 관계(대리행위의 관계), 그리고 그 결과 상대방과 본인 사이에 권리변동이 생기는 관계(대리효과의 관계)가 생기게 된다.

📋 대리의 3면 관계

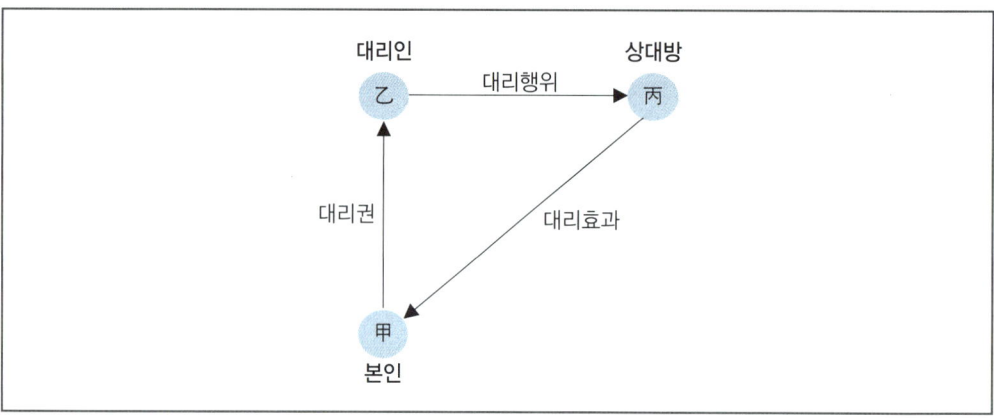

(1) 대리권의 의의

대리권이라 함은 대리인이 본인을 위하여 의사표시를 하거나 수령함으로써 본인에게 법률효과를 귀속시킬 수 있는 법률상의 지위 또는 자격을 말한다. 대리권은 권리가 아니라 권한에 해당한다.

(2) 대리권의 발생원인

① **임의대리권**: 임의대리권은 본인이 대리인에게 대리권을 수여하는 행위 즉, 수권행위에 의하여 발생한다.

> 💬 甲이 乙에게 자신의 부동산을 매도하여 줄 것을 부탁하는 것을 대리권수여라고 한다.

② **법정대리권**: 법정대리권은 법률의 규정에 의하여 발생한다. 친권자, 후견인 등이 있다.

(3) 대리권의 범위

① **법정대리권의 범위**: 법정대리인의 대리권의 범위는 법률의 규정에 의하여 정해진다.

② **임의대리권의 범위**: 임의대리인은 수권행위에서 정한 범위 내에서 대리권을 갖는다.

  ㉠ 수권행위의 해석: 임의대리인의 대리권의 범위는 본인의 수권행위에 의하여 정해진다.

ⓐ 매매계약의 대리인은 의사표시의 수령권을 갖는다(대판 93다39379). 매매계약의 체결할 대리권을 수여받은 대리인은 특별한 사정이 없는 한 중도금이나 잔금을 수령할 권한도 있다(대판 93다39379).

ⓑ 매매계약 체결과 이행에 대한 포괄적 대리권을 가진 자는 매매대금지급기일을 연기해줄 권한도 갖는다(대판 91다43107).

ⓒ 대여금을 수령할 대리권에는 대여금 일부를 면제해 줄 권한은 포함되지 않는다 (대판 80다3221).

ⓓ 금전소비대차계약 및 담보설정의 대리권을 가진 경우에 담보설정 후 계약해제 권은 대리권의 범위에 포함되지 않는다(대판 97다23372).

ⓛ 권한을 정하지 않는 경우 : 임의대리권의 범위는 수권행위를 통하여 결정되나 수권 행위에서 그 범위를 명백하게 하지 않은 경우에는 다음의 규정에 의한다.

> **제118조 【대리권의 범위】** 권한을 정하지 아니한 대리인은 다음 각 호의 행위만을 할 수 있다.
> 1. 보존행위
> 2. 대리의 목적인 물건이나 권리의 성질을 변하지 아니하는 범위에서 그 이용 또는 개량 하는 행위

ⓐ 보존행위 : 보존행위란 재산의 가치를 현상 그대로 유지하는 것을 목적으로 하 는 행위를 말한다. 이러한 보존행위는 무제한으로 가능하다.

예 가옥의 수선행위, 미등기 부동산의 등기행위, 금전을 은행에 예금하는 행위, 기한이 도래 한 채무의 변제행위, 소멸시효 중단행위 등

ⓑ 이용행위 : 재산의 수익을 꾀하는 행위를 말하며 물건이나 권리의 본질을 해치 지 않는 범위 내에서만 가능하다.

예 물건의 임대행위, 권리의 대가를 받고 타인에게 수익케 하는 행위, 이자부로 금전을 대여 하는 행위 등

ⓒ 개량행위 : 사용가치·교환가치를 증가시키는 행위를 말하며 대리의 목적인 물 건 또는 권리의 성질을 변하지 않게 하는 범위에서만 가능하다.

예 무이자채권을 이자부채권으로 바꾸는 행위, 사용대차를 임대차로 바꾸는 행위 등

⑷ 대리권의 제한

> **제124조【자기계약, 쌍방대리】** 대리인은 본인의 허락이 없으면 본인을 위하여 자기와 법률행위를 하거나 동일한 법률행위에 관하여 당사자쌍방을 대리하지 못한다. 그러나 채무의 이행은 할 수 있다.

① **자기계약 · 쌍방대리의 의의**

  ㉠ 자기계약이란 대리인이 한편으로는 본인을 대리하면서 다른 한편으로는 자기자신 이 상대방이 되어 계약을 맺는 것을 말한다.

   > 예 甲이 乙에게 부동산처분의 대리권을 수여한 경우, 대리인 자신이 그 부동산의 매수인이 되는 경우이다. 대리인 혼자서 매도가격을 싸게 결정하여 매매계약을 체결하게 되고, 그로 인하여 본인이 피해를 볼 수 있다.

  ㉡ 쌍방대리라 함은 대리인이 서로 이해관계가 다른 양당사자를 동시에 대리하게 되는 것을 말한다.

   > 예 대리인 乙이 매도인 甲과 매수인 丙을 동시에 대리하여 甲의 부동산을 丙에게 매도하는 계약 을 체결하는 경우이다.

  ㉢ 허 용

   ⓐ 원칙: 허용되지 않는다. 이에 위반하면 무권대리행위가 된다.

   ⓑ 예외: 허용된다.

   > 1. 본인이 허락이 있는 경우
   > 2. 채무의 이행은 본인의 허락이 없이도 할 수 있다. 다만 채무의 이행인 경우에도 본인에게 새로운 이해관계가 발생하는 채무의 이행은 할 수 없다. 따라서 기한이 도래하지 않은 채무의 이행, 다툼이 있는 채무의 이행, 대물변제, 선택채무의 이행 등은 인정되지 않는다.

  ㉣ 위반의 효과: 자기계약 · 쌍방대리 금지에 관한 제124조에 위반하는 행위는 절대적 무효가 아니라 무권대리행위로서 본인이 사후에 이를 추인하면 완전히 유효하게 된다.

② **공동대리**

> 제119조 【각자대리】 대리인이 수인인 때에는 각자가 본인을 대리한다. 그러나 법률 또는 수권행위에 다른 정한 바가 있는 때에는 그러하지 아니하다.

⊙ 공동대리라 함은 수인의 대리인이 공동으로만 대리행위를 할 수 있는 것을 말한다. 즉 수인이 공동으로 대리행위를 하지 않으면 대리의 효과가 생기지 않는 경우의 대리의 유형을 말한다.

ⓛ 대리인이 수인인 경우에는 각자 단독대리가 원칙이다. 다만 법률규정이나 수권행위로 달리 정한 바가 있으면 공동대리가 된다.

ⓒ 위반의 효과 : 공동대리의 제한에 위반한 때에는 그것은 무효가 아니라 무권대리가 된다.

(5) **대리권의 소멸**

> 제127조 【대리권의 소멸사유】 대리권은 다음 각 호의 어느 하나에 해당하는 사유가 있으면 소멸된다.
> 1. 본인의 사망
> 2. 대리인의 사망, 성년후견의 개시 또는 파산
> 제128조 【임의대리의 종료】 법률행위에 의하여 수여된 대리권은 전조의 경우 외에 그 원인된 법률관계의 종료에 의하여 소멸한다. 법률관계의 종료 전에 본인이 수권행위를 철회한 경우에도 같다.

① **공통의 소멸사유** : 대리권은 본인의 사망, 대리인의 사망 · 성년후견개시 · 파산에 의하여 법정대리와 임의대리 모두 소멸한다.

② **임의대리 특유의 소멸사유** : 원인된 법률관계가 종료, 수권행위를 철회한 경우 대리권은 소멸한다.

대리행위(상대방과 대리인의 관계)

1 대리행위의 성립요건으로서의 현명주의

> **제114조【대리행위의 효력】** ① 대리인이 그 권한 내에서 본인을 위한 것임을 표시한 의사표시는 직접 본인에게 대하여 효력이 생긴다.
> ② 전항의 규정은 대리인에게 대한 제3자의 의사표시에 준용한다.

(1) 현명주의 원칙

① **의 의**

ⓐ 대리인이 대리행위를 하는 경우에는 본인을 위한 것임을 표시하여야 하며 이를 현명주의라 한다. 즉, 행위는 대리인이 하지만 법적 효과는 본인에게 귀속하게 된다는 것을 상대방에게 표시하는 것을 말한다.

> **예** 甲의 대리인 乙이 甲을 대리하여 甲의 부동산을 丙에게 매도하는 경우에 계약서에 '매도인 甲의 대리인 乙'이라고 기재하는 경우이다.

ⓑ '본인을 위한 것임을 표시'의 의미는 그 행위의 법률효과를 본인에게 귀속시키려고 하는 대리의사를 표시하여야 한다는 뜻이지 '본인의 이익을 위하여'라는 뜻이 아니다.

> **핵심** 용어 **Check**
>
> ◆ **현명**(顯名)
> 현명이란 드러낼 현(顯), 이름 명(名) 즉 이름을 드러낸다는 의미이며, 대리인이 대리행위를 할 때 본인의 이름을 상대방에게 드러낸다는 의미이다.

② **현명의 방식**

ⓐ 이러한 현명은 구두로 하든 서면으로 하든 본인을 위한다는 뜻을 표시하기만 하면 그 방식에는 제한이 없다.

ⓑ 일반적으로는 '매도인 甲 대리인 乙'이라고 서면을 통해서 현명을 한다.

ⓒ 또한 본인의 이름을 표시하지 않더라도 주위의 사정에 비추어봤을 때 본인이 누구인지 알 수 있으면 족하다.

ⓓ 본인의 이름만 기재한 것도 현명으로 인정된다.

(2) 현명하지 아니한 행위

> **제115조【본인을 위한 것임을 표시하지 아니한 행위】** 대리인이 본인을 위한 것임을 표시하지 아니한 때에는 그 의사표시는 자기를 위한 것으로 본다. 그러나 상대방이 대리인으로서 한 것임을 알았거나 알 수 있었을 때에는 전조 제1항의 규정을 준용한다.

① **원칙**: 대리인이 본인을 위한 것임을 표시하지 않고서 한 의사표시는 대리인 자신을 위한 것으로 본다. 따라서 대리인은 착오를 주장하지 못한다. 이는 대리인을 본인으로 믿은 상대방을 보호하기 위한 취지이다.

> **예** 甲의 대리인 乙이 甲을 대리하여 甲의 부동산을 丙에게 매도하면서 계약서에 '매도인 乙'이라고 기재하는 경우이다.

② **예외**: 그러나 상대방이 대리인으로서 한 것임을 알았거나 알 수 있었을 경우에는 그 의사표시는 직접 본인에 대하여 효력이 생긴다.

2 대리행위의 하자와 대리인의 능력

(1) 대리행위의 하자

> **제116조【대리행위의 하자】** ① 의사표시의 효력이 의사의 흠결, 사기, 강박 또는 어느 사정을 알았거나 과실로 알지 못한 것으로 인하여 영향을 받을 경우에 그 사실의 유무는 대리인을 표준하여 결정한다.
> ② 특정한 법률행위를 위임한 경우에 대리인이 본인의 지시에 좇아 그 행위를 한 때에는 본인은 자기가 안 사정 또는 과실로 인하여 알지 못한 사정에 관하여 대리인의 부지를 주장하지 못한다.

① **원 칙**

㉠ 대리행위에서 대리행위를 하는 주체는 대리인이므로, 대리행위 과정에서 의사표시의 효력이 의사의 흠결(비진의표시, 통정허위표시, 착오), 사기, 강박 또는 어느 사정을 알았거나 과실로 알지 못한 것으로 인하여 영향을 받을 경우에는 그 하자의 유무는 대리인을 표준하여 결정한다.

> **예** 甲의 대리인 乙이 매매계약을 하면서 상대방에게 사기강박을 한 경우, 본인이 그 사실을 몰랐다 하더라도 매매계약은 본인의 사기강박에 의한 계약으로 인정된다. 따라서 상대방은 본인이 선의라 하더라도 매매계약을 취소할 수 있다.

㉡ 대리행위의 하자에서 생기는 효과는 본인에게 귀속한다.

② **예 외**

특정한 법률행위를 위임한 경우에 대리인이 본인의 지시에 좇아 그 행위를 한 때에는 본인은 자기가 안 사정 또는 과실로 인하여 알지 못한 사정에 관하여 대리인의 부지를 주장하지 못한다.

> **예** 건물에 하자가 있다는 사실을 알고 있는 甲이 대리인 乙에게 지시하여 그 건물을 매수하게 하였다면, 그 하자를 대리인 乙이 모르고 있었다 하더라도 본인 甲은 하자담보책임을 물을 수 없다.

(2) 대리인의 능력

> **제117조【대리인의 행위능력】** 대리인은 행위능력자임을 요하지 아니한다.

① 대리인은 대리행위에 의하여 권리를 취득하거나 의무를 부담하는 것은 아니므로 대리인은 행위능력자임을 요하지 아니한다(제117조).

② 그러나 대리인에게 의사능력이 있어야 함은 일반 법률행위와 동일하다.

③ 제한능력자인 대리인이 상대방과 한 대리행위도 완전한 대리행위가 아니므로 본인이나 대리인은 제한능력을 이유로 취소할 수 없다.

3 대리효과(본인과 상대방의 관계)

> **제114조【대리행위의 효력】** ① 대리인이 그 권한 내에서 본인을 위한 것임을 표시한 의사표시는 직접 본인에게 대하여 효력이 생긴다.
> ② 전항의 규정은 대리인에게 대한 제3자의 의사표시에 준용한다.

(1) 대리행위에 따른 법률효과는 모두 '본인'에게 귀속한다(제114조).

(2) 본인에게 귀속되는 효과에는 대리행위로부터 발생하는 직접적인 효과는 물론이고, 부수적인 효과로 발생하는 계약의 취소권, 해제권, 손해배상청구권, 원상회복청구권 및 의무도 모두 본인에게 귀속한다.

> **예** 상대방이 대리인에게 매매대금을 지급하였으나 대리인이 본인에게 전달하지 않은 경우, 이후 계약이 해제되면 본인이 원상회복의무와 손해배상의무를 부담한다.

1 의의와 법적 성질

(1) 복대리인이라 함은 대리인이 자기 이름으로 다른 사람을 선임하여 대리인의 권한 내에서 본인의 대리행위를 하게 하는 대리인이다.

> **예** 甲이 자신의 X건물 매도대리권을 乙에게 수여하였으나, 乙이 甲의 허락을 얻어 丙을 복대리인으로 선임한 경우이다.

(2) **법적 성질**

① 복대리인은 '본인의 대리인'이지 '대리인의 대리인'이 아니다.

② 복대리인은 자기의 복대리권의 범위에서 상대방과 대리행위를 함에 있어 본인의 이름으로 복대리권을 행사한다.

2 대리인의 복대리인 선임권과 책임

(1) **임의대리인의 복대리인 선임권과 책임**

① **임의대리인의 복대리인 선임권**

ㄱ 원칙 : 임의대리인은 원칙적으로 복대리인을 선임할 수 없다(제120조).

ㄴ 예외 : 본인의 승낙이 있거나 부득이한 사유가 있는 때가 아니면 복대리인을 선임하지 못한다. 본인의 승낙이나 부득이한 사유 중에 하나만 있으면 충분하다.

② **임의대리인의 책임**

ㄱ 원칙 : 선임감독상의 책임

임의대리인이 부적임한 자를 복대리인으로 선임하거나 또는 감독을 게을리하여 본인에게 손해를 끼친 때에는 이를 배상할 책임이 있다. 즉 선임감독에 대한 책임을 부담한다.

ㄴ 감경 : 본인 지명시 책임감경

대리인이 본인의 지명에 의하여 복대리인을 선임한 경우에는 그 부적임 또는 불성실함을 알고 본인에게 대한 통지나 그 해임을 태만한 때가 아니면 책임이 없다.

(2) **법정대리인의 복대리인 선임권과 책임**

① **법정대리인의 복대리인 선임권**

법정대리인은 그 책임으로 복대리인을 선임할 수 있다(제122조). 즉 법정대리인은 언제든지 복대리인을 선임할 수 있다.

② **법정대리인의 책임**

㉠ 원칙 : 복대리인 선임에 대해 언제든지 책임(무과실책임)을 부담한다.

㉡ 예외 : 다만 부득이한 사유로 인한 때에는 책임이 감경되어 선임감독상의 과실책임만이 있다(제122조 단서).

1 무권대리

대리권이 존재하지 않으면서도 대리인임을 표시하여 법률행위를 한 경우 이를 무권대리라고 한다. 무권대리는 협의의 무권대리와 표현대리로 구분되는바, 상대방으로 하여금 대리권이 있다고 믿게끔 본인이 원인을 제공하였으면 표현대리, 그렇지 않은 경우 협의의 무권대리라고 한다.

2 협의의 무권대리

(1) 의 의

협의의 무권대리는 대리인이 대리권 없이 대리행위를 한 경우에 표현대리라고 볼 수 있는 특별한 사정이 존재하지 않는 무권대리를 말한다.

⑳ 乙이 대리권없이 甲의 대리인이라 칭하며 甲의 X건물을 丙에게 매매하는 계약을 체결한 경우이다.

(2) 본인에 대한 효과

> 제130조【무권대리】 대리권없는 자가 타인의 대리인으로 한 계약은 본인이 이를 추인하지 아니하면 본인에 대하여 효력이 없다.
>
> 제132조【추인, 거절의 상대방】 추인 또는 거절의 의사표시는 상대방에 대하여 하지 아니하면 그 상대방에 대항하지 못한다. 그러나 상대방이 그 사실을 안 때에는 그러하지 아니하다.
>
> 제133조【추인의 효력】 추인은 다른 의사표시가 없는 때에는 계약시에 소급하여 그 효력이 생긴다. 그러나 제3자의 권리를 해하지 못한다.

① 효 과

원칙적으로 본인에 대하여 아무런 효력이 발생하지 않는다. 다만 본인이 법률행위의 효력을 원하면 추인하여 유효로 할 수도 있고, 원하지 않으면 거절하여 확정적 무효로 할 수 있다. 그래서 본인의 추인이나 거절하기 전에는 법률효과가 확정적이지 않아 이를 유동적 무효 또는 불확정 무효라고도 한다.

② **본인의 추인권**

원래 무권대리행위는 대리권이 없는 행위이므로 본인은 무권대리행위에 대하여 아무런 책임을 지지 않는다. 그러나 무권대리행위일지라도 본인에게 유리할 수도 있으므로 본인이 추인함으로써 그 효력을 받을 수도 있다(제130조).

　㉠ 성질: 추인은 상대방 또는 무권대리인의 등의 동의나 승낙을 요하지 않는 단독행위로서 본인의 추인의 의사표시만 있으면 법률행위의 효력이 발생하는 그 성질상 '형성권'에 속한다.

　㉡ 추인의 상대방: 추인은 무권대리인, 무권대리행위의 직접 상대방, 무권대리행위로 인한 권리 또는 법률관계의 승계인에게도 할 수 있다(대판 80다2314).

> 🖳 **핵심**용어 **Check**
> ┄┄┄┄┄┄┄┄┄┄┄┄┄┄┄┄┄┄┄┄┄┄┄┄┄┄┄┄┄┄┄┄
> ◆**추 인**
> 일반적으로 어떤 행위가 있은 뒤에 그 행위에 동의(同意)하는 일을 말한다.
> 민법상으로는 불완전한 법률행위를 사후에 보충하여 확정적으로 유효하게 하는 일방적 의사표시를 말한다.

　㉢ 추인의 효과: 본인의 추인이 있으면 무권대리행위는 소급하여 계약시부터 유효가 된다. 이와 같이 소급효가 있으나 제3자의 권리를 해하지 못하며, 당사자의 특약으로 소급효를 배제할 수 있다(제133조).

③ **본인의 거절권**

　㉠ 추인의 거절이라 함은 본인이 추인의 의사가 없음을 적극적으로 표시하여 무권대리행위를 확정적으로 무효로 만드는 것을 말한다.

　㉡ 추인 거절의 상대방과 방법은 추인의 경우와 같다(제132조).

　㉢ 본인이 추인을 거절하면 그 후에는 본인에 대하여 효력이 생길 수 없는 것으로 확정된다.

(3) **상대방에 대한 효과**

① **상대방의 최고권**

> **제131조 【상대방의 최고권】** 대리권없는 자가 타인의 대리인으로 계약을 한 경우에 상대방은 상당한 기간을 정하여 본인에게 그 추인여부의 확답을 최고할 수 있다. 본인이 그 기간 내에 확답을 발하지 아니한 때에는 추인을 거절한 것으로 본다.

　㉠ 상대방은 상당한 기간을 정하여 본인에게 추인 여부의 확답을 최고할 수 있다.

　㉡ 최고는 본인에 대하여 무권대리행위를 추인할 것인지 여부의 확답을 독촉하는 행위로서 본인이 상당기간 내에 확답을 발하지 않으면 추인을 거절한 것으로 본다(제131조).

ⓒ 이러한 최고권은 무권대리인임을 몰랐던 선의의 상대방뿐 아니라 악의의 상대방에 게도 인정된다.

핵심 용어 Check

◆ **최 고**
일정한 행위를 하도록 상대방에게 요구(독촉)하는 의사의 통지를 말한다.

② **상대방의 철회권**

> 제134조 【상대방의 철회권】 대리권없는 자가 한 계약은 본인의 추인이 있을 때까지 상대방은 본인이나 그 대리인에 대하여 이를 철회할 수 있다. 그러나 계약당시에 상대방이 대리권 없음을 안 때에는 그러하지 아니하다.

㉠ 철회는 무권대리행위의 상대방이 무권대리인과의 사이에 체결한 계약을 확정적으로 무효로 하는 행위이며, 이 철회가 있으면 그 후 본인은 추인할 수 없게 된다.

㉡ 철회는 본인의 추인이 있기 전에 본인이나 그 무권대리인에게 하여야 한다.

㉢ 이러한 철회권은 최고권과 달리 대리권없음을 알지 못한 선의의 상대방에게만 인정된다(제134조).

⑷ **무권대리인과 상대방 사이의 효과**

> 제135조 【상대방에 대한 무권대리인의 책임】 ① 다른 자의 대리인으로서 계약을 맺은 자가 그 대리권을 증명하지 못하고 또 본인의 추인을 받지 못한 경우에는 그는 상대방의 선택에 따라 계약을 이행할 책임 또는 손해를 배상할 책임이 있다.
> ② 대리인으로서 계약을 맺은 자에게 대리권이 없다는 사실을 상대방이 알았거나 알 수 있었을 때 또는 대리인으로서 계약을 맺은 사람이 제한능력자일 때에는 제1항을 적용하지 아니한다.

① **무권대리인의 책임발생요건**

㉠ 대리인이 대리권을 증명할 수 없을 것
입증책임은 상대방이 지지 않으며, 무권대리인이 책임을 면하려면 자기에게 대리권이 있었음을 입증하여야 한다.

㉡ 본인의 추인이 없어야 한다.

㉢ 상대방이 아직 철회권을 행사하고 있지 않을 것

㉣ 상대방이 무권대리인에게 대리권이 없음을 알지 못하고, 알지 못한 데 과실이 없을 것(선의무과실이어야 한다)

㉤ 무권대리인이 행위능력자일 것: 무권대리인이 제한능력자인 경우에는 책임을 물을 수 없다(제135조 제2항).

② **책임의 내용**

상대방의 선택에 좇아 계약의 이행 또는 손해배상의 책임을 진다(제135조 제1항).

3 표현대리

(1) 의 의

실제로 대리권이 없지만 제3자로 하여금 진정한 대리인의 행위로 믿게 할만한 특별한 사정(제125조·제126조·제129조)이 있을 때에는 정당한 대리인의 행위와 마찬가지로 본인에게 그 효력을 직접 귀속시키는 제도를 말한다.

(2) 대리권수여의 표시에 의한 표현대리(제125조의 표현대리)

> **제125조 【대리권수여의 표시에 의한 표현대리】** 제3자에 대하여 타인에게 대리권을 수여함을 표시한 자는 그 대리권의 범위 내에서 행한 그 타인과 그 제3자간의 법률행위에 대하여 책임이 있다. 그러나 제3자가 대리권없음을 알았거나 알 수 있었을 때에는 그러하지 아니하다.

① **의 의**

제125조 표현대리는 대리권을 수여했다는 취지를 본인이 상대방에게 표시하였으나, 실제로는 대리권을 수여하지 않는 경우에 성립한다.

> 예 甲·乙 간에 아직 대리권을 수여하지 아니했음에도 불구하고 甲이 乙에게 대리권을 준 뜻을 제3자 丙에게 표시하였고 이에 따라 乙을 대리인이라 믿은 丙이 乙과 매매계약을 체결한 경우를 말한다.

② **적용범위**

민법 제125조의 표현대리는 본인의 대리권수여 표시에 의한 책임이므로 임의대리에만 적용되고, 법정대리에는 본인의 수권행위가 존재하지 않으므로 그 적용이 배제된다.

③ **제125조 적용의 효과**

무권대리행위에 관하여 본인이 표시한 대리권의 범위 내에서 본인은 상대방에게 책임을 진다.

(3) 권한을 넘은 표현대리(제126조)

> **제126조 【권한을 넘은 표현대리】** 대리인이 그 권한 외의 법률행위를 한 경우에 제3자가 그 권한이 있다고 믿을 만한 정당한 이유가 있는 때에는 본인은 그 행위에 대하여 책임이 있다.

① **의 의**

제126조 표현대리는 일정한 범위의 대리권을 가진 대리인이 그 권한의 범위를 넘어 행한 대리행위를 한 경우에 성립하는 표현대리이다.

> **예** 甲이 자신의 X건물을 담보로 대출권한을 乙에게 수여하면서 인감도장을 교부하였는데, 乙이 인감도장을 가진 것을 계기로 丙과 甲명의로 매매계약을 한 경우이다.

② **성립요건**

ㄱ 대리인에게 기본대리권이 존재할 것

기본적인 대리권도 없는 자에 대하여는 권한을 넘은 표현대리가 성립할 여지가 없다(대판 84다카780).

ㄴ 권한을 넘은 대리행위를 하였을 것

권한을 넘은 행위가 기본대리권과 동종의 것임을 요하는 것은 아니다. 아무런 관계가 없는 경우에도 제126조 표현대리가 성립한다.

ㄷ 정당한 이유가 있을 것

상대방이 표현대리인에게 권한이 있다고 믿을 만한 정당한 이유가 있어야 하며, 이로 인해 상대방은 대리권없다는 사실을 전혀 모르고 있어야 한다(선의·무과실이어야 한다).

③ **적용범위**: 임의대리와 법정대리 모두에게 적용된다.

④ **제126조의 적용의 효과**: 본인은 대리인의 권한 밖의 행위에 대하여 책임을 진다.

(4) 대리권소멸 후의 표현대리(제129조의 표현대리)

> **제129조【대리권소멸 후의 표현대리】** 대리권의 소멸은 선의의 제3자에게 대항하지 못한다. 그러나 제3자가 과실로 인하여 그 사실을 알지 못한 때에는 그러하지 아니하다.

① **의 의**

대리인이 이전에는 대리권이 가지고 있었으나, 대리행위를 할 때에는 그 대리권이 소멸한 경우에 성립한다.

> **예** 자(子)가 성년이 된 후에도 부모가 자(子)의 재산에 관하여 매매계약을 한 경우이다.

② **적용범위**: 임의대리·법정대리를 불문하고 적용된다.

③ **효과**: 본인은 표현대리인의 대리행위에 대해 책임을 진다.

Thema 13 무 효

1 무효의 의의와 종류

(1) 의 의

법률행위의 무효란 법률행위가 성립한 때부터 법률상 당연히 그 효력이 없는 것으로 확정된 것을 말한다. 법률행위의 무효는 법률행위가 성립된 것을 전제로 하며, 법률행위 자체가 성립되지 않은 불성립의 경우에는 무효가 문제될 여지가 없다.

구 분	무 효	취 소
차이점	특정인의 주장을 필요로 하지 않으며, 당연히 효력이 없다.	특정인(취소권자)의 주장이 있어야 비로소 무효가 된다.
	처음부터 효력이 없다.	취소를 하기 전까지는 효력이 있다.
	시간이 경과해도 효력의 변화는 없다.	일정한 시간이 경과되면 취소권은 소멸하고 확정적으로 유효가 된다.
적용례	• 원시적 불능인 법률행위 • 강행규정에 위반한 법률행위 • 반사회질서행위 • 불공정한 법률행위 • 통정허위표시 등	• 제한능력자의 법률행위 • 사기 · 강박에 의한 의사표시 • 착오에 의한 의사표시

(2) 무효의 종류

① 절대적 무효 · 상대적 무효

㉠ 절대적 무효 : 법률행위를 행한 당사자 사이에서 뿐만 아니라 제3자에 대한 관계에서도 무효인 것을 절대적 무효라 한다. 절대적 무효에 해당하면 선의의 제3자라도 보호되지 않는다.

> 예 의사무능력자의 법률행위, 강행법규 위반행위, 반사회질서의 법률행위, 불공정한 법률행위가 이에 속한다.

㉡ 상대적 무효 : 법률행위의 당사자 간에는 무효이지만, 선의의 제3자에게는 대항하지 못하는 것을 상대적 무효라 한다. 상대적 무효는 선의의 제3자가 보호된다.

> 예 비진의표시, 통정허위표시 등이 여기에 속한다.

② 전부무효 · 일부무효

> 제137조 【법률행위의 일부무효】 법률행위의 일부분이 무효인 때에는 그 전부를 무효로 한다. 그러나 그 무효부분이 없더라도 법률행위를 하였을 것이라고 인정될 때에는 나머지 부분은 무효가 되지 아니한다.

㉠ 전부무효 : 법률행위 내용의 전부에 관하여 무효의 원인이 있을 때의 무효를 말한다.

㉡ 일부무효

ⓐ 원칙 : 법률행위의 일부만이 무효인 때에는 그 전부를 무효로 한다.

ⓑ 예외 : 그러나 당사자의 가상적 의사가 만약 무효부분이 없더라도 법률행위를 하였을 것이라고 인정될 때에는, 무효인 부분을 제외한 나머지 부분은 유효하다 (제137조).

> **예** 토지와 건물을 일괄하여 한 번에 매매계약을 하였는데 건물이 계약 당시 멸실된 경우, 원칙은 매매계약 전부가 무효로 된다. 다만 당사자가 건물을 제외한 나머지 부분인 토지만으로도 매매계약을 할 의사(가상적 의사)가 있다면, 토지에 대한 매매계약만을 유효로 할 수 있다.

③ 확정적 무효 · 유동적 무효

㉠ 확정적 무효 : 법률행위의 효력이 발생하지 않는 것이 확정되어 있는 무효를 말한다. 법률행위 무효는 확정적 무효가 원칙이다.

㉡ 불확정 무효 : 법률행위시에는 효력이 발생하지 않으나, 추후에 유효로 되는 것을 말한다. 유동적 무효라고도 한다.

> **예** 무권대리인의 대리행위는 무효이지만 본인이 추인을 하면 소급해서 유효한 법률행위가 된다. 따라서 무권대리행위는 본인의 추인이 있기 전까지는 유동적 무효이다.

㉢ 토지거래허가구역 내의 법률관계

ⓐ 토지거래허가구역 내의 토지에 대하여 허가를 받기 전에 체결한 매매계약은 허가받거나 허가구역 지정기간이 만료되기 전까지는 토지와 관련한 거래계약은 무효이므로 효력이 발생하지 않는다. 이후 허가를 받으면 그 계약은 소급하여 유효한 계약이 되고, 이와 달리 불허가가 된 때에는 무효로 확정된다. 따라서 이 경우 허가를 받을 때까지는 '유동적 무효' 상태에 있다고 본다(대판 91다21435).

> **예** 토지거래허가구역 내의 甲의 X토지를 乙과 매매계약을 한 경우, 허가 전 상태에서는 乙이 대금지급을 하지 않았거나 甲이 등기제공을 하지 않았다고 해서 채무불이행의 문제는 발생하지 않으므로, 이로 인한 계약의 해제나 손해배상청구를 할 수 없다.

ⓑ 토지거래허가구역 내에서 토지매매를 하였다면 당사자 간에는 토지거래허가를 받을 수 있도록 협력의무가 새롭게 발생한다. 협력의무를 이행하지 않을 경우 협력의무 이행에 대하여 소구(訴求)할 수 있으며, 이에 따른 손해배상청구도 할 수 있다.

④ 무효행위의 전환

> 제138조 【무효행위의 전환】 무효인 법률행위가 다른 법률행위의 요건을 구비하고 당사자가 그 무효를 알았더라면 다른 법률행위를 하는 것을 의욕하였으리라고 인정될 때에는 다른 법률행위로서 효력을 가진다.

⑤ 무효행위의 추인

> 제139조 【무효행위의 추인】 무효인 법률행위는 추인하여도 그 효력이 생기지 아니한다. 그러나 당사자가 그 무효임을 알고 추인한 때에는 새로운 법률행위로 본다.

㉠ 의의: 무효인 법률행위는 객관적 법질서 위반으로서 효과가 발생하지 않는 것으로 확정되므로 후일에 그 행위를 유효하게 하는 의사표시, 즉 추인을 하여도 유효로 되지 아니한다. 그러나 당사자가 무효임을 알고 추인한 때에는 무효인 새로운 법률행위로서 유효가 된다.

> 예 甲과 乙이 가장매매로 乙명의 소유권이전등기를 한 경우, 이는 통정허위표시로서 무효이고 이를 추인하여도 무효일 뿐이다. 그러나 무효임을 알고서 허위가 아닌 진정으로 乙에게 소유권을 이전할 의사가 있는 경우에는 이를 추인하여 그때부터 진정한 매매계약이 체결된 것으로 할 수 있다.

㉡ 요건: 무효행위가 추인 가능한 법률행위여야 한다. 무효원인이 소멸된 후 무효임을 알고 추인하여야 한다.

㉢ 효과
  ⓐ 원칙: 비소급효
  무효행위를 추인하면 그때부터 새로운 법률행위를 한 것으로 본다.

> 예 무효인 가등기를 유효로 전용하기로 한 약정은 그때부터 유효하고 이로써 위 가등기가 소급하여 유효한 등기로 전환될 수 없다(대판 91다26546).

  ⓑ 예외: 제3자의 권리를 해하지 않는 한 당사자 사이의 약정으로 소급효를 인정할 수 있다.

법률행위의 취소와 추인

1 취소의 의의

취소라 함은 일단 유효하게 발생한 법률행위의 효력을 소급하여 무효화시키는 당사자의 일방적 의사표시를 말한다. 즉 취소하기 전까지는 일단 유효한 법률행위로 취급되지만, 취소가 되면 처음부터 무효인 것으로 다루어지게 된다.

2 취소권자

> 제140조【법률행위의 취소권자】취소할 수 있는 법률행위는 제한능력자, 착오로 인하거나 사기·강박에 의하여 의사표시를 한 자, 그의 대리인 또는 승계인만이 취소할 수 있다.

(1) 제한능력자(피한정후견인, 피성년후견인, 미성년자)는 법정대리인의 동의없이 단독으로 취소할 수 있다.

(2) 착오·사기 또는 강박으로 의사표시를 한 자

(3) 취소권자의 법정대리인. 단 임의대리인이 취소하려면 본인으로부터 취소에 관한 수권(특별수권)이 필요하다.

(4) 승계인

> ⓔ 토지소유자 甲이 사기를 당하여 乙에게 매매한 후, 甲이 사망하였다면 그의 상속인 丙은 포괄승계인으로서 매매계약을 취소할 수 있다.

3 취소권 행사의 상대방

> **제142조 【취소의 상대방】** 취소할 수 있는 법률행위의 상대방이 확정한 경우에는 그 취소는 그 상대방에 대한 의사표시로 하여야 한다.

취소할 수 있는 법률행위의 상대방은 취소할 수 있는 의사표시가 행하여진 본래의 상대방으로 국한한다. 권리를 전득한 제3자가 취소의 상대방이 되는 것은 아니다.

예 미성년자 甲이 乙에게 매각한 부동산이 丙에게 전매된 경우에도 甲의 취소의 의사표시는 乙에게 하여야 하고 丙에게 하여서는 안 된다.

4 취소의 방법

(1) 취소권은 형성권이므로 그 행사는 일방적 의사표시에 의한다.

> **핵심 용어 Check**
>
> ◆ **청구권**
>   청구권이란 권리자가 의무자에 대하여 특정의 행위(작위. 부작위)를 청구할 수 있는 권리로서 권리의 실현을 위하여 의무자의 자발적 협력(의무의 이행)을 필요로 하는 권리를 말한다.
>
> ◆ **형성권**
>   권리자의 일방적인 의사에 의하여 법률관계를 변경(형성)시킬 수 있는 권리를 말한다.

(2) 이러한 취소의 의사표시는 특별한 방식을 요하지 않는다(불요식행위).

예 별도의 취소의사표시를 하지 않아도 소유권등기말소를 청구한 경우, 취소의 의사표시가 포함된 것으로 본다.

(3) **취소권의 단기소멸**(취소권을 행사할 수 있는 기간)

> **제146조 【취소권의 소멸】** 취소권은 추인할 수 있는 날로부터 3년 내에, 법률행위를 한 날로부터 10년 내에 행사하여야 한다.

취소권의 행사를 무제한으로 인정한다면 법률관계는 불안정한 상태로 지속될 수 밖에 없으므로 이러한 불안정한 상태를 신속히 확정하고 상대방이 불안정한 지위에서 벗어날 수 있도록 하기 위하여 취소권의 단기소멸기간을 규정하고 있다.

핵심 용어 Check

◆**추인할 수 있는 날**

취소원인이 소멸한 날을 의미한다.

📵 사기에 의해 의사표시한 경우, 사기당한 것을 안 날이 취소원인이 소멸한 날이다.

---

5 ▸ 취소의 효과

> **제141조【취소의 효과】** 취소된 법률행위는 처음부터 무효인 것으로 본다. 다만, 제한능력자는 그 행위로 인하여 받은 이익이 현존하는 한도에서 상환(償還)할 책임이 있다.
>
> **제748조【수익자의 반환범위】** ① 선의의 수익자는 그 받은 이익이 현존한 한도에서 전조의 책임이 있다.
>
> ② 악의의 수익자는 그 받은 이익에 이자를 붙여 반환하고 손해가 있으면 이를 배상하여야 한다.

(1) 소급효

① 취소한 법률행위는 처음부터 무효인 것으로 본다.

② 사기, 강박, 또는 착오의 사유로 취소한 경우 선의의 제3자에게는 대항할 수 없다.

(2) 부당이득반환의무

① 이행하기 전이면 이행할 필요없고, 이미 이행된 채무는 부당이득반환법리에 의해 반환해야 한다(제748조).

    ㉠ 선의의 수익자는 받은 이익이 현존하는 한도 내에서 반환하여야 한다.

    ㉡ 악의의 수익자는 그가 받은 이익과 이자 및 손해까지 이를 배상하여야 한다.

② 제한능력자에 대한 특칙(제114조 단서)

반환의무에 대하여 제한능력자를 보호하기 위해서 제한능력자는 그 행위로 인하여 받은 이익이 현존하는 한도에서 상환(償還)할 책임이 있다.

📵 피한정후견인 甲이 자신의 건물을 매도하고 받은 대금 2억원 중 1억원을 소비한 후, 매매계약이 취소된 경우, 甲은 1억원만 반환하면 된다.

6 추인의 의의

추인이란 취소할 수 있는 법률행위를 취소하지 않겠다는 의사표시 즉, 취소권의 포기를 말한다. 취소할 수 있는 행위는 추인에 의하여 확정적으로 유효한 행위가 되므로, 이후에는 더 이상 취소하여 무효로 할 수 없다.

예) 甲이 乙의 기망행위에 의해 X토지를 매도하고 소유권이전등기를 한 경우, 甲은 매매계약을 취소할 수도 있지만, 취소하지 않고 그 계약을 그대로 인정할 수도 있다. 이러한 것을 추인이라고 한다.

7 임의추인 요건

(1) 취소권자가 추인해야 한다. 따라서 추인권자는 취소권자와 동일하지만 언제나 그러한 것은 아니다.

(2) 취소의 원인이 종료한 후에 하여야 한다(제144조 제1항).

① 제한능력자는 능력자가 된 후, 사기는 기망당한 사실을 알고 난 후, 강박은 강박상태를 벗어난 후, 착오는 착오인 것을 알고 난 후 추인하여야 한다.

② 그러나 법정대리인이나 후견인은 취소원인 종료 전이라도 추인할 수 있다.

(3) 취소권자는 그 행위가 취소할 수 있는 것임을 알고 추인해야 한다.

8 추인의 효과

(1) 추인은 일방적 의사표시로 하며 추인이 있는 경우에는 더 이상 법률행위를 취소할 수 없고 유효한 것으로 확정된다.

(2) 그 법률행위는 그때부터 확정적으로 유효한 것으로 된다(제143조 제1항).

9 법정추인

(1) 의 의

법정추인이란 취소할 수 있는 법률행위에 관하여 추인이라고 볼 수 있는 일정한 사유가 있는 경우 취소권자의 추인의사의 유무를 묻지 않고 법률상 당연히 추인이 있었던 것으로 보는 것을 말한다(제145조).

> **예** 甲이 乙의 기망에 의해 자신의 X토지를 매매계약을 한 이후 기망당한 사실을 알게 되었다. 만약 甲이 매매계약을 취소할 의사가 있다면 乙에게 X토지의 소유권이전등기를 해 주지 않을 것이다. 그럼에도 불구하고 乙에게 소유권이전등기를 해주었다면 취소할 의사가 없이 매매계약을 추인한 것으로 법률이 인정하는 것이다.

(2) 법정추인사유

> **제145조 【법정추인】** 취소할 수 있는 법률행위에 관하여 전조의 규정에 의하여 추인할 수 있는 후에 다음 각 호의 사유가 있으면 추인한 것으로 본다. 그러나 이의를 보류한 때에는 그러하지 아니하다.
> 1. 전부나 일부의 이행
> 2. 이행의 청구
> 3. 경개
> 4. 담보의 제공
> 5. 취소할 수 있는 행위로 취득한 권리의 전부나 일부의 양도
> 6. 강제집행

(3) 효 과

추인한 것으로 간주되므로 추인과 마찬가지의 효과가 발생해 법률행위는 유효한 것으로 확정된다.

1 의 의

(1) 조건이란 법률행위의 '효력'발생 또는 소멸을 '장래의 불확정한 사실의 성취 여부'에 의존케 하는 법률행위의 부관이다.

> 예 '공인중개사 시험에 합격하면 차를 사 주겠다'고 한 경우, '공인중개사 시험합격'은 장래에 발생하는 불확실한 사실이며 이러한 것을 조건이라 한다.

(2) 조건은 법률효력의 발생 또는 소멸에 관한 것이지, 법률행위 성립에 관한 것은 아니다.

> 예 실제로 공인중개사 시험에 합격하면 자동차에 대한 권리가 발생하는 것이지 그 때 비로소 계약이 성립하는 것이 아니다.

2 종 류

(1) **정지조건**

법률행위의 효력발생을 장래의 발생이 불확실한 사실에 의존케 하는 조건을 말하며, 조건의 성취로 법률행위의 효력이 발생하는 경우를 말한다.

예를 들어 공인중개사 시험에 합격하면 자동차를 사준다고 약정하는 경우이다. 자동차를 사주는 '증여계약'에 '시험합격'이라는 불확실한 사실을 붙인 것으로, '정지조건부 증여계약'이라 한다.

(2) **해제조건**

법률행위의 효력의 '소멸'을 장래의 불확실한 사실의 성취여부에 의존하게 하는 조건이다. 조건의 성취로 이미 발생한 법률행위의 효력이 소멸하는 경우를 말한다.

예를 들어 乙이 甲소유의 X토지를 매수하면서, 추후에 '건축불허가가 나면 매매계약을 해제한다'라고 특약을 한 경우, 일단 매매계약의 효력은 발생하나 이후 건축불허가가 나면 매매계약은 무효가 되는 것이다. '건축불허가'는 유효인 매매계약의 효력을 소멸시키는 조건이 되므로, 해제조건이라고 한다. 매매계약을 하면서 '건축불허가'라는 불확실한 사실을 붙인 것으로 '해제조건부 매매계약'이 된다.

3 조건성취의 효력

> 제147조 【조건성취의 효과】 ① 정지조건있는 법률행위는 조건이 성취한 때로부터 그 효력이 생긴다.
> ② 해제조건 있는 법률행위는 조건이 성취한 때로부터 그 효력을 잃는다.
> ③ 당사자가 조건성취의 효력을 그 성취전에 소급하게 할 의사를 표시한 때에는 그 의사에 의한다.

(1) 비소급효

① 정지조건부 법률행위는 조건이 성취한 때부터 효력이 생기고(유효), 불성취로 확정되면 효력이 발생하지 않는다(무효).

② 해제조건부 법률행위는 조건이 성취한 때부터 효력을 잃고(무효), 불성취로 확정되면 효력은 잃지 않는다(유효).

(2) 약정에 의한 소급효

조건성취의 효력은 원칙적으로 소급하지 않는다. 다만 당사자의 특약으로 소급효를 인정할 수 있으나, 제3자의 권리를 해하지 못한다.

4 조건부 권리의 침해금지와 보호

(1) 조건부 권리의 침해금지

조건있는 법률행위의 당사자는 조건의 성부가 미정한 동안에 조건의 성취로 인하여 생길 상대방의 이익을 해하지 못한다(제148조).

(2) 조건부 권리의 처분 등

조건의 성취가 미정한 권리의무는 일반규정에 의하여 처분, 상속, 보존 또는 담보로 할 수 있다(제149조).

조건 성취 이전 또는 기한 도래 이전에는 법률효력이 확정되지 않았다고 하여 '미정'이라 한다.

5 가장조건

조건이 되는 사실이 외관상·형식상은 조건이지만 실질적으로는 조건으로서의 효력이 인정되지 못하는 경우의 조건을 가장조건이라고 하며 다음과 같은 조건이 있다.

(1) 법정조건

법률에 의하여 요구되는 요건 내지 사실을 갖추어야 하는 경우의 조건이며, 조건은 당사자가 임의로 부가한 것이어야 하므로 법정조건은 본래의 의미에서는 조건은 아니다.

예 유언에 있어서의 유언자의 사망, 입양에 있어서의 신고 등

(2) 불법조건

① 조건이 선량한 풍속 기타 사회질서에 반하는 경우에 이를 불법조건이라 한다.

　예 甲이 乙의 첩이 되어주면 아파트를 증여한다고 한 경우, '첩이 되어주면'이 불법조건이다.

② 불법조건이 붙으면 정지조건이든 해제조건이든 그 법률행위는 조건 뿐만 아니라 전부가 무효이다.

(3) 기성조건

① 법률행위 성립 당시에 이미 조건이 확정되어 있는 경우를 기성조건이라 한다. 즉 과거 사실을 기성조건이라 한다.

　예 甲이 乙에게 '오늘 눈이 오면 100만원을 준다'라고 약정을 하였는데, 그 약정 당시 이미 눈이 와버린 경우

② 조건은 법률행위 성립시를 기준으로 그 이후(장래)에 발생하는 사실을 전제로 하는 것이므로, 법률행위 당시 이미 성립한 과거의 사실은 조건이 될 수 없다.

③ 기성조건이 정지조건이면 조건 없는 법률행위로 되고, 해제조건이면 무효가 된다(제151조 제2항).

　　• **조건 없는 법률행위**: 유효인 법률행위를 의미한다.

(4) 불능조건

① 객관적으로 실현불가능한 사실을 내용으로 하는 조건을 불능조건이라고 한다. 즉 법률행위 성립당시 성취할 수 없는 조건을 의미한다.

　예 甲이 乙에게 '해가 서쪽에서 뜨면 자동차를 사준다'라고 약정을 하였을 때, '해가 서쪽에서 뜨는 것'은 불가능한 사실이다.

② 불능조건이 정지조건이면 무효이나, 해제조건이면 조건 없는 법률행위가 된다(제151조 제3항).

16 기 한

1. 기한의 의의

기한이라 함은 법률행위의 효력의 발생 또는 소멸을 장래발생이 확실한 사실의 성부에 의존케 하는 부관을 말한다.

2. 기한의 종류

(1) 시기 · 종기

① **시기**: 시기라 함은 기한의 도래로 효력이 발생하는 기한이다.
> **예** '10월 1일부터 임대한다'고 하는 것과 같다.

② **종기**: 이에 반하여 종기는 기한의 도래로 효력이 소멸하는 기한이다.
> **예** '12월 31일까지 임대한다'고 하는 것과 같다.

(2) 확정기한 · 불확정기한

① **확정기한**: '8월 1일부터 임대차 한다'와 같이 발생시기가 확정되어 있는 기한이다.

② **불확정기한**: 이에 반하여 '甲이 사망할 때 돈을 지급하겠다'와 같이 발생시기가 확정되지 않은 기한을 불확정기한이라 한다.

3. 기한부 법률행위의 효력

> **제152조【기한도래의 효과】** ① 시기 있는 법률행위는 기한이 도래한 때로부터 그 효력이 생긴다.
> ② 종기 있는 법률행위는 기한이 도래한 때로부터 그 효력을 잃는다.
>
> **제154조【기한부권리와 준용규정】** 제148조와 제149조의 규정은 기한 있는 법률행위에 준용한다.

4. 기한의 이익

> **제153조【기한의 이익과 그 포기】** ① 기한은 채무자의 이익을 위한 것으로 추정한다.
> ② 기한의 이익은 이를 포기할 수 있다. 그러나 상대방의 이익을 해하지 못한다.

1 물권의 의의

(1) 의 의

특정·독립·현존하는 물건을 직접 지배하여 그 물건으로부터 나오는 이익을 배타적으로 향유할 수 있는 권리를 물권이라 한다.

(2) 물권의 성질

① **지배성**: 물권은 그 목적물을 직접 지배하는 권리이다.

② **절대성**: 물권은 누구에게나 주장할 수 있는 절대권이다.

③ **배타성**: 물권은 물건에 대한 직접적인 지배를 그 내용으로 하므로, 하나의 물건에 대하여 어떤 자의 지배가 성립하면, 그 물적 이익에 관하여는 다른 사람의 지배를 인정할 수 없는 성질을 가진다.

④ **양도성**: 물권은 거래의 객체가 되므로 양도성을 본질로 한다.

> **예** 甲이 X토지를 乙로부터 매수하여 소유자라면 X토지가 자신의 소유라는 것을 乙에게만 주장할 수 있는 것이 아니라 대한민국 모든 사람에게 주장할 수 있고(절대성), 타인이 이 X토지를 허락없이 사용하거나 점유하면 사용하지 못하게 방해배제할 수 있고(배타성), 甲 마음대로 X토지를 사용·수익할 수 있고(지배성), 타인의 동의없이 자유롭게 처분도 할 수 있다(양도성).

(3) 물권의 객체

물권의 객체는 물건인 것이 원칙이지만, 지상권·전세권을 저당권의 목적으로 하는 것(제371조)과 같이 예외적으로 권리도 물권의 객체가 될 수 있다.

① 물건이라 함은 유체물 및 전기 기타 관리할 수 있는 자연력을 의미한다(제98조). 물건은 현존하고 특정된 것으로서 독립된 것이어야 한다.

② **부동산**: 토지 및 그 정착물을 의미한다(제99조 제1항).

③ **동산**: 부동산 이외의 물건은 모두 동산이다(제99조 제2항).

④ **주물(主物)과 종물(從物)**

ㄱ 의의: 주된 물건의 일상적인 사용에 도움을 주는 물건을 종물이라 한다.

> **예** TV와 리모컨의 경우 TV가 주물이고 리모컨이 종물이다. 건물을 위한 토지임차권의 경우 건물이 주된 권리이고 임차권이 종된 권리이다.

ⓛ 주물과 종물의 구별의 실익 : 종물은 주물의 처분에 따른다는 것이다(부종성).

ⓒ 주물과 종물의 구별은 주된 권리와 종된 권리에도 적용한다.

⑤ **원물(元物)과 과실(果實)**

ⓐ 의의 : 물건에서 생기는 경제적 수익을 과실이라 하고 과실을 생기게 하는 물건을 원물이라 한다.

ⓒ 과실의 종류 : 과실에는 천연과실과 법정과실이 있다.

　ⓐ 천연과실 : 천연과실이란 물건의 용법에 따라 수취하는 산출물을 말한다.

　　예 사과나무의 사과

　ⓑ 법정과실 : 법정과실이란 원물의 사용대가로 별도로 지급하는 금전 기타 물건을 말한다.

　　예 임대차의 경우 차임, 돈을 빌린 경우 이자 등

2 일물일권주의

일물일권주의로부터 1개의 물건의 전부 위에 1개의 물권이 성립하므로, 1개의 물권의 일부분에는 독립한 물권이 존재할 수 없고 수 개의 물건 전체 위에 1개의 물권이 성립할 수 없다는 원칙이 파생된다.

3 물권법정주의

> **제185조 【물권의 종류】** 물권은 법률 또는 관습법에 의하는 외에는 임의로 창설하지 못한다.

(1) 의 의

민법 제185조는 '물권은 법률 또는 관습법에 의하는 외에는 임의로 창설하지 못한다'고 규정하여 물권의 종류와 내용을 법률 또는 관습법에 의해서만 인정한다. 또한 당사자가 임의로 물권을 창설하지 못하게 하고 있으며, 물권법정주의를 선언하고 있다.

만일 이와 다른 물권의 종류나 내용을 당사자가 창설할 경우, 무효로 한다(강행규정).

📑 **핵심** 용어 **Check**

◆ **사적자치의 원칙**

개인이 자신의 법률관계를 그의 자유로운 의사에 의하여 규율할 수 있는 원칙을 말한다. 이러한 원칙은 계약에서 가장 두드러지게 나타나므로 계약자유의 원칙이라고 하며, 계약은 법률행위 가운데 가장 중요한 것이므로 법률행위자유의 원칙이라고 부르기도 한다.

◆ **계약자유의 원칙**

계약에 대하여 체결, 상대방 선택, 내용결정, 방식을 계약하는 자가 자유로이 결정할 수 있다는 원칙을 말한다.

◆ **관습법**

사회에서 자연적으로 발생한 관행이 일반적으로 인정된 법적 확신에 의하여 법규범으로 승격된 것으로 법원의 판결로 확인된 것을 말한다.

(2) 물권의 종류

① **민법이 인정하는 물권(8)**

㉠ 점유권(占有權)과 본권(本權)

ⓐ 점유권: 물건에 대한 사실적 지배에 기인하여 인정되는 권리로서 법률상의 권원(權原)의 유무를 묻지 아니하고 물건을 사실상 지배하고 있는 상태 그 자체를 보호하는 것을 목적으로 하는 물권이다.

ⓑ 본권: 물건의 지배(점유)를 정당화시켜주는 실질적인 권리이다. 본권을 점유할 수 있는 권리 또는 점유할 권리라고도 한다.

㉡ 소유권(所有權)과 제한물권(制限物權)

ⓐ 소유권: 물건의 사용가치와 교환가치를 전면적으로 지배할 수 있는 권리

ⓑ 제한물권: 물건의 사용가치나 교환가치에 대해서만 제한적으로 지배할 수 있는 권리이다.

㉢ 용익물권(用益物權)과 담보물권(擔保物權)

ⓐ 용익물권: 물건의 사용가치만을 지배하는 권리(지상권·지역권·전세권)

ⓑ 담보물권: 교환가치만을 지배하는 권리(유치권·질권·저당권)

② **특별법이 인정하는 물권**: 공장저당권·가등기담보권 등이 있고, 그 밖에도 광업권·조광권·어업권 등의 특수한 물권적 권리가 있다.

③ **관습법이 인정하는 물권 관습법상의 물권**: 분묘기지권과 법정지상권이 있다.

• **관습법상 물권으로 인정되지 않는 것**: 온천권, 공원이용권, 사도통행권

18 물권의 효력(물권적 청구권)

1 의 의

물권의 내용의 완전한 실현이 어떤 사정으로 말미암아 침해 내지 방해당하거나 침해 내지 방해당할 염려가 있는 경우에 물권자가 방해상태의 지배자에 대하여 목적물의 반환 및 그 방해제거 또는 예방에 필요한 행위를 청구할 수 있는 권리를 물권적 청구권이라 한다.

2 물권적 청구권의 특성

(1) 물권에 의존하는 권리이므로 언제나 물권과 그 운명을 같이 한다. 즉 물권의 이전소멸이 있으면 물권적 청구권도 그에 따라 함께 이전하고 소멸한다. 따라서 물권과 분리하여 물권적 청구권만을 양도하지는 못한다.

> **예** 매매를 원인으로 소유권이전등기를 경료해 준 자, 전소유자는 소유권이 없으므로 불법점유자에 대해 소유권에 기한 물권적 청구권을 행사하지 못한다.

(2) 침해자의 고의 또는 과실은 요건이 아니다.

> **예** 태풍으로 乙소유의 나무가 甲의 마당에 넘어진 경우, 乙의 귀책사유가 없지만, 甲은 乙을 상대로 나무를 치워달라는 말을 할 수 있다. 즉 소유권에 기한 방해제거청구권을 행사할 수 있다.

3 종 류

(1) 근거되는 물권에 따른 분류

민법은 물권적 청구권을 본권에 기한 물권적 청구권과 점유권 기초한 물권적 청구권(점유보호청구권)으로 나누며, 본권에 기한 물권적 청구권은 소유권에 규정하며(제213조와 제214조) 이를 다른 본권에 준용하는 형식을 취하고 있으며, 점유보호청구권은 별도의 규정(제204조, 제205조, 제206조)을 두고 있다.

(2) 물권적 반환청구권

① 권원없는 자가 목적물을 점유하여 물권의 완전한 실현을 방해하는 경우에 물권자가 그 인도를 청구할 수 있는 물권적 청구권이다.

② 목적물의 점유를 **빼앗긴** 경우에 인정되는 물권적 청구권을 말한다.

③ 점유를 하지 않는 물권의 경우 반환청구권이 인정되지 않는다. 민법상 점유하지 않는 물권은 지역권과 저당권이 있다.

(3) 물권적 방해제거청구권

점유 침탈 이외의 방법으로 물권자가 물권의 행사를 방해당하고 있는 경우에 인정되는 물권적 청구권을 말한다.

🔵 甲소유의 토지 위에 乙이 무단으로 불법건축물 건축한 경우, 甲이 이에 대해 철거청구하거나, 甲소유의 토지를 乙이 서류를 위조하면 무단으로 이전등기한 경우, 무효등기의 말소청구가 이에 해당한다.

(4) 물권적 방해예방청구권

① 물권자가 물권의 행사를 방해당할 염려가 있는 경우에 인정되는 물권적 청구권이다.

② 이 경우 현재 물권이 침해된 것이 아니므로 방해예방청구와 손해배상담보청구를 동시에 할 수 있는 것이 아니라 선택하여 행사할 수 있다.

🔵 이웃집 건축공사로 주택의 파손위험이 있는 경우, 그 예방을 위한 조치나 손해배상담보를 청구할 수 있는 권리이다.

4 물권적 청구권의 행사

(1) 행사의 주체(청구권자)

청구권자는 현재의 물권자이고, 다만 물권이 이전하면 그 청구권도 이전한다.

🔵 甲소유 토지 위에 乙이 무단으로 건물을 건축한 경우, 甲이 乙을 상대로 철거청구를 하던 중 토지를 丙에게 매매하여 소유권을 이전한 경우, 甲은 乙을 상대로 건물을 철거청구할 수 없다.

(2) 행사의 상대방

행사의 상대방은 그 물건의 현재의 점유자로서 침탈행위를 한 자는 물론 방해의 사실을 현재 자기 지배 내에 두고 있는 자도 그 상대방이 된다.

🔵 甲소유 토지 위에 乙이 무단으로 건물을 건축한 후 丙에게 매매하여 丙이 점유하는 경우, 甲은 丙을 상대로 건물을 철거청구할 수 있을 뿐이지, 과거의 침해인 乙을 상대로 철거청구할 수 없다.

19 부동산물권변동 원인

1 법률행위로 인한 부동산물권변동

> **제186조 【부동산물권변동의 효력】** 부동산에 관한 법률행위로 인한 물권의 득실변경은 등기하여야 그 효력이 생긴다.

(1) 부동산에 관한 법률행위에 의한 물권의 득실·변경은 등기하여야 그 효력이 생긴다.

(2) 따라서 법률행위에 의한 부동산물권변동은 물권행위를 하고 등기를 갖추었을 때 비로소 효력이 발생한다.

> **예** 甲소유의 토지를 乙이 매수하여 매매매금을 완납한 경우라도 乙명의로 소유권이전등기를 하지 않으면 乙은 소유권을 취득하지 못하므로, 乙은 자신의 명의로 소유권이전등기를 하여야 소유권을 취득한다.

(3) 등기를 필요로 하는 권리는 소유권, 지상권, 지역권, 전세권, 저당권 등 제한물권의 취득이다.

(4) 점유권과 유치권을 현재 점유를 하고 있다는 사실에 기하여 그것이 계속되는 동안만 인정되는 권리이므로 등기에 의해 공시할 필요가 없는 물권이다.

2 법률의 규정에 의한 부동산물권변동

> **제187조 【등기를 요하지 아니하는 부동산물권취득】** 상속, 공용징수, 판결, 경매 기타 법률의 규정에 의한 부동산에 관한 물권의 취득은 등기를 요하지 아니한다. 그러나 등기를 하지 아니하면 이를 처분하지 못한다.

(1) 당사자의 의사에 의하지 않고 물권변동이 생기는 모든 경우를 말하는 것으로 보통 법률규정에 의한 물권변동이라고 부른다.

> **예** 甲이 건물을 신축하여 새로운 소유권을 취득하거나, 상속에 의하여 물권을 취득하는 것을 말한다.

⑵ 상속, 공용징수, 판결, 경매 기타 법률의 규정에 의한 부동산에 관한 물권의 취득은 등기를 요하지 아니한다고 규정함으로써 등기를 하여야 부동산물권변동이 생긴다는 민법 제186조의 원칙의 예외를 규정하고 있다.

① **상속** : 피상속인의 사망시에 부동산물권이 상속인에게 이전된다. 이는 상속 뿐만 아니라 포괄유증 등 포괄승계에 의한 부동산물권취득인 경우에도 마찬가지로 등기를 요하지 않는다.

② **공용징수** : 공용징수는 수용에 해당하는 것으로, 수용보상금을 지급하면 등기없이 소유권이 이전한다.

③ **판결** : 이행판결, 확인판결, 형성판결 중 등기를 요하지 않는 판결은 형성판결만을 말한다. 공유물분할판결이 이에 해당한다.

④ **경매** : 경락대금을 완납하면 경락인(매수인)은 소유권이전등기를 하지 않아도 목적 부동산의 소유권을 취득한다.

⑤ **기타 법률규정** : 신축건물의 소유권취득, 목적물의 멸실로 인한 물권의 소멸, 법정지상권의 취득, 관습법상 법정지상권의 취득, 법률행위의 무효·취소·해제에 의한 물권의 복귀 등은 등기를 요하지 않는다.

⑶ 제187조에 의하여 등기없이 취득한 물권을 처분하려면 먼저 자기 앞으로 그 물권에 관한 등기를 한 후에 처분에 관한 등기를 하여야 한다.

> 예 甲으로부터 乙이 X건물을 상속받을 때는 甲이 사망하면 乙명의로 소유권이전등기 없이도 소유권을 취득하지만, 이를 타인에게 처분할 경우에는 자신 명의로 상속등기한 후 처분할 수 있다.

⑷ **법률의 규정에 의한 부동산물권변동의 예외**

점유취득시효에 의한 소유권취득은 법률규정에 의한 물권변동이지만 등기함으로써 그 소유권을 취득한다(제245조).

1 의 의

(1) 점유란 사회관념상 물건이 어떤 사람의 사실적 지배에 있다고 보이는 객관적인 관계를 말한다. 즉 물건에 대한 사실상의 지배를 인정함으로써 인정되는 권리이며, 정당한 권리(본권) 유무에 상관없이 사실상태만으로 인정되는 권리이다.

(2) 점유자가 물건에 대한 사실상의 지배를 상실하면 점유권도 소멸한다.

(3) 그러나 점유권에 기한 반환청구를 통해 점유를 회수한 때에는 소멸하지 않는다.

2 본권과 점유권

(1) 본 권

점유할 수 있는 권리 즉 법률상 점유하는 것을 정당하게 하는 권리(소유권, 지상권, 임차권, 유치권 등)를 말한다.

(2) 점유권

물건에 대한 사실상의 지배를 함으로써 인정되는 권리를 말한다. 이는 본권 유무에 상관없이 인정된다.

> 예 甲의 물건을 乙이 절도한 경우, 乙에게 정당한 권리(본권)는 없지만, 그 물건에 대한 점유권은 인정된다.

(3) 본권과 점유권의 관계

도둑은 점유권은 있지만 본권은 없고, 도난을 당한 자는 본권은 있지만 점유권은 없게 된다.

1 간접점유

> **제194조【간접점유】** 지상권, 전세권, 질권, 사용대차, 임대차, 임치 기타의 관계로 타인으로 하여금 물건을 점유하게 한 자는 간접으로 점유권이 있다.

(1) 의 의

점유자와 물건 사이에 타인이 개재하여 그 타인의 점유에 의하여 매개되어서 점유하는 것이 간접점유이고, 타인의 매개없이 물건을 직접점유하는 것이 직접점유이다.

예 임대차계약에서 임대인의 점유는 간접점유이고 임차인의 점유는 직접점유이다.

(2) 점유매개관계

간접점유를 성립하게 하는 관계를 의미하는 것으로, 반드시 유효할 필요도 없으며 중첩적으로 존재할 수도 있다.

예 전대차

(3) 간접점유의 효과

① 간접점유자도 점유권을 가지므로 점유에 관한 규정을 준용한다.

　㉠ 간접점유자도 점유보호청구권의 주체가 될 수 있고, 상대방도 될 수 있다.

　㉡ 간접점유자도 점유취득시효 할 수 있다.

② 점유자가 점유의 침탈을 당한 경우에 간접점유자는 그 물건을 점유자에게 반환할 것을 청구할 수 있고 점유자가 그 물건의 반환을 받을 수 없거나 이를 원하지 아니하는 때에는 자기에게 반환할 것을 청구할 수 있다(제207조).

2 점유보조자

> 제195조 【점유보조자】 가사상, 영업상 기타 유사한 관계에 의하여 타인의 지시를 받아 물건에 대한 사실상의 지배를 하는 때에는 그 타인만을 점유자로 한다.

(1) 어떤 자가 물건을 사실상 지배하고 있더라도 그 지배가 타인의 지시를 받아서 하는 경우라면 점유자가 되지 못하고, 지시를 내리는 점유주만이 법률상 점유자로 되는 경우가 있다. 이때에 지시를 받은 자를 점유보조자라고 한다. 점유보조자란 단지 타인을 위한 소지의 기관으로서 사실상 소지를 하는 것으로 인정되는 자를 말한다.

(2) 점유보조자는 점유자로서의 지위가 인정되지 않는다. 다만 자력구제권은 인정된다.

> 예 가게 종업원의 지배가 점유보조자에 해당한다. 이 경우 가게 주인(점유주)의 점유가 인정될 뿐이다.

3 상속인의 점유

> 제193조 【상속으로 인한 점유권의 이전】 점유권은 상속인에 이전한다.

(1) 피상속인의 사망으로 상속이 개시되면, 피상속인이 점유하고 있던 물건은 사실상의 지배가 없어도 당연히 상속인의 점유가 된다.

(2) 이 경우 상속인이 상속사실을 알 것을 요하지 않는다.

(3) 피상속인의 점유의 성질과 하자를 그대로 승계한다.

> 예 피상속인의 점유가 타주점유이면 상속인이 그러한 사실을 몰랐더라도 타주점유가 된다.

1 자주점유와 타주점유

(I) 의 의

① 자주점유는 소유의 의사를 가지고 하는 점유이며, 타주점유란 소유의 의사없이 점유하는 것을 말한다. 특히 타주점유는 타인이 소유권을 가지고 있다는 것을 전제로 하는 점유이다.

② 그러나 이 경우 주의할 것은 소유권이 있어야 자주점유가 되는 것이 아니라, 소유권이 없더라도 자주점유가 인정된다는 것이다.

> 예 甲소유 물건을 乙이 절취하여 점유한다면 乙은 소유권은 없지만 자기 소유로 하려는 의사로 점유하였으므로 자주점유에 해당한다.

(2) 자주점유와 타주점유의 구별기준

점유자의 점유가 자주점유인지, 타주점유인지의 여부는 점유자의 내심의 의사(주관적)를 기준으로 하는 것이 아니라 점유취득의 원인이 된 권원의 성질이나 점유와 관계가 있는 모든 사정에 의하여 외형적·객관적으로 결정되어야 한다(대판 95다28625).

> 예 점유의 원인이 매매, 교환, 증여인 경우에는 자주점유이고 임대차, 전세권설정계약, 분묘기지권, 명의수탁인 경우에는 타주점유가 된다.

(3) 점유의 전환

① **자주점유의 타주점유로의 전환**

부동산을 타인에게 매도하여 그 인도의무를 부담하는 매도인의 점유는 특별한 사정이 없는 한 타주점유로 변경된다(대판 2004다27273). 부동산매매계약이 해제된 경우 매수인의 점유는 타주점유가 된다.

② **타주점유의 자주점유로의 전환**

㉠ 타주점유가 자주점유로 전환되려면 새로운 권원이 있거나 자기에게 점유시킨 자에게 소유의 의사가 있음을 표시하여야 한다.

> 예 甲소유의 건물에 임대차를 통해 점유하던 乙이 甲소유의 건물을 매수하면, 타주점유가 자주점유로 전환된다.

ⓛ 타주점유를 상속하여 점유권을 취득한 경우, 상속인의 점유는 타주점유에 해당한다. 따라서 상속은 새로운 권원이 되지 못한다.

ⓒ 그러나 상속인이 새로운 권원에 의하여 점유를 개시한 경우에는 자주점유로 전환된다.

> **예** 甲소유의 건물에 임차하여 점유하던 乙이 사망하고 丙이 상속을 받은 경우, 丙도 여전히 타주점유이다. 그러나 丙이 새로운 권원에 해당하는 매매계약을 통해 건물을 매수하여 점유하면 자주점유로 전환된다.

(4) 우리 민법 제197조 제1항은 '점유자는 소유의 의사로 선의, 평온 및 공연하게 점유한 것으로 추정한다'고 규정하고 있어 점유자는 일단 자주점유자로 추정된다.

2 선의점유와 악의점유

(1) 선의점유란 본권이 없는데도 본권이 있다고 오신하여 하는 점유이고, 악의점유란 본권이 없음을 알면서 또는 본권의 유무에 의심을 품으면서 하는 점유이다.

> **예** 타인의 우산임을 모르고 자신의 것이라 믿고서 점유하는 것을 선의의 점유라 하고, 우산이 타인소유임을 알면서 점유하면 악의의 점유에 해당한다.

(2) 점유자는 선의로 점유한 것으로 추정된다. 그러나 선의의 점유자가 본권에 관한 소에 패소하면 그 소가 제기된 때로부터 악의의 점유자로 본다(제197조 제2항).

1 점유의 추정적 효력

(1) 자주, 선의, 평온, 공연한 점유 추정

> **제197조 【점유의 태양】** ① 점유자는 소유의 의사로 선의, 평온 및 공연하게 점유한 것으로 추정한다.
> ② 선의의 점유자라도 본권에 관한 소에 패소한 때에는 그 소가 제기된 때로부터 악의의 점유자로 본다.

① 점유자의 점유 형태를 알 수 없다면 '점유자는 소유의 의사로 선의, 평온 및 공연하게 점유한 것으로 추정한다'고 규정하고 있다(제197조 제1항).

추정(법률이 인정)되는 사실은 점유자가 자주점유, 선의의 점유, 평온한 점유, 공연한 점유임을 입증할 책임이 없다.

② 그러나 무과실 점유는 추정되지 않으므로, 과실없이 점유했다는 사실을 점유자 스스로가 입증하여야 한다.

③ 선의의 점유자라도 본권에 관한 소에 패소한 때에는 점유개시 시점이나 패소판결 확정시점이 아닌 그 소가 제기된 때로부터 악의의 점유자로 본다(제197조 제2항).

◁ 본권의 소 : 본권있는 자(소유자)가 점유자를 상대로 제기한 소송을 말한다.

(2) 점유계속의 추정

> **제198조 【점유계속의 추정】** 전후양시에 점유한 사실이 있는 때에는 그 점유는 계속한 것으로 추정한다.
>
> **제199조 【점유의 승계의 주장과 그 효과】** ① 점유자의 승계인은 자기의 점유만을 주장하거나 자기의 점유와 전점유자의 점유를 아울러 주장할 수 있다.
> ② 전점유자의 점유를 아울러 주장하는 경우에는 그 하자도 계승한다.

예 乙이 X토지를 2000년 11월 10일에 점유한 사실과 2020년 11월 10일에 점유한 사실이 있으면 점유는 2000년 11월 10일부터 2020년 11월 10일까지 계속된 것으로 인정하여 주는 것이다.

점유자가 동일할 필요는 없고 점유자가 다른 경우에도 점유의 승계가 인정되면 점유는 계속된 것으로 추정한다.

⑶ 권리의 적법추정

> **제200조【권리의 적법의 추정】** 점유자가 점유물에 대하여 행사하는 권리는 적법하게 보유한 것으로 추정한다.

① 점유자가 점유물에 대하여 행사하는 권리는 적법하게 보유한 것으로 추정된다.

② 여기에서의 물건에는 동산만 해당한다.

③ 왜냐하면 부동산의 경우에는 등기를 권리의 표상으로 삼기 때문에 점유하는 것만으로 소유자로 추정되는 것이 아니라, 그 사람의 명의로 등기되어 있는 경우에 적법한 권리자로 추정된다.

> **예** 주택을 乙이 점유하고 있고, 등기는 甲명의로 된 경우, 점유하는 乙을 소유자로 인정하는 것이 아니라 甲을 소유자로 인정한다.

핵심 용어 **Check**

◆ **추 정**
불명확한 사실을 일단 존재하는 것으로 정하여 법률효과를 발생시키는 것을 말한다. 법률이 인정한다는 의미이다. 추정되는 것은 당사자가 증명하지 않아도 된다.

◆ **간 주**
성질이 상이한 것을 어느 일정한 법률관계에 관하여 동일한 것으로 하여 동일한 법률효과를 생기게 하는 것이다. 이른바 법률에 의한 의제로서 민법은 "으로 본다"고 표현한다. 추정보다 확정적 의미를 가지는 것이 '간주'이다.

2 ▸ 점유보호청구권

⑴ 점유물반환청구권(점유회수청구권)(제204조)

> **제204조【점유의 회수】** ① 점유자가 점유의 침탈을 당한 때에는 그 물건의 반환 및 손해의 배상을 청구할 수 있다.
> ② 전항의 청구권은 침탈자의 특별승계인에 대하여는 행사하지 못한다. 그러나 승계인이 악의인 때에는 그러하지 아니하다.
> ③ 제1항의 청구권은 침탈을 당한 날로부터 1년 내에 행사하여야 한다.

① 점유자가 점유를 침탈당한 때에는 그 물건의 반환 및 손해의 배상을 청구할 수 있다(제204조 제1항).

② 점유물반환청구권은 침탈자의 선의의 특별승계인에 대하여는 행사하지 못한다(제204조 제2항).

(2) 점유물방해제거청구권(제205조)

> **제205조【점유의 보유】** ① 점유자가 점유의 방해를 받은 때에는 그 방해의 제거 및 손해의 배상을 청구할 수 있다.
> ② 전항의 청구권은 방해가 종료한 날로부터 1년 내에 행사하여야 한다.
> ③ 공사로 인하여 점유의 방해를 받은 경우에는 공사착수후 1년을 경과하거나 그 공사가 완성한 때에는 방해의 제거를 청구하지 못한다.

(3) 점유물방해예방청구권(제206조)

> **제206조【점유의 보전】** ① 점유자가 점유의 방해를 받을 염려가 있는 때에는 그 방해의 예방 또는 손해배상의 담보를 청구할 수 있다.
> ② 공사로 인하여 점유의 방해를 받을 염려가 있는 경우에는 전조 제3항의 규정을 준용한다.

3 점유자와 회복자의 관계

甲소유의 물건을 乙이 매매계약을 하여 소유권이전등기한 후 3개월을 점유사용하였다. 그러나 그 매매계약이 무효인 것이 밝혀진 경우, 乙은 점유개시당시부터 본권없이 점유한 것에 해당한다. 이 경우 본권없이 점유한 점유자 乙과 회복자 甲 사이에 발생하는 법률관계를 점유자와 회복자의 관계라고 한다.

(1) 선의점유자의 과실취득

> **제201조【점유자와 과실】** ① 선의의 점유자는 점유물의 과실을 취득한다.
> ② 악의의 점유자는 수취한 과실을 반환하여야 하며 소비하였거나 과실로 인하여 훼손 또는 수취하지 못한 경우에는 그 과실의 대가를 보상하여야 한다.
> ③ 전항의 규정은 폭력 또는 은비에 의한 점유자에 준용한다.

① 선의의 점유자는 점유물로부터 생긴 과실을 수취할 수 있다(제201조 제1항). 따라서 선의의 점유자는 물건의 점유사용으로 인한 이득을 그 타인에게 부당이득으로 반환할 의무가 없다(대판 86다카1996).

② 악의의 점유자는 수취한 과실을 반환하여야 하며, 소비하였거나 과실(잘못으로)로 인하여 과실을 훼손 또는 수취하지 못한 경우에는 그 대가를 보상하여야 한다(제201조 제2항). 악의의 수익자가 반환하여야 할 범위는 받은 이익에 이자 그리고 이행지체로 인한 지연손해금도 반환하여야 한다.

③ 폭력 또는 은비에 의한 점유자도 악의의 점유자와 마찬가지로 과실수취권이 부정된다 (제201조 제3항).

(2) 점유자의 회복자에 대한 점유물멸실훼손책임

> **제202조【점유자의 회복자에 대한 책임】** 점유물이 점유자의 책임있는 사유로 인하여 멸실 또는 훼손한 때에는 악의의 점유자는 그 손해의 전부를 배상하여야 하며 선의의 점유자는 이익이 현존하는 한도에서 배상하여야 한다. 소유의 의사가 없는 점유자는 선의인 경우에도 손해의 전부를 배상하여야 한다.

① 점유물이 점유자의 책임있는 사유로 멸실훼손된 경우 선의이면서 자주점유자는 현존이익배상책임을 진다.

> **예** 사례에서 乙은 매수자이므로 자신의 것이라 오신한 점유자에 해당한다. 따라서 乙의 귀책으로 점유물이 멸실되어도 현존이익배상책임만 인정된다.

② 선의이지만 타주점유, 악의의 점유는 전손해배상책임을 진다.

> **예** 임차인(타주)이라 오신(선의)한 자는 전손해배상을 하여야 한다.

(3) 점유자의 비용상환청구권

> **제203조【점유지의 상환청구권】** ① 점유지가 점유물을 반환할 때에는 회복자에 대하여 점유물을 보존하기 위하여 지출한 금액 기타 필요비의 상환을 청구할 수 있다. 그러나 점유자가 과실을 취득한 경우에는 통상의 필요비는 청구하지 못한다.
> ② 점유자가 점유물을 개량하기 위하여 지출한 금액 기타 유익비에 관하여는 그 가액의 증가가 현존한 경우에 한하여 회복자의 선택에 좇아 그 지출금액이나 증가액의 상환을 청구할 수 있다.
> ③ 전항의 경우에 법원은 회복자의 청구에 의하여 상당한 상환기간을 허여할 수 있다.

① 점유자는 선의·악의 상관없이 점유물에 지출한 비용상환청구권을 갖는다.

② **필요비상환청구권**

　㉠ 의의 : 필요비란 물건의 보존과 유지 및 관리에 필요한 비용이다. 보존비라고도 한다.

> **예** 甲의 건물을 임차한 乙이 甲의 건물을 수리하기 위해 지출하는 비용을 필요비라 한다.

　㉡ 종류 : 통상의 필요비와 특별필요비가 있다.

　　ⓐ 통상필요비 : 보존비, 노후된 가옥의 수선유지비, 공조공과(세금) 등을 말한다.

　　ⓑ 특별필요비 : 태풍으로 파손된 가옥의 수선비 등을 말한다.

　㉢ 점유자는 점유물에 관하여 지출한 보존비 기타의 필요비(수선비·사육비·공조공과)를 청구할 수 있다.

　　ⓔ 단, 점유자가 과실을 취득한 경우(목적물을 이용한 경우 포함)에는 통상의 필요비는
　　　 청구하지 못한다(제203조).

　　ⓜ 기계의 점유자가 기계장치를 계속 사용함에 따라 마모되거나 손상된 부품을 교체하
　　　 거나 수리하는 데에 소요된 비용은 통상의 필요비에 해당하고, 그러한 통상의 필요
　　　 비는 점유자가 과실을 취득하면 회복자로부터 그 상환을 청구할 수 없다(대판 95다
　　　 41161).

③ **유익비상환청구권**

　　㉠ 유익비란 물건의 가치를 증가시키는 데 도움이 되는 비용을 말하며, 개량비라고도
　　　 한다.

　　　　예 가옥을 증축함으로써 그 건물의 가치 자체가 증가되는 비용을 말한다.

　　㉡ 점유자가 점유물을 개량하기 위하여 지출한 금액 기타 유익비에 관하여는 그 가액
　　　 의 증가가 현존한 경우에 한하여 회복자의 선택에 좇아 그 지출금액이나 증가액의
　　　 상환을 청구할 수 있다. 따라서 가액의 증가가 없다면 유익비상환청구는 인정되지
　　　 않는다.

　　㉢ 유익비는 법원이 회복자의 청구에 의하여 상당한 상환기간을 허여할 수 있다. 상환
　　　 기간 허여란 상환기간을 연장해준다는 의미이다. 민법상 상환기간이 허여되는 것은
　　　 유익비에 한하며 필요비는 상환기간이 허여되지 않는다.

2 과목

1 소유권의 의의와 내용

> 제211조 【소유권의 내용】 소유자는 법률의 범위 내에서 그 소유물을 사용, 수익, 처분할 권리가 있다.

(1) 소유권이란 특정한 물건을 직접적·배타적·전면적으로 사용·수익·처분할 수 있는 권리를 말한다.

(2) 그 객체는 물건에 한하며, 권리는 소유할 수 없다(물권법정주의).

(3) 용익물권이 물건의 사용가치를 지배하고, 담보물권이 교환가치를 지배하는 데 반해 소유권은 물건을 전면적으로 지배한다. 즉 사용·수익, 처분할 수 있다.

2 소유권의 한계

토지소유권은 정당한 이익이 있는 범위(지배가능한 범위) 내에서 토지 상하에 미친다.

3 소유권의 제한

법률이 정하는 범위 내에서 사용·수익·처분할 수 있다. 예를 들어 일명 그린벨트라는 개발행위제한구역 내의 토지는 사유재산이라도 임의로 증축 등을 할 수가 없고, 토지거래허가지역 내의 토지는 사유재산이라도 국가의 허가없이는 처분할 수 없다.

4 상린관계의 의의

인접하고 있는 부동산 소유자 상호 간의 이용을 조절하기 위하여 인정한 권리관계를 상린관계라 하며, 이러한 상린관계로부터 발생한 권리를 상린권이라 한다. 즉 이웃간에 발생할 수 있는 분쟁 등을 조절하기 위하여 법률의 규정에 의해 당연히 인정된다.

5 상린관계의 적용범위

상린관계는 소유권뿐만 아니라 지상권과 전세권·토지임차권에 관하여도 적용된다.

6 상린관계의 구체적 적용 유형

인지사용청구권, 주위토지통행권, 수목제거청구권, 담장설치 및 측량비용, 물의 조절 등이 있다.

1 개 관

(1) 소유권은 법률행위 또는 법률의 규정에 의하여 취득한다.

(2) 소유권의 취득원인으로서 가장 중요한 것은 법률행위이며, 이 법률행위에 의한 소유권취득은 제186조 법률행위에 의한 물권변동의 원칙이 그대로 적용된다.

(3) 법률의 규정에 의한 소유권취득인 상속, 경매, 공용징수, 판결 등에 대하여는 제187조가 그대로 적용된다.

(4) 그런데 민법은 이와는 별도로 제245조 이하에서 취득시효·선점·습득·발견·부합·혼화·가공 등의 특수한 소유권취득원인에 관하여 규정하고 있다. 이들은 모두 법률의 규정에 의한 원시취득(原始取得)이다.

2 취득시효(取得時效)

(1) 서 설

① **의의**: 취득시효제도란 물건 또는 권리를 점유하는 사실상태가 일정기간 동안 계속되는 경우에 그 사실상태를 그대로 존중하여 그것이 진실한 권리관계와 일치하는가의 여부를 묻지않고 법률의 규정에 의하여 권리를 부여하는 제도이다.

② 이러한 시효제도는 일정기간 동안 사실상태가 계속된 경우에 그 사실상태 그대로 법적효과를 부여하여 법적안정성을 도모하고자 함에 그 목적이 있다.

> **예** 자신의 소유가 아닌 토지라 할지라도 20년 동안 소유의 의사로 평온·공연하게 점유한 경우에는 법률의 규정에 의하여 소유권취득을 주장할 수 있다.

> ◁ 동산 취득시효도 인정되나 시험출제범위가 아니므로 다루지 않고 부동산 취득시효만 다룬다.

(2) 부동산 점유취득시효

> **제245조【점유로 인한 부동산소유권의 취득기간】**① 20년간 소유의 의사로 평온, 공연하게 부동산을 점유하는 자는 등기함으로써 그 소유권을 취득한다.

① **의의**: 20년간 소유의 의사로 평온·공연하게 부동산을 점유하는 자는 등기함으로써 그 소유권을 취득할 수 있으며 이를 점유취득시효라 한다.

② **점유취득시효의 요건**

　㉠ 평온, 공연한 자주점유로 점유를 개시하여야 한다.

　㉡ 20년 동안 계속 점유하여야 한다.

　　ⓐ 자주, 평온, 공연, 점유의 계속은 추정된다. 따라서 취득시효를 주장하는 자는 20년간 점유한 사실만 인정하면 된다.

　　ⓑ 점유는 간접점유라도 상관없다(대판 97다49053).

　　　예 토지를 임대해주고 임차인을 통하여 간접점유를 한 경우에도 시효취득 할 수 있다.

③ **등기청구권**

　㉠ 점유취득시효는 취득시효가 완성한 후에 등기명의자에게 소유권이전등기를 해줄 것을 청구할 수 있는 등기청구권을 취득한다. 이 등기청구권은 모든 사람에게 청구할 수 있는 것이 아니라 취득시효완성 당시 점유자만이 시효완성 당시의 소유자에게만 등기청구를 할 수 있다.

　㉡ 시효완성 당시 소유자는 법률규정에 의해 등기의무를 부담한다. 이러한 권리의무관계는 계약상 채권채무관계가 아닌 법률규정에 의해서 발생한다.

　　예 A소유의 토지를 A로부터 乙이 매수하여 2000년 5월 1일부터 2025년 11월 10일까지 점유하여 왔으나, 실제로는 토지소유자가 A가 아닌 甲이라는 사실이 밝혀졌다. 그러나 이 경우라도 소유의 의사로 평온, 공연하게 20년간 점유한 사실이 인정되면 비록 매매계약과 같은 원인이 없더라도 법률규정에 의해 乙은 甲에 대하여 토지에 대한 소유권이전등기청구권이 인정되며, 甲은 자신이 뜻과는 상관없이 乙에게 소유권이전등기의무를 부담하게 된다.

　㉢ 취득시효 완성 후 등기명의인이 변경된 경우

　　ⓐ 취득시효 완성 후 소유자가 목적물을 제3자에게 처분하여 소유권을 이전한 경우, 양수인을 상대로 취득시효를 원인으로 하여 소유권이전등기를 청구할 수 없다.

　　　예 乙의 20년의 점유시효기간이 완성된 후 2022년 5월 1일 甲이 토지소유권을 丙에게 양도한 경우, 丙은 시효완성 당시 즉 20년 당시(2020년 5월 1일) 소유자가 아니므로 법률규정에 의해 등기의무가 없다. 등기의무 없는 丙에게 乙은 등기청구할 수 없다.

ⓑ 다만 등기명의인이 변경된 시점을 기준으로 새로운 기산점으로 삼아 새로운 취득시효를 인정할 수 있다.

> **예** 2022년 5월 1일부터 새로운 시효기간이 진행되어 2042년 5월 1일이 되면 2차 취득시효가 인정된다.

ⓒ 만약 시효취득을 주장하는 권리자가 취득시효를 주장하면서 소유권이전등기청구소송을 제기한 후 소유자가 제3자에게 소유권등기를 넘겨준 경우는 다음과 같다.

> 1. 소유자의 취득시효의 완성을 원인으로 한 소유권이전등기의무가 이행불능에 빠졌다면 불법행위에 따른 손해배상책임을 부담한다.
> 2. 시효완성자는 소유자에 대해 계약상 채권채무가 아니므로 채무불이행에 의한 손해배상책임을 물을 수는 없다.
> 3. 乙이 물건을 계속 점유하면 甲에 대한 등기청구권이 소멸하는 것은 아니므로 어떤 사유로 소유권이 다시 甲에게 복귀하면 乙은 甲에게 등기를 청구할 수 있다.

④ **취득시효의 효과**

㉠ 등기 전의 효과

취득시효완성자는 아직 소유권을 취득한 것은 아니지만 점유할 정당한 권리가 생겼으므로 등기명의인(소유자)은 시효완성자에게 소유물반환을 청구할 수 없고, 부당이득반환청구도 할 수 없다.

㉡ 등기 후의 효과

ⓐ 등기함으로써 소유권을 취득한다.

ⓑ 취득시효로 인한 권리취득의 효력은 점유를 개시한 때에 소급한다.

> **예** 2025년 5월 1일 乙명의로 소유권등기하면 2000년 5월 1일부터 소유권을 취득한다.

ⓒ 따라서 시효기간 중에 시효취득자가 취득한 이익(과실 등)은 정당한 권원에 의한 것이므로 원소유자에게 상환할 필요가 없다. 시효완성자가 과실취득을 하게 된다.

(3) 부동산등기부취득시효(단기취득시효)

> **제245조【점유로 인한 부동산소유권의 취득기간】** ② 부동산의 소유자로 등기한 자가 10년간 소유
> 의 의사로 평온, 공연하게 선의이며 과실 없이 그 부동산을 점유한 때에는 소유권을 취득한다.

① **의 의**

　부동산의 소유자로 등기한 자가 10년간 소유의 의사로 선의·무과실·평온·공연하게
　점유한 때에는 그 소유권을 취득한다.

② **10년의 등기 및 점유**

　등기부 취득시효요건으로서 소유자로 등기한 자라함은 적법·유효한 등기를 마친 자일
　필요는 없고 무효의 등기를 마친 자라도 상관없다(대판 96다48527). 다만 무효인 이중
　보존등기나 이에 터잡은 이전등기를 가지고는 등기부 취득시효를 주장할 수 없다.

③ **등기승계인정**

　시효에 의하여 소유권을 취득하는 자는 10년간 부동산의 소유자로 등기되어 있어야 하
　지만 반드시 그 기간 동안 그의 명의로 등기되어 있어야만 하는 것은 아니고 앞사람
　명의의 등기까지 아울러 그 기간 동안 부동산의 소유자로 등기되어 있으면 충분하다
　(대판 87다카2176).

④ **자주·평온·공연·선의무과실의 점유**

　㉠ 부동산소유권을 등기부시효취득하기 위해서는 소유의 의사와 점유의 평온·공연
　　외에 선의·무과실이어야 하고

　㉡ 그 선의·무과실은 등기에 관한 것이 아니고 점유취득에 관한 것이므로 이는 그 점
　　유개시 당시를 기준으로 판단한다(대판 96다48527).

⑤ **효과** : 10년이 경과하면 즉시 소유권을 취득한다.

첨부(부합 · 혼화 · 가공)

1 첨부일반(添附一般)

부합 · 혼화 · 가공의 3가지를 통틀어서 첨부라고 한다. 첨부가 소유권의 취득원인으로 인정되는 이유는 소유자가 각기 다른 두 개 이상의 물건이 결합하여 사회관념상 분리하는 것이 불가능한 경우(부합 · 혼화가 이에 해당함) 또는 물건에 노력이 결합하여 사회관념상 그 분리가 불가능하게 된 때(가공이 이에 해당함) 이를 원상에 회복하는 것이 물리적으로 가능하더라도 분리할 경우 사회경제상 대단히 불리하므로 복구를 허용하지 않고서 그것을 어느 누구의 소유에 귀속시키고자 하는 것이다.

2 부합(附合)

(1) 부동산의 부합

> 제256조 【부동산에의 부합】 부동산의 소유자는 그 부동산에 부합한 물건의 소유권을 취득한다. 그러나 타인의 권원에 의하여 부속된 것은 그러하지 아니하다.

① 요 건

부합의 주된 물건은 부동산이어야 한다. 부합되는 물건은 동산 뿐만 아니라 부동산도 부합된다(대판 90다11967).

예 화장실이나 작은 창고같은 건물이 주물인 부동산에 부합하는 경우

② 효 과

㉠ 원칙 : 부동산의 소유자는 그 부동산에 부합한 물건의 소유권을 취득한다(제256조). 부합하는 동산의 가격이 부동산의 가격을 초과하더라도 부동산의 소유자가 부합한 동산의 소유권을 취득한다.

예 甲의 건물을 임대차하여 사용하던 乙이 자기 비용을 들여 화장실 변기를 교체한 경우, 변기(동산)는 건물의 일부분이 되어 甲이 변기의 소유권을 취득한다.

ⓛ 예외: 그러나 타인의 권원에 의하여 부속시킨 때에는 그러하지 아니하다. 즉 부속시킨 자의 것으로 된다. 권원이란 타인의 부동산에 자기의 물건을 부속시켜 그 부동산을 이용할 수 있는 권리로서, 지상권·전세권·임차권 등을 말한다. 주의할 것은 권원이 있다 하더라도 부속시킨 물건이 독립성이 없으면 부동산에 부합된다.

③ 관련문제

㉠ 건물: 건물은 토지와는 별개의 부동산이므로 토지에 부합하지 않는다.

예 甲토지에 乙이 불법으로 건물을 건축하여도 건물은 乙소유이다.

㉡ 농작물: 농작물도 건물과 마찬가지로 토지에 부합하지 않는다.

예 甲의 논에 적법한 경작권이 없는 乙이 벼를 무단경작하여도 성숙한 농작물(벼)의 소유권은 경작자 乙에게 귀속된다.

㉢ 수목: 권원없이 타인의 토지에 심은 수목은 토지에 부합하므로 토지소유자가 수목의 소유권을 취득한다. 다만 권원에 의해 심은 수목이나 입목 등은 토지에 부합하지 않는다.

㉣ 부합물과 저당권: 저당권의 효력은 부합물에 미친다. 따라서 甲이 자신의 건물에 저당권을 설정한 후 건물을 증축한 경우, 증축부분은 건물의 부합물이므로, 후에 저당권을 실행할 경우 낙찰자는 증축부분에 대한 소유권도 취득한다.

(2) 동산의 부합(附合)

> **제257조【동산간의 부합】** 동산과 동산이 부합하여 훼손하지 아니하면 분리할 수 없거나 그 분리에 과다한 비용을 요할 경우에는 그 합성물의 소유권은 주된 동산의 소유자에게 속한다. 부합한 동산의 주종을 구별할 수 없는 때에는 동산의 소유자는 부합당시의 가액의 비율로 합성물을 공유한다.

3 첨부의 효과

> **제261조【첨부로 인한 구상권】** 전5조의 경우에 손해를 받은 자는 부당이득에 관한 규정에 의하여 보상을 청구할 수 있다.

27 공동소유

1 공동소유의 일반

(1) 의 의

하나의 물건을 2인 이상의 다수인이 공동으로 소유하는 것을 공동소유라고 한다. 공동소유의 형태는 공유, 합유, 총유 세 가지 형태가 있다.

(2) 공동소유의 특징

물적 결합	공 유	합 유	총 유
세계관	개인주의	절충주의	단체주의
지 분	있다	있다	없다
지분처분의 자유	있다	없다	없다
분할의 지유	있다	없다	없다
보존행위	단독으로		단체
이용·개량행위	지분의 과반수 찬성		단체
처분·변경행위	전원의 동의		단체
관리비용	지분의 비율로		단체
사용·수익	지분의 비율로		구성원

2 공유(共有)

제262조 【물건의 공유】① 물건이 지분에 의하여 수인의 소유로 된 때에는 공유로 한다.
② 공유자의 지분은 균등한 것으로 추정한다.

(1) 공유 일반

공유는 물건이 지분에 의하여 수인의 소유로 되는 것이다.

(2) 공유자의 지분

① 지분의 비율

> 제262조【물건의 공유】② 공유자의 지분은 균등한 것으로 추정한다.

　㉠ 지분의 비율은 법률의 규정 또는 공유자의 의사표시(법률행위)에 의하여 정해진다.
　　그러나 정하지 않으면 균등한 것으로 추정한다.
　㉡ 지분등기를 해야 제3자에게 대항할 수 있다(대항요건).

② 지분의 처분

> 제263조【공유지분의 처분과 공유물의 사용, 수익】공유자는 그 지분을 처분할 수 있고 공유물
> 전부를 지분의 비율로 사용, 수익할 수 있다.

　㉠ 지분은 자기 소유이므로 다른 공유자의 동의없이 자유로이 처분할 수 있다. 이 점이
　　합유나 총유와 다른 점이다.
　　예 처분이란 지분을 양도하는 것, 지분을 담보제공(저당권설정) 하는 것, 지분을 포기하는 모든
　　행위를 의미한다.
　㉡ 처분금지특약은 당사자간 채권적 효력이 있을 뿐 제3자에게 대항하지 못한다.

③ 지분의 주장

　각 공유자는 다른 공유자 및 제3자에 대하여 단독으로 지분을 주장할 수 있다.
　자기 지분 외에 타인을 지분을 주장할 수는 없다.
　예 乙의 지분등기 원인무효인 경우, 甲은 그 등기의 말소를 청구할 수 없다.
　　甲의 지분등기 원인무효인 경우, 甲은 그 등기의 말소를 청구할 수 있다.

④ 지분의 탄력성(제267조)

> 제267조【지분포기 등의 경우의 귀속】공유자가 그 지분을 포기하거나 상속인없이 사망한 때
> 에는 그 지분은 다른 공유자에게 각 지분의 비율로 귀속한다.

　㉠ 공유자의 1인이 지분을 포기하거나 상속인없이 사망한 때에는 그 지분은 국가에 귀
　　속되는 것이 아니라 다른 공유자에게 지분의 비율로 귀속한다.
　㉡ 상속인이 있는 경우 상속인에게 귀속되며, 나머지 공유자에게 귀속되는 것이 아니다.

⑶ 공유자 사이의 관계

① 공유물의 보존행위

> **제265조【공유물의 관리, 보존】** 공유물의 관리에 관한 사항은 공유자의 지분의 과반수로써 결정한다. 그러나 보존행위는 각자가 할 수 있다.

ⓐ 보존행위란 공유물을 지키고 유지하기 위한 일체의 행위를 말한다.

ⓑ 공유자는 각자가 단독으로 보존행위를 할 수 있다.

ⓒ 소수지분권자라 하더라도 단독으로 공유물 전부에 대한 방해배제를 청구할 수 있다.

> **예** 제3자가 공유토지 위에 무단건축한 경우 각 공유자는 지분의 수와는 무관하게 제3자에 대하여 무단건축된 건물의 전부철거를 청구할 수 있다.

> **예** 공유자 1인은 제3자 명의로 원인무효의 무단 소유권이전등기된 경우, 공유물에 대한 보존행위로서 제3자에 대하여 등기전부의 말소를 청구할 수 있다.

② 공유물의 관리행위 ― 점유(사용) · 임대(수익)

> **제263조【공유지분의 처분과 공유물의 사용, 수익】** 공유자는 그 지분을 처분할 수 있고 공유물 전부를 지분의 비율로 사용, 수익할 수 있다.

ⓐ 관리행위란 처분이나 변경에 이르지 않는 정도의 이용 · 개량행위를 말하며, 점유, 사용, 임대차, 수익 등이 관리에 해당하는 행위이다.

ⓑ 이에 관한 사항은 지분의 과반수로 결정한다.

> **예** 甲 3/5, 乙 1/5, 丙 1/5의 지분비율로 공유하는 X토지를 丙이 1/5만큼 사용하고자 하는 경우 단독으로 사용할 수 없고, 지분 과반수의 동의를 얻어야만 자기 지분비율만큼 사용할 수 있다.

ⓒ 지분의 과반수를 가지는 공유자는 미리 공유물의 관리방법에 관한 합의가 없었다 하더라도 단독으로 관리에 관한 사항을 결정할 수 있다. 따라서 지분과반수권자가 공유물의 특정부분을 배타적으로 사용 · 수익하기로 정하는 것은 공유물의 관리방법으로 적법하다.

> **예** 甲 3/5, 乙 1/5, 丙 1/5의 지분비율로 공유하는 경우 甲이 乙, 丙과 협의 없이 丁에게 임대하더라도 이는 공유물의 관리방법으로 적법한 것이다.

③ 공유물의 처분 · 변경행위

> **제264조【공유물의 처분, 변경】** 공유자는 다른 공유자의 동의없이 공유물을 처분하거나 변경하지 못한다.

ㄱ 공유지분은 각 공유자의 개별적이고 독립적인 권리이므로 자유롭게 처분할 수 있지만, 공유물은 공유자의 전체 소유이므로 다른 공유자의 전원의 동의 없이 공유물을 처분(사실상 처분 · 법률상 처분)하거나 변경하지 못한다.
ㄴ 공유토지 위에 건물을 건축하거나 공유물에 대한 이전등기, 공유토지에 지상권설정 등과 같은 행위가 처분행위에 해당한다.
> **예** 甲 3/5, 乙 1/5, 丙 1/5의 지분으로 공유하는 X토지 위에 과반수지분권자 甲이 단독으로 건물을 건축할 수는 없고 전원의 동의를 받아야 한다.

(4) 공유물의 분할의 자유

> **제268조【공유물의 분할청구】** ① 공유자는 공유물의 분할을 청구할 수 있다. 그러나 5년내의 기간으로 분할하지 아니할 것을 약정할 수 있다.
> ② 전항의 계약을 갱신한 때에는 그 기간은 갱신한 날로부터 5년을 넘지 못한다.

① 분할의 자유
ㄱ 공유자는 언제든지 공유물의 분할을 청구하여 공유관계를 종료시킬 수 있다. 이 점이 합유 · 총유와 다른 점이다.
ㄴ 협의분할, 재판분할을 불문하고 언제나 공유자 전원이 분할 절차에 참여하여야 한다(필요적 공동소송). 그렇지 않으면 공유물분할은 무효이다.
ㄷ 분할청구가 있는 경우 공유자 전원은 협의의 응할 의무가 있다. 분할을 거절할 수 없다.
ㄹ 그러나 5년 이내의 기간으로 분할하지 아니할 것을 약정할 수 있다(제268조).
ㅁ 분할금지특약은 등기하면 제3자에게도 주장할 수 있다.

② 분할의 방법

> **제269조【분할의 방법】** ① 분할의 방법에 관하여 협의가 성립되지 아니한 때에는 공유자는 법원에 그 분할을 청구할 수 있다.
> ② 현물로 분할할 수 없거나 분할로 인하여 현저히 그 가액이 감손될 염려가 있는 때에는 법원은 물건의 경매를 명할 수 있다.

㉠ 협의에 의한 분할(원칙)

협의에 의한 분할의 경우 분할 방법을 협의하여야 한다. 현물분할, 대금분할, 가격배상 등의 방법이 있으면 협의하에 자유로이 선택될 수 있다.

📖 **공유물 분할방법**

> 1. **현물분할**: 공유물 자체를 분할하는 방법
> 2. **대금분할**: 공유물을 제3자에게 매각하고 매각대금을 나누는 방법
> 3. **가격배상**: 한 사람이 다른 사람의 지분을 양수하고 그 가격을 지급하는 방법

㉡ 재판에 의한 분할(예외)

재판상 분할은 분할에 관한 협의가 성립되지 않은 경우에 이루어진다. 만일 협의에 의한 분할방법이 결정된 경우에는 일부 공유자의 비협조 또는 분할의 다툼이 있더라도 협의에 따른 이행청구소송은 제기할 수 있으나, 재판상 분할청구할 수 없다.

ⓐ 원칙: 현물분할

ⓑ 예외: 재판분할

현물분할이 원칙이고 현물분할이 불가능하거나 분할로 인하여 현저히 그 가액이 감손될 염려가 있는 때에는 물건의 경매를 명할 수 있다(대금분할).

ⓒ 공유물분할판결은 형성판결이므로 판결이 확정되면 별도의 등기없이 물권변동의 효력이 발생한다.

> 📌 甲, 乙, 丙이 공유하는 X토지에 대해 현물분할 판결이 확정되면, 공유토지는 별도의 분할 등기 없이도 각자 단독소유로 변경된다.

㉢ 분할의 효과: 공유관계의 종료

ⓐ 공유물분할의 효과는 소급하지 않는다.

ⓑ 협의분할은 등기시에, 재판상 분할은 판결확정시에 분할의 효과가 발생한다. 다만 상속재산(공유)의 분할은 상속개시시로 소급한다.

ⓒ 담보책임

> **제270조【분할로 인한 담보책임】** 공유자는 다른 공유자가 분할로 인하여 취득한 물건에 대하여 그 지분의 비율로 매도인과 동일한 담보책임이 있다.

3 합유(合有)

> **제271조 【물건의 합유】** ① 법률의 규정 또는 계약에 의하여 수인이 조합체로서 물건을 소유하는 때에는 합유로 한다. 합유자의 권리는 합유물 전부에 미친다.
> ② 합유에 관하여는 전항의 규정 또는 계약에 의하는 외에 다음 3조의 규정에 의한다.

(1) 합유의 성질

하나의 물건을 수인이 조합체(예 동업)로서 소유하는 형태를 말한다.

(2) 합유의 성립

합유는 계약 또는 법률의 규정에 의하여 성립한다.

(3) 합유지분의 처분, 합유물분할

전원의 동의가 없는 한 합유지분 처분의 자유가 없고, 합유물을 분할청구할 수 없다. 합유자 1인이 사망한 경우, 특약이 없는 한 합유자의 지위는 상속되지 않는다.

4 총 유

> **제275조 【물건의 총유】** ① 법인이 아닌 사단의 사원이 집합체로서 물건을 소유할 때에는 총유로 한다.
> ② 총유에 관하여는 사단의 정관 기타 계약에 의하는 외에 다음 2조의 규정에 의한다.

하나의 물건을 법인이 아닌 사단(문중, 교회 등)이 집합체로서 소유하는 형태이다.
총유에는 지분의 개념이 존재하지 않는다는 점이 공유와 합유와의 차이점이다. 따라서 보존행위도 단독으로 할 수 없다.

28 지상권

1 용익물권

(1) 타인의 부동산을 일정한 범위 내에서 사용·수익하는 것을 내용으로 하는 용익물권에는 지상권, 지역권, 전세권 3가지가 있다.

(2) 이러한 용익물권은 부동산의 일부 위에도 설정할 수 있다.

(3) 지상권과 지역권은 부동산 중 토지만을 사용·수익의 객체로 하며, 전세권은 부동산 자체를 사용·수익의 객체로 하므로 토지와 건물 모두에 설정할 수 있다.

2 지상권의 의의

> **제279조 【지상권의 내용】** 지상권자는 타인의 토지에 건물 기타 공작물이나 수목을 소유하기 위하여 그 토지를 사용하는 권리가 있다.

(1) 지상권은 타인의 토지에서 건물 기타 공작물이나 수목을 소유하기 위하여 그 토지를 사용하는 권리이다. 지상권의 목적물인 토지는 1필의 토지의 전부가 아니라 그 일부라도 무방하다.

  예 甲의 토지에 지상권을 설정한 乙은 100억원을 투자하여 건물을 건축하고 소유하면서 사용·수익할 수 있는 권리가 지상권이다.

(2) 지상권은 토지 지표면만 사용하는 것이 아니라 지하 그리고 지상에도 그 효력이 미친다. 지상권은 토지에 대한 권리이므로 지상권 설정 당시 토지 위에 건물이 없더라도 지상권이 유효하며, 존속기간 중 건물이 멸실되더라도 지상권이 소멸하지 않고 그대로 존속한다.

핵심 용어 **Check**

◆ 용 어

토지나 건물을 빌려주는 자를 ~설정자라 하고, 빌리는 자를 ~권자라 한다.
  예 甲의 토지를 빌려 乙이 사용하는 경우 甲은 지상권설정자, 乙은 지상권자가 된다.

3 설정행위로 지상권의 존속기간을 약정하는 경우

> 제280조 【존속기간을 약정한 지상권】 ① 계약으로 지상권의 존속기간을 정하는 경우에는 그 기간은 다음 연한보다 단축하지 못한다.
> 1. 석조, 석회조, 연와조 또는 이와 유사한 견고한 건물이나 수목의 소유를 목적으로 하는 때에는 30년
> 2. 전호이외의 건물의 소유를 목적으로 하는 때에는 15년
> 3. 건물이외의 공작물의 소유를 목적으로 하는 때에는 5년
> ② 전항의 기간보다 단축한 기간을 정한 때에는 전항의 기간까지 연장한다.

(1) 약정기간

지상권의 존속기간은 약정대로 인정된다.

(2) 최단기간의 보장

지상권의 존속기간을 설정행위로써 약정하는 경우에 민법은 지상권자를 보호하기 위하여 최단존속기간을 보장하고 있다. 따라서 설정행위로 위와 같은 최단기간보다 짧은 기간을 정한 때에는 그 약정은 효력이 없고 그 존속기간을 위의 최단기간까지 연장한다.

예 견고한 건물 소유 목적으로 지상권을 설정하면서 20년 존속기간을 정한 경우라도 20년이 만기가 아니고 30년이 존속기간의 만료가 된다.

(3) 최장기간

지상권의 민법은 최장기간에 대하여는 정하고 있지 않다. 따라서 영구적인 지상권의 설정이 가능하다.

4 설정행위로 지상권의 존속기간을 약정하지 않은 경우

> 제281조 【존속기간을 약정하지 아니한 지상권】 ① 계약으로 지상권의 존속기간을 정하지 아니한 때에는 그 기간은 전조의 최단존속기간으로 한다.
> ② 지상권설정당시에 공작물의 종류와 구조를 정하지 아니한 때에는 지상권은 전조 제2호의 건물의 소유를 목적으로 한 것으로 본다.

(1) 지상물의 종류와 구조에 대한 약정은 있으나 존속기간에 관한 약정이 없는 경우, 지상물의 종류에 따른 최단기간이 보장된다.

예 견고한 건물을 건축하기로 지상권을 설정하였으나 기간의 약정이 없는 경우, 30년을 보장한다.

(2) 지상물의 종류와 구조에 대한 약정도 없고 존속기간에 관한 약정도 없는 경우, 토지 위에 어떤 종류의 공작물을 설치하더라도 15년으로 한다. 다만 수목을 목적으로 하는 경우에는 언제나 30년이 된다.

> **예** 지상권을 설정하기로 하였으나 설치할 공작물의 종류와 존속기간에 대한 약정이 모두 없는 경우, 견고한 건물을 건축하더라도 30년이 아니라 15년이 보장될 뿐이다.

5 계약의 갱신

> **제284조【갱신과 존속기간】** 당사자가 계약을 갱신하는 경우에는 지상권의 존속기간은 갱신한 날로부터 제280조의 최단존속기간보다 단축하지 못한다. 그러나 당사자는 이보다 장기의 기간을 정할 수 있다.

(1) 지상물이 현존하고 존속기간이 만료된 경우에만 갱신청구할 수 있으며, 다른 사유로는 갱신청구하지 못한다.

(2) 지상권자의 계약갱신청구권(형성권 ×)에 대해 지상권설정자는 거절할 수 있다.

(3) 갱신하더라도 최단존속기간보다 단축하지 못한다.

6 지상권자의 토지사용권

(1) **계약으로 설정한 목적범위 내에서의 토지의 사용수익권**

지상권자는 지상권설정행위로 정해진 목적의 범위 내에서 토지를 사용할 권리를 갖는다.

(2) 지상권자는 유익비상환청구권만을 가지며 유지·보수에 소요된 필요비는 지상권자의 부담으로 한다.

7 지상권의 처분권

> **제282조【지상권의 양도, 임대】** 지상권자는 타인에게 그 권리를 양도하거나 그 권리의 존속기간 내에서 그 토지를 임대할 수 있다.

(1) 지상권자는 타인에게 그 권리를 양도하거나 그 권리의 존속기간 내에서 그 토지를 임대할 수 있다(제282조).

(2) 지상권의 양도·임대를 규정한 민법 제282조는 강행규정으로서 이에 위반하여 지상권자에게 불리한 특약을 하였다 하더라도 그 특약은 효력이 없다.

(3) 따라서 지상권의 담보금지특약도 무효이다.

8 지료지급의무

(1) **지료는 지상권의 요소가 아니다.**

지료는 지상권의 요소가 아니므로 무상으로 설정될 수도 있고 지료에 관한 약정을 하고 있지 않으면 무상의 지상권으로 인정된다.

(2) **지료체납의 효과**

> **제287조【지상권소멸청구권】** 지상권자가 2년 이상의 지료를 지급하지 아니한 때에는 지상권설정자는 지상권의 소멸을 청구할 수 있다.

① 2년 이상 지료를 지급하지 아니한 때에는 지상권설정자는 지상권의 소멸을 청구할 수 있다. 소멸청구한 경우 지상권은 존속기간의 만료와 상관없이 즉시 소멸한다.

② 지상권자의 지료지급 연체가 토지소유권의 양도 전후에 걸쳐 이루어진 경우 토지양수인에 대한 연체기간이 2년이 되지 않는다면 양수인은 지상권소멸을 청구할 수 없다. 즉 종전 소유자의 연체기간을 합산을 주장하지 못한다(대판 99다17142).

(3) **지료증감청구권**

> **제286조【지료증감청구권】** 지료가 토지에 관한 조세 기타 부담의 증감이나 지가의 변동으로 인하여 상당하지 아니하게 된 때에는 당사자는 그 증감을 청구할 수 있다.

9 상린관계의 적용과 물권적 청구권, 지상물매수청구권, 유익비상환청구권

🔲 핵심 용어 Check

◆ **구분지상권**
토지의 상하 중 일정한 범위를 지정하여 그 범위에서만 지상권의 효력이 미치도록 하여 그 범위의 토지부분을 이용할 수 있는 지상권을 말한다.

◆ **분묘기지권**
타인의 토지에 분묘를 설치한 자가 그 분묘에 대하여 가지는 지상권에 유사한 일종의 물권을 말한다.

10 지상권 소멸사유

(1) 공통소멸사유

지상권은 물권의 공통소멸사유인 토지의 멸실, 존속기간의 만료, 혼동, 토지수용 등으로 소멸한다.

(2) 지상권 특유의 소멸사유

공통소멸사유 외에도 지료체납에 의한 지상권설정자의 소멸청구, 지상권의 포기, 약정소멸사유의 발생 등으로 소멸한다.

11 지상권 소멸의 효과

(1) 지상권자의 지상물수거의무(제285조)

제285조【수거의무, 매수청구권】① 지상권이 소멸한 때에는 지상권자는 건물 기타 공작물이나 수목을 수거하여 토지를 원상에 회복하여야 한다.

(2) 지상물매수청구권(형성권)

① **지상권설정자의 매수청구권**(제285조)

제285조【수거의무, 매수청구권】② 전항의 경우에 지상권설정자가 상당한 가액을 제공하여 그 공작물이나 수목의 매수를 청구한 때에는 지상권자는 정당한 이유없이 이를 거절하지 못한다.

토지소유자인 지상권설정자가 상당한 가액을 제공하여 지상권자 소유의 그 공작물이나 수목의 매수청구한 때에는 지상권자는 정당한 이유없이 이를 거절하지 못한다.

② **지상권자의 매수청구권**(제283조)

> **제283조【지상권자의 갱신청구권, 매수청구권】** ① 지상권이 소멸한 경우에 건물 기타 공작물이나 수목이 현존한 때에는 지상권자는 계약의 갱신을 청구할 수 있다.
> ② 지상권설정자가 계약의 갱신을 원하지 아니하는 때에는 지상권자는 상당한 가액으로 전항의 공작물이나 수목의 매수를 청구할 수 있다.

ㄱ 존속기간이 만료되고 지상물이 현존한 경우, 지상권자의 계약갱신청구권(형성권 ×)에 대해 지상권설정자가 거절한 경우 지상권자는 지상물매수청구권을 행사하며, 이때 토지소유자는 거절하지 못한다(계약갱신을 사실상 강제).

ㄴ 지상물이 현존하기만 하면 지상물의 허가·무허가·등기·미등기 여부를 불문하며, 지상권에 지료가 없더라도 지상물매수청구권이 인정된다.

ㄷ 매수청구권 포기약정은 지상권자에게 불리한 약정(예 철거약정)으로 무효이다. 지상물매수청구권 포기특약이 있더라도 매수청구할 수 있다(편면적 강행규정).

ㄹ 지료의 연체 등 채무불이행으로 인해 소멸한 경우에는 계약갱신청구권과 지상물매수청구권이 인정되지 않는다.

12 법정지상권의 의의 및 성질

(1) 법정지상권은 법률이 정한 일정한 요건을 갖춘 경우, 토지소유자와 건물소유자 사이에 지상권설정 약정이나 등기 없이도 타인의 토지를 최단존속기간 동안 사용할 수 있는 권리(토지사용수익권)이다.

(2) 법정지상권이 성립하면 지상권설정등기 없이도 토지소유자 뿐만 아니라 토지소유권의 양수인에 대해서 대항할 수 있다. 따라서 토지소유자 뿐만 아니라 토지양수인도 지상권 약정이나 등기가 없다는 이유로 건물을 철거시킬 수 없다.

13 법정지상권의 종류

(1) 제305조 법정지상권

대지와 그 지상의 건물이 동일한 소유자에게 속한 경우 건물에 전세권을 설정한 때에는 그 대지소유권의 특별승계인은 전세권설정자에 대하여 지상권을 설정한 것으로 본다.

(2) 제366조 법정지상권

토지와 그 지상건물이 동일 소유자에게 속하고 있던 당시에 토지 또는 건물의 어느 하나에만 저당권이 설정된 뒤, 토지와 건물이 소유자를 달리하게 된 때에 건물소유자를 위하여 법률상 당연히 지상권이 설정되는 것으로 보는 것을 말한다.

(3) 관습법상의 법정지상권

동일인에게 속하였던 토지와 건물 중 어느 일방의 매매 기타 일정한 원인에 의하여 각각 소유자를 달리하게 된 때에 그 건물을 철거한다는 특약이 없으면 건물소유자가 당연히 취득하게 되는 지상권을 말한다.

2
과목

1 지역권의 의의

> 제291조 【지역권의 내용】 지역권자는 일정한 목적을 위하여 타인의 토지를 자기토지의 편익에 이용하는 권리가 있다.

(1) 지역권이란 자기 토지(요역지)의 편익을 위하여 타인의 토지(승역지)를 이용하는 권리이다.

(2) 편익이 요구되는 토지를 요역지라 하고, 편익을 제공하는 토지를 승역지라 한다.

> 예 甲과 乙이 약정하여 甲의 토지에 乙토지를 위한 통행로를 개설하기로 통행지역권을 설정한 경우, 乙의 토지가 통행이 필요한 토지이므로 요역지(要役地)라 하고, 甲의 토지가 통행을 승낙해주는 토지라 하여 승역지(承役地)라고 한다.

(3) 요역지는 반드시 1필의 토지이어야 한다. 즉 토지 전부여야 한다. 그러나 승역지는 반드시 1필의 토지 전부일 필요는 없고, 토지 일부 위에도 설정할 수 있다.

2 지역권의 취득

(1) **일반취득사유**

지역권은 설정계약과 등기에 의하여 취득하는 것이 일반적이다.

(2) **지역권의 시효취득**

> 제294조 【지역권취득기간】 지역권은 계속되고 표현된 것에 한하여 제245조의 규정을 준용한다.

① 지역권 중에 취득시효의 대상이 되는 것은 표현되고 계속되는 지역권에 한정된다.

> 예 甲의 토지에 乙이 통로를 개설(표현)하고 20년을 계속 통행하였다면, 乙은 甲의 토지 위에 통행지역권을 시효취득한다. 만약 통로의 개설없이 20년간 통로로 사실상 사용하였더라도 통행지역권은 시효취득할 수 없다.

② 통행지역권을 시효취득한 경우 요역지 소유자는 승역지 소유자가 입은 손해를 보상하여야 한다.

3 부종성과 수반성

> **제292조【부종성】** ① 지역권은 요역지 소유권에 부종하여 이전하며 또는 요역지에 대한 소유권 이외의 권리의 목적이 된다. 그러나 다른 약정이 있는 때에는 그 약정에 의한다.
> ② 지역권은 요역지와 분리하여 양도하거나 다른 권리의 목적으로 하지 못한다.

(1) 지역권은 요역지 권리의 편익을 위해 존재하는 종된 권리이므로 요역지를 떠나 독립적으로 존재할 수 없다.

(2) 즉 지역권의 소유권이 이전되면 지역권도 별도의 등기없이 당연히 함께 이전한다.

(3) 지역권은 요역지와 분리하여 이를 양도하거나 다른 권리의 목적으로 하지 못한다(제292조 제2항). 즉 지역권에만 저당권을 설정할 수 없다.

4 비배타성

> **제300조【공작물의 공동사용】** ① 승역지의 소유자는 지역권의 행사를 방해하지 아니하는 범위 내에서 지역권자가 지역권의 행사를 위하여 승역지에 설치한 공작물을 사용할 수 있다.
> **제297조【용수지역권】** ② 승역지에 수개의 용수지역권이 설정된 때에는 후순위의 지역권자는 선순위의 지역권자의 용수를 방해하지 못한다.

(1) 지역권은 토지를 점유하지 않고 이용만 한다. 따라서 지역권은 다른 용익물권과 달리 배타성이 없다.

> 예 甲의 토지에 지상권이나 전세권을 설정한 경우 지상권자 또는 전세권자가 약정기간 동안 배타적으로 점유하면서 사용·수익하므로, 약정기간이 만료되기 전에는 토지소유자(설정자)는 당해 토지를 사용·수익할 수 없으며, 다른 사람에게 빌려줄 수도 없다.

(2) 지역권을 설정하더라도 승역지소유자는 토지이용을 박탈당하지 않는다. 지역권설정자(승역지 소유자)도 토지를 함께 사용할 수 있다(공용성).

(3) 하나의 토지에 여러 개의 지역권을 설정할 수 있다. 그러나 수 개의 용수지역권이 개설된 경우 후순위지역권자는 선순위지역권자의 용수를 방해하지 못한다.

(4) 지역권의 침해시 지역권에 기한 방해제거 또는 방해예방청구를 할 수 있다. 그러나 점유를 요소로 하지 않으므로 지역권에 기한 반환청구는 인정되지 않는다.

> **제301조【준용규정】** 제214조의 규정은 지역권에 준용한다.

5 불가분성

지역권은 불가분성을 가진다. 따라서 토지공유자의 1인은 자기지분에 관하여만 그 토지를 위한 지역권 또는 토지가 부담한 지역권을 소멸하게 하지 못한다(제293조 제1항).

(1) 취득과 불가분성(제295조)

> **제295조【취득과 불가분성】** ① 공유자의 1인이 지역권을 취득한 때에는 다른 공유자도 이를 취득한다.
> ② 점유로 인한 지역권취득기간의 중단은 지역권을 행사하는 모든 공유자에 대한 사유가 아니면 그 효력이 없다.

(2) 소멸시효의 중단, 정지와 불가분성(제296조)

> **제296조【소멸시효의 중단, 정지와 불가분성】** 요역지가 수인의 공유인 경우에 그 1인에 의한 지역권소멸시효의 중단 또는 정지는 다른 공유자를 위하여 효력이 있다.

(3) 공유관계, 일부양도와 불가분성

> **제293조【공유관계, 일부양도와 불가분성】** ① 토지공유자의 1인은 지분에 관하여 그 토지를 위한 지역권 또는 그 토지가 부담한 지역권을 소멸하게 하지 못한다.
> ② 토지의 분할이나 토지의 일부양도의 경우에는 지역권은 요역지의 각 부분을 위하여 또는 그 승역지의 각 부분에 존속한다. 그러나 지역권이 토지의 일부분에만 관한 것인 때에는 다른 부분에 대하여는 그러하지 아니하다.

1 의 의

> **제303조【전세권의 내용】** ① 전세권자는 전세금을 지급하고 타인의 부동산을 점유하여 그 부동산의 용도에 좇아 사용·수익하며, 그 부동산 전부에 대하여 후순위권리자 기타 채권자보다 전세금의 우선변제를 받을 권리가 있다.
> ② 농경지는 전세권의 목적으로 하지 못한다.

전세권이란 전세금을 지급하고 타인의 부동산을 그 용도에 좇아 사용·수익하며 그 부동산 전부에 대하여 후순위권리자, 기타 채권자보다 전세금의 우선변제를 받을 수 있는 담보물권적 성격을 동시에 갖고 있는 특수한 용익물권이다.

2 법적 성질

(1) 용익물권성

① 전세권은 목적 부동산을 그 부동산의 용도에 좇아 사용·수익하는 용익물권이다.

② 타인의 부동산(토지·건물)을 객체로 한다. 그러나 농경지는 전세권의 목적으로 하지 못한다.

③ 부동산의 일부에도 전세권을 설정할 수 있다. 즉, 1필의 토지의 일부 또는 1동의 건물의 일부분 위에도 설정이 가능하다.

④ 부동산을 점유할 수 있는 권리이므로 전세권에 기한 물권적 청구권, 점유보호청구권도 행사할 수 있고, 상린관계에 관한 규정이 준용된다.

(2) 담보물권성

① 그 부동산 전부에 대하여 후순위권리자, 기타 채권자보다 전세금의 우선변제를 받을 권리가 있다.

② 담보물권으로서의 통유성을 가진다.

3 전세권의 취득

전세권의 설정계약과 설정등기를 함으로써 전세권을 취득한다. 또한 전세권의 양도나 상속 등에 의해서도 취득한다.

(1) 전세권은 전세금을 요소로 한다.

① 전세금은 전세권자가 설정자에게 교부하는 금전으로서 반드시 현실적으로 지급되어야 하는 것은 아니며, 기존의 채권으로 갈음할 수 있다.

② 전세금의 지급 없이는 전세권이 성립하지 않는다.

③ 전세금 증감청구

> 제312조의 2【전세금 증감청구권】 전세금이 목적 부동산에 관한 조세·공과금 기타 부담의 증감이나 경제사정의 변동으로 인하여 상당하지 아니하게 된 때에는 당사자는 장래에 대하여 그 증감을 청구할 수 있다. 그러나 증액의 경우에는 대통령령이 정하는 기준에 따른 비율을 초과하지 못한다.

▷ 일반적으로 쓰이고 있는 '전세'라는 용어는 여기에서 말하는 물권법상의 '전세권'이 아니라 채권적 전세 즉, 임대차를 의미한다.

(2) 목적물의 인도는 요소가 아니다.

① 목적물의 인도는 전세권의 요소가 아니다.

② 따라서 당사자가 주로 채권담보의 목적으로 전세권을 설정한 경우에는 그 설정과 동시에 전세목적물을 인도하지 아니한 경우에도 장차 전세권자의 사용·수익권을 배제하는 것이 아니라면 그 전세권은 유효하다(대판 94다18508).

4 전세권의 존속기간

(1) 존속기간을 약정한 경우

> 제312조【전세권의 존속기간】 ① 전세권의 존속기간은 10년을 넘지 못한다. 당사자의 약정기간이 10년을 넘는 때에는 이를 10년으로 단축한다.
> ② 건물에 대한 전세권의 존속기간을 1년 미만으로 정한 때에는 이를 1년으로 한다.
> ③ 전세권의 설정은 이를 갱신할 수 있다. 그 기간은 갱신한 날로부터 10년을 넘지 못한다.

① **최장기간**

전세권의 존속기간은 당사자가 설정행위에 의하여 임의로 정할 수 있다.

그러나 전세권의 존속기간은 10년을 넘지 못하며, 당사자의 약정기간이 10년을 넘는 때에는 10년으로 단축된다(제312조).

② **최단기간**

건물에 대한 존속기간을 1년 미만으로 정한 때에는 이를 1년으로 한다(제312조 제2항). 이 최단기간은 건물전세권에만 적용되고 토지전세권에는 적용되지 않는다.

③ **존속기간의 갱신**

약정한 존속기간이 만료한 때에는 계약을 갱신할 수 있으나, 그 기간은 갱신한 날로부터 10년을 넘지 못한다(제312조 제3항).

④ **법정갱신** : 건물전세권에만 인정

> **제312조【전세권의 존속기간】** ④ 건물의 전세권설정자가 전세권의 존속기간 만료 전 6월부터 1월까지 사이에 전세권자에 대하여 갱신거절의 통지 또는 조건을 변경하지 아니하면 갱신하지 아니한다는 뜻의 통지를 하지 아니한 경우에는 그 기간이 만료된 때에 전전세권과 동일한 조건으로 다시 전세권을 설정한 것으로 본다. 이 경우 전세권의 존속기간은 그 정함이 없는 것으로 본다.

㉠ 요건 : 건물의 전세권설정자가 전세권의 존속기간 만료 전 6월부터 1월까지 사이에 전세권자에 대하여 갱신거절의 통지 또는 조건을 변경하지 않으면 갱신하지 않는다는 뜻의 통지를 하지 아니한 경우에는 그 기간이 만료된 때에 이전(以前)전세권과 동일한 조건으로 다시 전세권을 설정한 것으로 본다. 이 경우 전세권의 존속기간은 정함이 없는 것으로 본다(제312조 제4항).

㉡ 효과 : 건물전세에만 인정되며, 토지전세에는 인정되지 않는다. 또한 등기를 요하지 않는다. 따라서 등기없이 전세권설정자나 그 목적물을 취득한 제3자(건물양수인＝신소유자)에 대하여 대항할 수 있다. 존속기간은 전(前) 전세권과 동일하지 않고 정함이 없는 것으로 본다. 따라서 제313조에 따라 소멸통고할 수 있다.

⑵ **존속기간을 약정하지 않은 경우**

> **제313조【전세권의 소멸통고】** 전세권의 존속기간을 약정하지 아니한 때에는 각 당사자는 언제든지 상대방에 대하여 전세권의 소멸을 통고할 수 있고 상대방이 이 통고를 받은 날로부터 6월이 경과하면 전세권은 소멸한다.

1 전세권의 효력이 미치는 범위(인적 범위)

(1) 전세권이 성립한 후 전세권자와 목적물의 소유권을 취득한 신소유자 사이에서 계속 동일한 내용으로 존속하게 된다.

(2) 목적물의 신소유자는 구소유자와 전세권 사이에 성립한 전세권의 내용에 따른 권리의무의 직접적인 당사자가 되어 전세권이 소멸하는 때에는 전세권자에 대하여 전세권설정자의 지위에서 전세금반환의무를 부담하게 되고, 구소유자는 전세권설정자의 지위를 상실하여 전세금반환의무를 면하게 된다(대판 99다15122).

> **예** X건물소유자 甲이 乙에게 전세권을 설정한 후에 건물을 丙에게 매도하여 소유권을 이전하였다면 전세권자 乙은 丙에게만 전세권의 효력을 주장할 수 있고, 전세권이 소멸한 경우에 전세금도 丙이 반환하여야 하고, 甲은 그 책임을 면하게 된다.

2 전세권자의 권리

(1) **사용수익권**

① 전세권자는 부동산을 점유하여 그 부동산의 용도에 좇아 사용·수익할 권리를 가진다(제303조 제1항).

> **제311조【전세권의 소멸청구】** ① 전세권자가 전세권설정계약 또는 그 목적물의 성질에 의하여 정하여진 용법으로 이를 사용, 수익하지 아니한 경우에는 전세권설정자는 전세권의 소멸을 청구할 수 있다.

② 상린관계도 적용된다.

(2) **전세권자의 물권적 청구권**

전세권의 내용의 실현이 방해되는 모습에 따라서 물권적 청구권이 인정된다.

(3) 전세권의 처분권

> 제306조【전세권의 양도, 임대 등】전세권자는 전세권을 타인에게 양도 또는 담보로 제공할 수 있고 그 존속기간 내에서 그 목적물을 타인에게 전전세 또는 임대할 수 있다. 그러나 설정행위로 이를 금지한 때에는 그러하지 아니하다.

① **전세권 처분의 자유와 제한**

    ㉠ 원칙 : 전세권은 물권이기 때문에 원칙적으로 처분의 자유가 인정된다. 따라서 전세권자는 전세권설정자의 동의없이(전세권자 설정자 의사에 반하여) 전세권을 타인에게 양도하거나 담보로 제공할 수 있고 또 그 존속기간 내에 그 목적물을 타인에게 전전세 또는 임대할 수 있다.

    ㉡ 예외 : 그러나 설정행위로 전세권의 양도 또는 전전세, 임대 등을 금지할 수 있으며, 이를 제3자에게 대항하려면 등기하여야 한다.

② **전세권의 양도**

> 제307조【전세권양도의 효력】전세권양수인은 전세권설정자에 대하여 전세권양도인과 동일한 권리의무가 있다.

전세권양수인은 전세권설정자에 대하여 양도인과 동일한 권리의무를 가지게 되므로 전세권설정자는 양수인에 대하여 전세금반환의무를 지게 된다.

③ **전전세**

> 제308조【전전세 등의 경우의 책임】전세권의 목적물을 전전세 또는 임대한 경우에는 전세권자는 전전세 또는 임대하지 아니하였으면 면할 수 있는 불가항력으로 인한 손해에 대하여 그 책임을 부담한다.

전전세란 기존의 전세권은 그대로 존속하면서 그 전세권을 목적으로 하는 전세권을 다시 설정하는 것을 말한다.

3 전세권자의 의무

(1) 용도에 좇은 사용 · 수익

전세권자가 용도에 좇은 사용 · 수익을 하지 않은 경우 전세권설정자는 전세권소멸청구를 할 수 있다.

(2) 전세권자의 현상유지 및 수선의무

> 제309조【전세권자의 유지, 수선의무】전세권자는 목적물의 현상을 유지하고 그 통상의 관리에 속한 수선을 하여야 한다.

전세권자는 목적물의 현상을 유지하고 그 통상의 관리에 속한 수선을 하여야 한다. 따라서, 목적부동산에 필요비를 지출하였더라도 임대차에서와 같은 필요비상환청구권은 인정되지 않는다.

예 전세권자 乙은 직접 보일러 수선의무를 부담하므로, 보일러 수리비(통상의 필요비)를 전세권설정자에게 청구할 수 없다.

4 전세권 소멸의 효과

(1) 원상회복의무, 부속물 수거의무

> 제316조【원상회복의무, 매수청구권】① 전세권이 그 존속기간의 만료로 인하여 소멸한 때에는 전세권자는 그 목적물을 원상에 회복하여야 하며 그 목적물에 부속시킨 물건은 수거할 수 있다.

(2) 동시이행

> 제317조【전세권의 소멸과 동시이행】전세권이 소멸한 때에는 전세권설정자는 전세권자로부터 그 목적물의 인도 및 전세권설정등기의 말소등기에 필요한 서류의 교부를 받는 동시에 전세금을 반환하여야 한다.

(3) 경매청구권과 우선변제권

> 제318조【전세권자의 경매청구권】전세권설정자가 전세금의 반환을 지체한 때에는 전세권자는 민사집행법의 정한 바에 의하여 전세권의 목적물의 경매를 청구할 수 있다.

① 경매신청권과 우선변제권
  ㉠ 전세권설정자가 전세금의 반환을 지체한 때에는 전세권자는 전세 목적물의 경매를 청구할 수 있다(제318조).
  ㉡ 그리고 그 부동산 전부에 대하여 후순위권리자 기타 채권자보다 전세금의 우선변제를 받을 수 있다.

② **일부 전세권의 문제**

건물일부의 전세권자는 목적물 전부에 대해서 우선변제권이 인정되어도 전부에 대한 경매신청권은 인정되지 않는다.

> **예** 2층 단독주택의 1층에 전세권을 취득한 경우 전세권설정자의 전세금 미반환을 이유로 주택 전부에 대한 경매신청권은 없다.

(4) 유익비상환청구권

> **제310조【전세권자의 상환청구권】** ① 전세권자가 목적물을 개량하기 위하여 지출한 금액 기타 유익비에 관하여는 그 가액의 증가가 현존한 경우에 한하여 소유자의 선택에 좇아 그 지출액이나 증가액의 상환을 청구할 수 있다.
> ② 전항의 경우에 법원은 소유자의 청구에 의하여 상당한 상환기간을 허여할 수 있다.

① 전세권자는 목적물의 현상을 유지하고 그 통상의 관리에 관한 수선을 하여야 할 의무가 있으므로 필요비의 상환을 청구할 수는 없다. 그러나 유익비는 청구할 수 있다.

② 유익비란 전세권자가 목적물을 개량하기 위하여 지출한 금액을 말한다.

③ 그 가액의 증가가 현존한 경우에 한하여 소유자의 선택에 좇아 그 지출액이나 증가액의 상환을 청구할 수 있다.

> **예** 전세권자 乙이 상가건물을 증축한 경우, 증축할 때 소요된 비용을 말한다. 증축비는 상가사용에 필요한 것은 아니지만, 증축함으로써 상가건물의 가치가 증가된다. 이처럼 목적물을 개량하기 위하여 지출한 비용을 유익비라고 한다.

(5) 부속물매수청구권

① **전세권설정자의 매수청구권**

전세권의 목적부동산에 부속시킨 물건에 대하여 전세권설정자가 매수를 청구한 때에는 전세권자는 정당한 이유 없이 이를 거절하지 못한다(제316조 제1항 단서).

② **전세권자의 매수청구권**

만일 그 부속물이 전세권설정자의 동의를 얻어 부속시킨 것인 때 또는 전세권설정자로부터 그 부속물을 매수하여 부속시킨 경우에는 전세권설정자에게 그 부속물을 매수할 것을 청구할 수 있다(제316조 제2항).

③ **매수청구권은 형성권**

이러한 매수청구권은 형성권에 해당하며 매수청구를 하면 즉시 부속물에 대한 매매계약이 성립한다.

담보물권의 의의

1 채권담보제도

(1) 채권의 실현을 확보하려는 수단을 담보라고 하며, 여기에는 인적담보와 물적담보 두 가지가 있다.

(2) 물권법에서 인정하는 물적담보제도에는 유치권, 질권, 저당권이 있다.

2 담보물권의 특성(통유성)

(1) 부종성

① 부종성이란 담보물권은 피담보채권의 존재를 전제로 해서만 존재할 수 있다는 성질, 즉 피담보채권에 의존하는 성질을 말한다.

② 채권이 발생하면 담보물권도 발생하며, 채권이 소멸하면 담보물권도 소멸하는 것이다.

③ 즉 받은 돈이 있어야 담보물(◉ 저당권)이 있으며, 받은 돈이 없으면 담보물권도 당연히 소멸한다는 의미이다.

(2) 수반성

수반성이란 피담보채권이 동일성을 유지하면서 상속, 양도, 기타사유로 이전하게 되면 담보물권도 그에 따라 이전한다는 것이다.

(3) 불가분성

불가분성이란 담보물권의 효력은 피담보채권의 전부변제받을 때까지 목적물 전부에 대해서 미치는 성질을 말한다. 즉 채권의 일부가 변제되었다 하더라도 일부가 남아있는 이상 목적물 전부에 담보물권의 효력이 미친다.

◉ 10억원의 피담보채권을 담보하기 위해 X건물에 저당권을 설정한 경우, 채무자가 6억원을 변제하여도 남은 4억원을 모두 변제받을 때까지 X건물 전부에 저당권의 효력이 미친다.

⑷ **물상대위성**

① 물상대위성이란 담보물권의 효력은 담보목적물이 멸실·훼손·공용징수 됨으로써 목적물에 갈음하는 금전 기타 물건으로 변한 경우에 금전, 기타 물건에 대해서노 남보물권의 효력이 미치는 성질을 말한다.

② 담보물권 중 우선변제권이 없는 유치권에는 물상대위성이 인정되지 않는다.

> 예 저당권이 설정된 건물이 화재로 멸실되어 보험청구권이 발생한다면, 화재보험청구권을 지급 또는 인도 전에 압류하여 우선변제의 목적을 달성할 수 있다.

1 의의와 성질

(1) 의 의

타인의 물건(부동산, 동산)이나 유가증권을 점유한 자는 그 물건이나 유가증권에 관하여 생긴 채권이 변제기에 있는 경우에는 변제를 받을 때까지 그 물건 또는 유가증권을 유치할 권리가 있다. 즉 유치권은 그 물건이나 유가증권을 점유하면서 인도를 거절할 수 있는 권리이다.

> **예** 甲은 자신의 건물의 인테리어 공사를 乙에게 맡겨 乙이 공사를 완료하였으나 甲이 공사대금을 지급하지 않는 경우, 乙이 공사대금을 전부 변제받을 때까지 그 건물을 점유하면서 인도를 거절할 수 있는 권리이다.

> **예** 강아지를 치료해준 동물병원장이 치료비를 받을 때까지 강아지를 인도거절할 수 있는 권리이다.

(2) 성 질

① 법정담보물권

유치권은 법정담보물권이므로 부동산의 경우 등기없이 성립한다.

> **예** 종종 길거리에 건축물 공사 중인 현장에 공사가 중단되어 있고 유치권 행사 중이라는 현수막이 걸려 있는 경우가 있다. 이는 건축공사대금이 제때 지급되지 않아 유치권 행사 중인 상황이다. 건물이 완공되지 않아 등기부가 없는 상태이지만 그 건물을 점유만 하여 등기없이 유치권이 성립한다.

② 담보물권의 통유성

부종성, 수반성, 불가분성은 가지나, 유치권의 경우 우선변제권이 인정되지 않으므로 물상대위성은 없다.

> **제321조【유치권의 불가분성】** 유치권자는 채권전부의 변제를 받을 때까지 유치물 전부에 대하여 그 권리를 행사할 수 있다.

2 요건

> 제320조 【유치권의 내용】 ① 타인의 물건 또는 유가증권을 점유한 자는 그 물건이나 유가증권에
> 관하여 생긴 채권이 변제기에 있는 경우에는 변제를 받을 때까지 그 물건 또는 유가증권을 유치
> 할 권리가 있다.
> ② 전항의 규정은 그 점유가 불법행위로 인한 경우에 적용하지 아니한다.

(1) 유치권의 목적물

① 유치권의 목적이 될 수 있는 것은 동산, 부동산이다.

② **타인소유의 물건이어야 한다.**

　㉠ 타인소유 물건이면 채무자 아닌 제3자의 물건이라도 무방하다.

　㉡ 채권자 자기소유 물건에는 유치권이 성립하지 않는다.

　　예 수급인의 노력과 비용으로 건축한 건물은 수급인의 소유이므로 공사대금채권을 변제받기 위
　　해 건물을 유치할 수 없다.

　㉢ 건물신축공사를 도급받은 수급인이 사회통념상 독립한 건물이 되지 못한 정착물을
　　토지에 설치한 상태에서 공사가 중단된 경우, 그 토지에 대해 유치권을 행사할 수
　　없다.

(2) 견련관계

① **채권과 목적물의 견련관계**

　㉠ 유치권이 인정되는 경우

　　　1. 목적물에 지출한 비용상환청구권(필요비, 유익비)
　　　2. 공사대금채권
　　　3. 목적물 하자로 발생한 손해배상청구권
　　　4. 물건수선대금채권
　　　5. 동물의 침해로 인한 손해배상청구권
　　　6. 필요비채무불이행으로 인한 손해배상청구권

　　◁ 가축이 타인의 농작물을 먹어 발생한 손해에 관한 배상청구권에 기해 그 타인이 그 가축에
　　대한 유치권이 인정된다.

ⓛ 유치권이 인정되지 않는 경우

> 1. 매매대금(부속물대금채권, 건축자재대금채권, 계약명의신탁에서 신탁자가 수탁자에게 제공한 매매대금)
> 2. 임차보증금반환청구권
> 3. 권리금반환청구권
> 4. 건물의 임차인이 임대차 종료시 건물을 원상복구약정한 경우

임차인 乙이 丙에게 건축자재에 대한 외상대금을 지급하지 않으면 丙은 임차건물에 대해 유치권을 행사할 수 없다.

② **채권과 목적물의 점유와 견련성은 필요로 하지 않는다.**

ⓐ 채권이 목적물의 점유 중에 발생할 것을 요하지 않는다.

ⓛ 물건을 점유하기 전에 그 물건과 관련하여 채권이 발생한 경우라도 후에 그 물건을 취득한 경우, 점유를 개시한 때로부터 유치권이 성립한다.

(3) 채권의 변제기가 도래하여야 한다.

① 채권이 변제기에 도래하고 있지 않는 동안은 유치권이 성립하지 않는다.

② 따라서 채무자가 법원으로부터 유익비 변제기에 대해 상환기간을 허여받은 경우에는 변제기간이 도래하지 않은 것이 되므로 유치권이 성립하지 않는다.

◁ 상환기간 허여 : 변제기 연장

(4) 적법하게 계속 점유하여야 한다.

① **유치권자는 반드시 물건(부동산)을 점유하여야 한다.**

ⓐ 유치권자의 점유는 반드시 직접점유이어야 하는 것은 아니며, 간접점유라 하더라도 무방하다.

ⓛ 유치권자가 어떤 이유에서든지 점유를 상실하면 유치권은 소멸한다.

ⓒ 다만 점유를 침탈당한 경우, 유치권은 소멸한다. 그러나 침탈당한 날로부터 1년 이내 점유를 회수하면 그 점유는 계속된 것으로 되어 유치권은 처음부터 소멸하지 않은 것으로 된다.

② 점유는 불법행위로 인하여 취득한 것이 아니어야 한다(제320조 제2항).

🔵예 도둑이 그의 훔친 물건을 수선하여도 그 수선료의 상환청구권에 관하여 유치권을 행사할 수 없다.

🔵예 임대차 계약이 해지된 후 권원없이 수선비용을 지출하여도 유치권이 인정되지 않는다.

⑸ 유치권을 배제하는 특약이 존재하지 않아야 한다.

① 유치권의 성립에 관한 민법의 규정은 임의규정이므로 당사자 사이에 유치권의 발생을 배제하는 특약도 유효이다.

> 📗 임대차에서 수선의무를 임차인이 부담하기로 한 경우, 또는 건물의 임차인이 임대차관계 종료시에는 건물을 원상으로 복구하여 명도해 주기로 약정한 경우, 임차인이 건물에 지출한 필요비에 대해서는 유치권을 주장할 수 없다.

② 유치권배제특약이 있으면 법률이 정하는 유치권 성립요건을 갖춘 경우라도 유치권은 성립하지 않는다.

③ 유치권배제특약이 있는 경우, 그 특약에 따른 효력은 상대방 뿐만 아니라 그 밖의 사람도 주장할 수 있다.

3 유치권의 효력

(1) 유치권자의 권리

① 인도거절권
  ㉠ 채권의 변제를 받을 때까지 목적물의 점유를 계속하고 인도를 거절하는 것이다.
  ㉡ 유치권에 기하여 목적물의 인도를 거절하여도 불법행위가 성립하는 것은 아니다.
  ㉢ 유치권을 행사한 경우 법원은 그 물건에 관하여 생긴 채권의 변제와 상환으로 그 물건의 인도를 명하는 상환급부판결(원고일부승소판결)을 해야 한다(대판 699다1592).

② 제3자에 대한 유치권의 효력
  채무자, 목적물의 양수인, 경락인 등 모든 사람에게 유치권을 주장할 수 있다.

③ 경매권

> 제322조【경매, 간이변제충당】① 유치권자는 채권의 변제를 받기 위하여 유치물을 경매할 수 있다.

유치권자는 채권의 변제를 받기 위해 유치물을 경매할 수 있다. 그러나 우선변제받을 수는 없다. 즉 환가를 위한 경매이며, 우선변제를 위한 경매가 아니다.

④ **간이변제충당권**

> **제322조【경매, 간이변제충당】** ② 정당한 이유있는 때에는 유치권자는 감정인의 평가에 의하여 유치물로 직접변제에 충당할 것을 법원에 청구할 수 있다. 이 경우에는 유치권자는 미리 채무자에게 통지하여야 한다.

ㄱ 목적물의 가치가 적어서 경매를 신청하기 부적절한 경우 등에 있어서는 유치물로써 직접 변제에 충당할 수 있다. 즉 유치물에 대한 소유권을 채권자가 취득할 수 있다.

ㄴ 다만 간이변제충당이 인정되기 위해서는 유치권자 자신이 임의로 충당하는 것이 아니라 정당한 이유가 있어야 한다. 또한 법원에 청구하여야 하며, 감정인의 평가를 받아야 한다. 그리고 채무자에게 미리 그 뜻을 통지하여야 한다.

⑤ **비용상환청구권**

> **제325조【유치권자의 상환청구권】** ① 유치권자가 유치물에 관하여 필요비를 지출한 때에는 소유자에게 그 상환을 청구할 수 있다.
> ② 유치권자가 유치물에 관하여 유익비를 지출한 때에는 그 가액의 증가가 현존한 경우에 한하여 소유자의 선택에 좇아 그 지출한 금액이나 증가액의 상환을 청구할 수 있다. 그러나 법원은 소유자의 청구에 의하여 상당한 상환기간을 허여할 수 있다.

유치권 행사 도중 지출한 필요비와 유익비의 상환을 청구할 수 있다.

⑥ **과실수취권**

> **제323조【과실수취권】** ① 유치권자는 유치물의 과실을 수취하여 다른 채권보다 먼저 그 채권의 변제에 충당할 수 있다. 그러나 과실이 금전이 아닌 때에는 경매하여야 한다.
> ② 과실은 먼저 채권의 이자에 충당하고 그 잉여가 있으면 원본에 충당한다.

(2) **유치권자의 의무**(선량한 관리자의 주의의무)

> **제324조【유치권자의 선관의무】** ① 유치권자는 선량한 관리자의 주의로 유치물을 점유하여야 한다.
> ② 유치권자는 채무자의 승낙없이 유치물의 사용, 대여 또는 담보제공을 하지 못한다. 그러나 유치물의 보존에 필요한 사용은 그러하지 아니하다.
> ③ 유치권자가 전2항의 규정에 위반한 때에는 채무자는 유치권의 소멸을 청구할 수 있다.

① **선관주의 의무**

유치권자는 유치물을 점유할 때 자기재산과 동일한 주의의무가 아닌 선량한 관리자의 주의로 유치물을 점유하여야 한다(제324조 제1항).

② **사용, 대여, 담보제공 금지의무**

ㄱ 유치권자는 채무자의 승낙없이 유치물의 사용, 대여, 담보제공을 하지 못한다(제324조 제3항).

ㄴ 유치물의 보존에 필요한 사용은 승낙없이 사용할 수 있다. 이 경우 유치권 소멸청구 할 수 없고, 불법행위를 이유로 손해배상청구도 할 수 없으나, 사용으로 인한 이득은 부당이득으로 반환하여야 한다.

> 예 판례는 유치권자 乙이 공사대금채권을 위해 유치물인 주택에 거주하며 사용한 경우, 이를 보존을 위한 사용으로 보았다(대판 76다2096). 만일 乙이 3개월을 사용하였으면 3개월치 사용 대가를 부당이득으로 반환하여야 한다.

③ **의무위반의 효과**

유치권자가 위 의무를 위반한 때에는 채무자는 유치권의 소멸을 청구할 수 있다.

Thema 34 저당권

1 의 의

> **제356조【저당권의 내용】** 저당권자는 채무자 또는 제3자가 점유를 이전하지 아니하고 채무의 담보로 제공한 부동산에 대하여 다른 채권자보다 자기채권의 우선변제를 받을 권리가 있다.

저당권은 채무자 또는 제3자(물상보증인)가 점유를 이전하지 않고 채무의 담보로 제공한 부동산에 대하여 자기채권의 우선변제를 받을 권리를 말한다.

2 법적 성질

(1) 우선변제받는 것을 그 본질로 하는 권리이다.

(2) 점유를 수반하지 않는 권리이다.

(3) 담보물권의 통유성으로서 부종성, 수반성, 불가분성, 물상대위성을 갖는다.

3 저당권설정계약

(1) **저당권자**

저당권설정계약의 당사자인 저당권자는 채권자에 한하고, 채권자가 아닌 자가 저당권만을 가지게 되는 관계는 민법상 인정되지 않는다.

> 예 乙에 대한 채권자가 甲이면 저당권자도 甲이어야 하며, 채권자가 아닌 제3자 丙이 저당권자가 될 수 없다.

(2) **저당권설정자**

저당권설정자는 채무자에 한하지 않고 제3자가 저당권설정자가 될 수 있다. 이때의 제3자를 물상보증인이라 한다.

4 저당권설정등기

법률행위에 의한 저당권설정은 저당권설정계약 외에 저당권설정등기를 하여야 성립한다.
◁ 저당권의 가장 큰 특색은 담보로 하는 부동산을 채권자(저당권자)에게 이전하지 않고 저당권설정자
(채무자 또는 제3자)가 그대로 이를 보유하는 데 있다.

5 저당권의 객체

(1) 저당권은 점유를 수반하지 않는 권리이므로 반드시 저당권의 객체는 등기 또는 등록이 가능한 것에 한한다.

(2) 민법이 인정하는 저당권의 객체는 부동산과 지상권·전세권이다.

(3) 민법 이외의 법률이 규정하는 것은 항공기, 선박, 자동차, 광업재단, 등기된 입목 등이다.

6 저당권을 설정할 수 있는 채권(피담보채권)

(1) 저당권에 의하여 담보되는 채권, 즉 피담보채권은 금전채권인 것이 보통이지만 반드시 금전채권이어야 하는 것은 아니며 금전지급 이외의 급부를 목적으로 하는 채권도 저당권에 의해 담보될 수 있다.

(2) 피담보채권이 금전을 목적으로 하지 아니한 채권인 때에는 피담보채권의 가액을 금전으로 산정하여 이를 등기하여야 한다.

7 피담보채권의 범위

> **제360조 【피담보채권의 범위】** 저당권은 원본, 이자, 위약금, 채무불이행으로 인한 손해배상 및 저당권의 실행비용을 담보한다. 그러나 지연배상에 대하여는 원본의 이행기일을 경과한 후의 1년분에 한하여 저당권을 행사할 수 있다.

저당권은 원본, 이자, 위약금, 채무불이행으로 인한 손해배상 및 저당권의 실행비용을 담보한다.

> 1. **등기를 요하는 경우**: 원본, 이자, 위약금 약정
> 2. **등기를 요하지 않는 경우**: 실행비용, 지연배상 1년분

(1) 등기해야 담보되는 채권

① **원본, 이자, 위약금**(손해배상예정): 등기를 초과한 것은 담보되지 않는다.

② 등기한 이자는 1년분에 한하지 않고 무제한 담보된다.

(2) 등기없이 담보되는 채권

① **지연배상**(지연이자)

　㉠ 채무불이행으로 인한 손해배상(지연배상)으로 1년분에 한한다.

　㉡ 채무자 보호제도가 아닌 후순위권리자 기타 제3자의 이익을 보호하기 위한 것이다.

　　ⓐ 채무자가 임의변제하는 경우, 지연배상 전부를 변제하여야 한다.

　　ⓑ 제3취득자 또는 물상보증인이 변제하는 경우: 지연이자 1년분만 변제하면 된다.

② **저당권 실행비용**

감정비용, 경매신청비용 등 저당권 실행비용은 등기하지 않아도 피담보채권에 포함되어 당연히 경락대금에서 최우선담보된다.

8 ▸ 목적물의 범위

> **제358조【저당권의 효력의 범위】** 저당권의 효력은 저당부동산에 부합된 물건과 종물에 미친다. 그러나 법률에 특별한 규정 또는 설정행위에 다른 약정이 있으면 그러하지 아니하다.

(1) 부합물과 종물

① 저당권의 효력은 저당부동산에 부합된 물건 즉, 부합물, 종물에 미친다.

　예 토지 지하에 설치된 유류저장탱크, 건물에 설치된 주유기, 권원없이 식재한 수목, 건물에 대한 증축건물이 부합물의 예이다.

　예 지상권, 임차권, 대지사용권이 종물(종된 권리)의 예이다.

　　◁ 지상권·전세권·임차권에 기하여 건물을 소유하는 자가 건물에 저당권을 설정한 경우 특약의 등기가 없는 한 건물의 경락인은 건물소유권 외에 지상권·전세권·임차권도 취득한다.

　　◁ 구분건물의 전유부분에 설정된 저당권의 효력은 특별한 사정이 없는 한 그 전유부분의 소유자가 나중에 취득한 대지사용권에까지 미친다.

② 저당권 설정 전·후를 불문하고 저당권의 효력이 미친다(부합시기는 불문한다).

> 예 건물에 저당권을 설정한 후 증축된 부분에도 저당권의 효력이 미친다. 즉 저당권을 실행(경매)하는 경우, 증축부분까지 실행할 수 있으므로 경락인은 증축부분끼지 소유권을 취득한다.

③ 특약 또는 법률의 규정이 있는 경우 예외적으로 저당권의 효력이 미치지 아니한다.

(2) 과 실

① 저당권의 효력은 원칙적으로 과실에 미치지 않는다.

> 예 상가에 저당권을 설정한 경우 임차인이 지급하는 월세(과실)에는 저당권의 효력이 미치지 않으므로 월세(과실)는 상가건물주(저당권설정자)가 수취한다.

② 그러나 예외적으로 저당부동산에 대한 압류가 있은 후에는 저당권설정자가 수취하는 과실(차임채권) 또는 수취할 수 있는 과실에 대하여 저당권의 효력이 미친다(제359조).

(3) 물상대위

> **제342조 【물상대위】** 질권은 질물의 멸실, 훼손 또는 공용징수로 인하여 질권설정자가 받을 금전 기타 물건에 대하여도 이를 행사할 수 있다. 이 경우에는 그 지급 또는 인도전에 압류하여야 한다.

① 저당권은 저당물의 멸실·훼손·공용징수로 인하여 저당권설정자가 받을 금전 기타 물건(화재보험금, 손해배상금, 토지수용보상금 등)에 대하여노 이들 행사할 수 있는네, 이를 저당권의 물상대위라 한다.

② 물상대위권을 행사하려면 제3채무자가 금전 또는 물건을 지급 또는 인도하기 전에 압류하여야 한다.

③ 저당권자 스스로 압류한 경우에 한하지 않고, 제3자가 압류했거나 공탁 등에 의해 특정된 경우에도 인정된다.

9 우선변제적 효력

저당채무자가 변제기에 변제하지 않으면 저당채권자는 저당목적물을 일정한 절차에 따라 매각·환가하여 그 대금으로부터 다른 채권자에 우선하여 변제를 받을 수 있다.

10 제3취득자의 지위

저당권의 목적으로 되어 있는 부동산을 양도받거나 또는 그 부동산 위에 지상권이나 전세권을 취득한 자를 말한다.

> 1. 경매인
> 2. 제3취득자의 대위변제와 구상권
> 3. 제3취득자의 비용상환청구권

11 저당권침해에 대한 구제수단

목적물을 통상의 용도에 따라 사용하는 경우는 침해가 아니다.

(1) 물권적 청구권

> 제370조【준용규정】제214조, 제321조, 제333조, 제340조, 제341조 및 제342조의 규정은 저당권에 준용한다.

① 저당권의 침해가 있는 경우 방해배제·방해예방을 청구할 수 있다.
   예 저당산림의 수목을 부당하게 벌채하는 경우 그 벌채행위의 중지를 청구할 수 있다.
② 저당권은 목적물을 점유하는 것을 내용으로 하지 않기 때문에 저당권에 의한 반환청구권은 행사할 수 없다.
   예 저당권자는 목적물에서 임의로 분리, 반출된 물건을 자신에게 반환할 것을 청구할 수 없다.
③ 목적물로부터 피담보채권의 만족을 얻을 수 있어도 행사할 수 있다. 즉, 손해가 발생하지 않은 경우에도 물권적 청구권을 행사할 수 있다.

(2) 손해배상청구권

① 목적물로부터 채권의 변제를 다 받지 못한 경우, 즉 손해가 발생한 때에만 손해배상청구를 할 수 있다. 따라서 저당목적물의 침해가 있더라도 채권의 만족을 얻는 데 지장이 없는 경우 불법행위를 이유로 손해배상을 청구할 수 없다.
② 저당권실행 전·후를 불문하고 불법행위가 있은 후 즉시 청구할 수 있다.

(3) 즉시변제청구권

① 채무자가 담보 감소·손상·멸실한 경우 이행기 전이라도 변제를 청구할 수 있다. 이 때 채무자는 기한의 이익을 주장할 수 없다(기한의 이익 상실).

② 변제기 도래 전에도 저당권을 실행할 수 있다.

(4) 담보물보충청구권

> **제362조【저당물의 보충】** 저당권설정자의 책임있는 사유로 인하여 저당물의 가액이 현저히 감소된 때에는 저당권자는 저당권설정자에 대하여 그 원상회복 또는 상당한 담보제공을 청구할 수 있다.

예 乙은 10억원의 피담채권을 담보하기 위해 甲소유 15억원 상당의 X임야에 저당권을 설정하였다. 이후 甲이 임야를 훼손하여 임야의 가치가 8억원에 불과한 경우, 乙은 甲에게 임야의 원상회복이나 다른 담보를 추가로 제공하여 다시 15억원 상당의 담보물로 만들어 줄 것을 청구할 수 있다.
담보물보충청구권을 행사한 경우 채권자는 채무자에 대하여 손해배상청구권과 기한의 이익상실로 인한 즉시변제청구권은 행사할 수 없다.

12 저당권의 처분과 소멸

(1) 저당권의 처분

> **제361조【저당권의 처분제한】** 저당권은 그 담보한 채권과 분리하여 타인에게 양도하거나 다른 채권의 담보로 하지 못한다.

① 저당권은 그 담보한 채권과 분리하여 타인에게 양도하거나 다른 채권의 담보로 하지 못한다.

② 저당권에 의하여 담보된 채권과 그 저당권을 함께 양도하는 것이다. 저당권의 양도에 관해서는 그 이전등기를 하여야 그 효력이 생긴다.

(2) 저당권의 소멸

> **제369조【부종성】** 저당권으로 담보한 채권이 시효의 완성 기타 사유로 인하여 소멸한 때에는 저당권도 소멸한다.

피담보채권이 소멸하면 저당권은 당연히 소멸하므로 등기가 말소되어야 소멸하는 것은 아니다.

◈ **핵심** 다지기

특수한 저당권

1. 근저당권

(1) 근저당권이라고 함은 계속적인 거래관계로부터 발생하고 소멸하는 불특정다수의 장래채권을 담보하는 저당권으로서 결산기에 계산하여 잔존하는 채무를 일정한 한도액(최고액) 범위 내에서 담보하는 저당권을 말한다.

(2) 근저당은 장래의 특정의 채무를 담보하는 것이 아니라 장래에 증감변동 하는 불특정의 채무를 담보한다.

2. 공동저당권

동일한 채권의 담보로 수개의 부동산 위에 설정된 저당권을 공동저당이라고 한다. 예를 들어, 甲이 乙에 대하여 1억원의 금전채권을 가지고 있는데, 그 담보로 乙소유의 토지(1억원 상당)와 건물(5천만원 상당)에 대해 저당권을 설정하는 것이다.

1 전형(유명)계약과 비전형(무명)계약

(1) 전형계약(유명계약)

일상생활상 자주 반복되는 계약의 전형(典型)으로, 민법에 규정되어 있는 15종류의 계약인 증여 · 매매 · 교환 · 소비대차 · 사용대차 · 임대차 · 고용 · 도급 · 여행 · 현상광고 · 위임 · 임치 · 조합 · 종신정기금(終身定期金) · 화해 등이다.

(2) 비전형계약(무명계약)

민법에 이름이 없는 계약을 말한다. 계약자유의 원칙에 따라 당사자 합의에 의해 이루어지는 계약을 비전형계약 또는 무명(無名)계약이라고 한다.

2 쌍무계약과 편무계약

(1) 쌍무계약

① 계약의 양 당사자가 서로 대가적인 채무를 부담하는 계약이 쌍무계약이다.

② 매매 · 교환 · 임대차 등은 쌍무계약이다.

> **예** 매매계약의 경우 매도인은 소유권이전의무, 매수인은 대금지급의무를 부담한다. 계약당사자 쌍방이 의무를 부담하므로 쌍무계약이라 한다.

③ 쌍무계약은 동시이행항변권, 위험부담의 문제가 발생한다.

(2) 편무계약

① 당사자의 일방만이 채무를 부담하거나 또는 쌍방이 채무를 부담하더라도 그 채무에 대가적 의미가 없는 계약이 편무계약이다.

> **예** 甲이 건물을 乙에게 증여하기로 계약한 경우, 甲만 소유권이전의무를 부담하며 乙은 반대의무를 부담하지 않는다. 계약당사자 일방만이 의무를 부담하므로 편무계약이라 한다.

② 민법상의 전형계약 중 증여 · 사용대차 · 현상광고는 편무계약이다.

③ 편무계약은 동시이행항변권, 위험부담의 문제가 발생하지 않는다.

3 유상계약과 무상계약

(1) 유상계약

① 당사자 쌍방이 서로 대가적 의미를 가지는 출연을 하는 계약을 말한다.

② 매매·교환·임대차 등 모든 쌍무계약과 현상광고는 유상계약이다.

(2) 무상계약

① 당사자 일방만이 출연을 하거나 당사자 쌍방이 급부를 하더라도 그 급부 사이에 대가적 의미가 없는 계약을 말한다. 이른바 공짜계약을 말한다.

② 증여, 사용대차가 무상계약에 해당한다.

(3) 민법상 쌍무계약은 유상계약에 해당하고, 편무계약은 무상계약에 해당하나, 현상광고는 편무계약인 동시에 유상계약의 특징을 보인다.

(4) 유상계약에 관하여는 매매에 관한 규정(특히 담보책임)을 준용한다.

4 낙성계약과 요물계약

(1) 낙성계약

① 당사자의 합의만으로 성립하는 계약을 말한다.

② 민법상 전형계약 중 현상광고를 제외한 모든 계약이 낙성계약에 해당한다.

(2) 요물계약

① 당사자의 합의 이외에 물건의 인도 기타의 급부가 있어야만 성립하는 계약을 말한다.

② 현상광고계약, 대물변제예약, 계약금계약, 보증금계약이 그러하다.

1 청약과 승낙의 합치

(1) 주관적 합치와 객관적 합치에 의한 계약의 성립

① 계약이 성립하려면 당사자의 서로 대립되는 의사표시인 청약과 승낙의 합치, 즉 '합의'가 있어야만 한다.

> **예** 甲이 X건물을 乙에게 "10억원에 팔겠다."고 의사표시한 경우, 乙이 "그래. 당신의 건물을 10억원에 매수하겠다."고 하여 이에 응하는 의사표시를 하게 되면 매매계약은 성립된다. 이 경우 甲의 의사표시를 "청약"이라 하고, 乙의 의사표시를 "승낙"이라고 부른다.

② 사람이 일치하는 것을 주관적 합치라고 하고, 내용이 일치하는 것을 객관적 합치라고 한다. 위의 경우 甲과 乙간(주관적 합치)의 X건물을 10억원 매매한다는 내용의 합치(객관적 합치)가 있으므로 계약이 성립한다.

③ 당해 계약의 내용을 이루는 모든 사항에 관하여 의사의 합치가 있어야 하는 것은 아니다. 당사자 사이에 계약의 내용을 이루는 본질적 사항이나 중요사항에 관하여 구체적으로 의사합치가 있으면 계약이 성립한다.

> **예** 매매계약에 있어 대금의 지급시기, 장소, 방법 등에 관한 합의가 없더라도 계약은 성립한다.

(2) 청 약

① **의 의**

청약이란 승낙과 결합하여 계약을 성립시킬 수 있는 확정적 의사표시로서, 그 법적 성질은 법률사실이다.

② **청약의 요건**

ㄱ 청약은 계약을 체결하려는 구속력 있는 의사표시로서 그에 대한 승낙에 의하여 곧바로 계약의 성립에 필요한 의사합치에 이를 수 있을 정도로 내용이 확정적이고 구체적이면 된다.

ㄴ 청약이 되기 위하여 청약자가 누군지 명시되어야 하는 것도 아니며,

ㄷ 청약은 상대방있는 의사표시이지만 상대방은 특정인이 아닌 불특정인이어도 무방하다.

> **예** 무인자판기 설치, 무인카페, 정찰가격표가 붙은 대형마트 물건판매

    ② 반드시 승낙기간을 정하여 청약할 필요도 없다.

        ⓐ 승낙기간을 정한 청약은 청약자가 그 기간 내에 승낙의 통지를 받지 못한 때에는 그 효력을 잃고,

        ⓑ 승낙기간을 정하지 않은 청약은 청약자가 상당기간 내에 승낙의 통지를 받지 못하면 그 효력을 잃는다.

③ **청약과 청약의 유인**

청약의 유인이란 타인을 꾀어내어 자기에게 청약을 하게 하려는 행위를 말하며, 청약을 하기 전의 사전의 준비행위이므로 내용이 확정적이거나 구체적일 필요는 없다. 그 점에서 청약과는 구별된다.

🔵 길거리에서 나누어주는 전단지(유인물), 구인광고, 공사 견적서 제안 등이 이에 해당한다.

④ **청약의 효력**

    ⊙ 청약의 효력발생시기

청약도 하나의 의사표시이므로 원칙적으로 대화자 격지자를 구별하지 않고 상대방에게 도달한 때에 효력이 발생한다(제111조 제1항).

    ⓛ 청약의 구속력

> **제527조【계약의 청약의 구속력】** 계약의 청약은 이를 철회하지 못한다.

        ⓐ 청약은 도달 후에는 철회하지 못한다.

        ⓑ 다만 미리 철회권을 유보한 청약이나 승낙기간을 정하지 않은 대화자 사이의 청약은 예외로서 도달 후에도 철회할 수 있다.

    ⓒ 청약의 존속기간(승낙적격)

        ⓐ 승낙기간을 정한 경우

> **제528조【승낙기간을 정한 계약의 청약】** ① 승낙의 기간을 정한 계약의 청약은 청약자가 그 기간 내에 승낙의 통지를 받지 못한 때에는 그 효력을 잃는다.

        ⓑ 승낙기간을 정하지 않은 경우

> **제529조【승낙기간을 정하지 아니한 계약의 청약】** 승낙의 기간을 정하지 아니한 계약의 청약은 청약자가 상당한 기간 내에 승낙의 통지를 받지 못한 때에는 그 효력을 잃는다.

🖥 **핵심** 용어 **Check**

◆ **상당한 기간**
청약이 상대방에게 도달하여 상대방이 그 내용을 받아들일지 여부를 결정하여 회신을 함에 필요한 기간을 의미한다.

(3) 승 낙

① 의 의

승낙이란 청약에 내용하여 계약을 성립시킬 것을 목적으로 하는 의사표시를 말한다.

② 승낙의 상대방

불특정인에 대한 승낙은 무효이며, 반드시 특정인(청약자)에 대한 승낙만이 유효하다.

③ 승낙의 자유

⊙ 피청약자는 계약자유의 원칙상 승낙의 의무가 없다.

ⓒ 따라서 청약자가 "일정기간 내에 회답이 없으면 승낙한 것으로 본다"고 통지한 경우, 상대방이 이에 대해 아무런 회답을 하지 않았다 하더라도 승낙이 되지 않는다.

◁ 다만, 그 기간은 승낙기간을 정하는 의미만 가질 뿐이다.

④ 계약성립시기

⊙ 대화자간의 승낙

대화자간이 계약의 성립시기는 특별한 규정이 없는 한 도달주의 원칙에 따라 승낙의 의사표시가 청약자에게 도달한 때 그 효력이 발생하고 계약이 성립한다,

ⓒ 격지자간의 승낙

> **제531조【격지자간의 계약성립시기】** 격지자간의 계약은 승낙의 통지를 발송한 때에 성립한다.

청약자가 정한 승낙기간 내에 승낙의 의사표시가 도달하면, 격지자간의 계약은 승낙의 통지를 발송한 때에 성립한다(발신주의).

⑤ 조건을 붙이거나 변경을 가한 승낙

> **제534조【변경을 가한 승낙】** 승낙자가 청약에 대하여 조건을 붙이거나 변경을 가하여 승낙한 때에는 그 청약의 거절과 동시에 새로 청약한 것으로 본다.

청약의 수령자가 청약에 대하여 조건을 붙이거나 또는 청약에 변경을 가하여 승낙한 때에는 승낙으로써의 효력은 없다. 청약의 거절과 동시에 새로운 청약을 한 것으로 본다(제534조).

⑩ 甲이 자신의 X건물을 10억원에 매도하겠다고 乙에게 청약을 하자 乙은 9억원이면 매수하겠다고 한 경우, 乙은 甲의 10억원의 청약을 거절하고 새로운 9억원의 청약을 한 것이다(변경된 승낙).

⑥ 연착된 승낙

⊙ 보통의 연착된 승낙

> **제530조【연착된 승낙의 효력】** 전2조의 경우에 연착된 승낙은 청약자가 이를 새 청약으로 볼 수 있다.

일반적인 연착의 경우, 계약은 성립하지 않고 다만 새 청약으로 인정된다. 이에 대해 청약자가 승낙을 하면 새로운 계약이 이루어 진다.

> **예** 甲이 乙에게 자신의 X건물을 10억원 매도한다는 청약을 하면서 5월 30일까지 승낙기간을 정하여 청약을 하였다. 乙이 이에 대하여 5월 29일 승낙의 통지를 하였으나 6월 2일에 甲에게 도달하였다. 이 경우 원래의 10억원 매매계약은 성립하지 않는다. 다만 甲이 승낙하면 새로운 매매계약이 성립한다.

ⓛ 사고에 의한 연착된 승낙

> **제528조 【승낙기간을 정한 계약의 청약】** ② 승낙의 통지가 전항의 기간 후에 도달한 경우에 보통 그 기간 내에 도달할 수 있는 발송인 때에는 청약자는 지체없이 상대방에게 그 연착의 통지를 하여야 한다. 그러나 그 도달 전에 지연의 통지를 발송한 때에는 그러하지 아니하다.
> ③ 청약자가 전항의 통지를 하지 아니한 때에는 승낙의 통지는 연착되지 아니한 것으로 본다.

ⓐ 승낙자가 기간 내에 도달할 수 있도록 발송하였으나, 특별한 사정으로 기간 내에 도달하지 못하고 연착된 경우에는 청약자가 지체없이 연착의 사실을 통지하여야 한다. 그러면 승낙의 의사표시는 연착된 것으로 인정되어 계약이 성립하지 않는다.

ⓑ 만약 연착의 통지를 하지 않은 경우에는 기간 내에 도달된 것으로 보아 계약은 성립한다.

> **예** 甲이 乙에게 자신의 X건물을 10억원 매도한다는 청약을 하면서 5월 30일까지 승낙기간을 정하여 청약을 하였다. 乙이 이에 대하여 충분한 기간을 두어 5월 20일 승낙의 통지를 하였으나 6월 2일에 甲에게 도달하였다. 甲이 지체없이 연착통지를 하지 않는 경우, 승낙은 연착되지 않은 것으로 보아 계약은 승낙의 발송일인 5월 20일에 10억원에 성립한다.

2 교차청약에 의한 계약의 성립

> **제533조 【교차청약】** 당사자간에 동일한 내용의 청약이 상호교차된 경우에는 양 청약이 상대방에게 도달한 때에 계약이 성립한다.

(1) 의 의

당사자 사이에 동일한 내용의 청약이 서로 교차된 경우 양 청약이 상대방에게 도달한 때에 계약이 성립한다(제533조).

> **예** 甲이 토지를 乙에게 1억원에 팔겠다는 청약을 하고 甲의 청약이 乙에게 도달하기 전에 乙이 甲에게 그 물건을 1억원에 사겠다는 청약을 하는 경우와 같이 당사자의 합치(주관적 합치)뿐만 아니라 의사표시 내용의 합치(객관적 합치)가 있으므로 계약은 성립한다.

(2) 계약성립시기

양 청약이 동시에 도달하지 않는 한 나중 청약이 도달한 때에 계약이 성립한다.

예 甲이 청약이 7월 29일 乙에게 도달하고, 乙의 청약이 7월 30일 甲에게 도달한 경우, 양 청약이 모두 도달한 날인 7월 30일에 매매계약이 성립한다.

3 의사실현에 의한 계약의 성립

> 제532조 【의사실현에 의한 계약성립】 청약자의 의사표시나 관습에 의하여 승낙의 통지가 필요하지 아니한 경우에는 계약은 승낙의 의사표시로 인정되는 사실이 있는 때에 성립한다.

(1) 의 의

의사실현이란 의사표시는 아니지만 그로부터 일정한 효과의사를 추단할 수 있는 행위를 가리킨다.

예 송부되어 온 물품을 소비하거나 처분하였다면 그로부터 승낙의 효과의사를 추단할 수 있으므로, 승낙이라는 명시적인 의사표시가 없더라도 계약이 성립하게 된다.

(2) 계약성립시기

계약은 승낙의 의사표시로 인정되는 사실이 있은 때에 성립하는 것이며, 청약자가 그 사실을 인식할 것을 요하지 않는다.

제535조【계약체결상의 과실】 ① 목적이 불능한 계약을 체결할 때에 그 불능을 알았거나 알수 있었을 자는 상대방이 그 계약의 유효를 믿었음으로 인하여 받은 손해를 배상하여야 한다. 그러나 그 배상액은 계약이 유효함으로 인하여 생길 이익액을 넘지 못한다.
② 전항의 규정은 상대방이 그 불능을 알았거나 알 수 있었을 경우에는 적용하지 아니한다.

---

1 의 의

계약체결상 과실책임은 계약성립과정에서 당사자 일방이 책임있는 사유로 상대방에게 손해를 준 경우 그에 대한 배상책임을 말한다.

2 요 건

(1) 원시적·객관적 전부불능으로 그 계약의 전부가 무효이어야 한다.

민법이 규정하는 계약체결상의 과실책임은 원시적 불능 뿐이다.

> 예 매매계약 체결 후 제3자의 방화로 가옥이 전소한 경우, 계약체결상 과실책임이 문제될 수 없다.

> 예 토지 100m²에 대하여 매매계약을 하였으나 측량결과 80m²(미달)로 밝혀진 경우와 같이 원시적 일부 불능에는 계약체결상 과실책임(원시적 전부불능)의 문제는 발생하지 않는다.

(2) 불능이라는 것을 채무자가 알고 있었거나 과실이 있어야 한다.

(3) 상대방이 선의·무과실이어야 한다. 만일 상대방도 불능이라는 사실을 알 수 있었을 경우에는 손해배상책임이 없다.

(4) 상대방에게 손해가 발생해야 한다. 계약이 유효한 것으로 믿었기 때문에 손해를 입어야 한다.

3 효과 : 손해배상책임

(1) 과실있는 당사자는 상대방의 신뢰이익을 배상해야 한다.

> 예 목적물 조사비용, 융자금의 이자, 제3자로부터 유리한 청약의 거절

(2) 단, 계약이 유효함으로 인하여 생길 이익액 즉 이행이익을 넘지 못한다.

> 예 전매 차익 등

38 동시이행항변권

1 의 의

쌍무계약의 당사자 일방은 상대방이 그 채무이행을 제공할 때까지 자기채무의 이행을 거절할 수 있다. 이러한 이행거절권을 동시이행항변권이라 한다.

2 성립요건

(1) 쌍무계약으로부터 발생한 양 채무가 존재할 것

> 7월 1일 甲의 X건물을 乙에게 10억원에 매매하는 계약을 체결하였다. 7월 15일에 중도금 4억원, 7월 31일에 소유권이전등기와 잔금 6억원을 지급하기로 하였다.

① 각 당사자가 채무를 부담하더라도 그 채무가 별개의 원인으로부터 생기거나, 동일계약으로부터 생기더라도 대가적 의미를 가지지 않을 때에는 이 항변권은 성립되지 않는다.

② 당사자 쌍방이 각각 별개의 약정으로 상대방에 대하여 채무를 지게 된 경우에는 자기의 채무이행과 상대방의 어떤 채무이행을 견련시켜 동시이행 하기로 특약한 사실이 없다면 상대방이 자기에게 이행할 채무가 있다 하더라도 동시이행의 항변권이 생긴다고 볼 수 없다(대판 88다카10753).

(2) 상대방의 채무가 변제기에 있을 것

> **제536조【동시이행의 항변권】** ① 쌍무계약의 당사자일방은 상대방이 그 채무이행을 제공할 때까지 자기의 채무이행을 거절할 수 있다. 그러나 상대방의 채무가 변제기에 있지 아니하는 때에는 그러하지 아니하다.
> ② 당사자일방이 상대방에게 먼저 이행하여야 할 경우에 상대방의 이행이 곤란할 현저한 사유가 있는 때에는 전항 본문과 같다.

① 원 칙

ⓐ 상대방의 채무가 변제기에 있어야 한다.

ⓑ 상대방의 채무의 변제기가 도래하기 전에 먼저 이행하여야 할 의무있는 자, 즉 선이
행의무자에게는 원칙적으로 동시이행의 항변권이 인정되지 않는다.

> **예** 7월 15일에 乙이 중도금을 지급하는 의무는 선이행의무이다. 甲이 乙에게 중도금지급을 청구
> 하는 경우, 乙은 거절할 수 없다.

② 예 외

선이행의무자가 이행을 하지 않고 있는 동안에 상대방의 후이행채무의 변제기가 도래한
경우에는 상대방의 청구에 대하여 선이행의무자도 동시이행의 항변권을 행사할 수 있다.

> **예** 매수인이 7월 15일 중도금을 선이행하고 7월 31일 잔대금과 소유권이전등기를 동시에 하기로 하
> 였으나 중도금지급을 하지 아니한 채 잔대금지급일(7월 31일)이 도래한 경우에는 매수인의 중도
> 금 및 이에 대한 지급일 다음날부터 잔대금지급일까지의 지연손해금과 잔대금의 지급채무는 소유
> 권이전등기의무와 특별한 사정이 없는 한 동시이행관계에 있다(대판 90다19930).

(3) 상대방이 자기채무의 이행 없이 이행을 청구하였을 것

상대방이 이행 또는 이행의 제공을 하지 않고 이행을 청구하였어야 한다.

> **예** 7월 31일 甲이 자신의 소유권이전등기를 제공하지 않고 乙의 잔대금을 청구한 경우, 乙은 잔대금지급
> 을 거절할 수 있다.

3 동시이행항변권의 효력

(1) 이행거절권

상대방이 채무를 이행하거나 또는 이행의 제공을 할 때까지 자기채무의 이행을 거절할 수
있다(연기적 항변권).

(2) 이행지체 책임의 저지

동시이행항변권을 가지고 있는 채무자는 이행기에 동시이행항변권을 주장하지 않고 이행
기를 도과하였어도 이행지체가 되지 않는다. 즉, 동시이행항변권은 존재하는 것만으로 이
행지체책임을 면한다.

(3) 당사자의 주장

① 소송에서는 당사자의 주장(원용)이 있어야 법원은 그 존재를 고려하여 상환이행판결
(원고일부승소판결)을 할 수 있다.

② 당사자가 주장하지 않으면 법원은 동시이행관계를 직권으로 판단할 수 없다. 당사자가
동시이행항변권을 주장하지 않으면 법원은 원고전부승소판결을 하게 된다.

39 위험부담

1 의 의

위험부담이란 쌍무계약에서 당사자 일방(채무자)의 채무가 채무자의 책임없는 사유로 이행이 불가능하여 소멸된 경우에 채무자의 반대급부청구권은 어떻게 되는가의 문제를 말한다.

예 甲소유의 건물에 대하여 乙과 매매계약을 체결한 이후 이전등기 전에 이웃집 화재에 의해 건물이 전소한 경우 매도인 甲이 매수인 乙에게 가지고 있던 매매대금지급청구권이 존재하느냐 소멸하느냐의 문제가 위험부담의 문제이다.

핵심 용어 Check

◆ **위 험**

채권의 목적이 양당사자의 책임 없는 사유로 이행할 수 없게 된 경우의 그로 인한 불이익

핵심 다지기

불 능

원시적 불능과 후발적 불능이 있다.
1. **원시적 불능**: 매매계약성립 이전에 건물이 멸실된 경우
   계약체결상 과실책임이 문제된다.
2. **후발적 불능**: 매매계약성립 후 건물이 멸실된 경우
   ① **채무불이행**: 채무자의 귀책사유로 인해 후발적 불능이 된 경우
   ② **위험부담**: 채무자의 귀책사유 없이 후발적 불능이 된 경우

2 원칙: 채무자위험부담주의

제537조【채무자위험부담주의】 쌍무계약의 당사자일방의 채무가 당사자쌍방의 책임없는 사유로 이행할 수 없게 된 때에는 채무자는 상대방의 이행을 청구하지 못한다.

(1) 요 건

쌍무계약의 당사자 일방의 채무가 당사자 쌍방의 책임 없는 사유로 이행할수 없게 된 때에는 채무자가 위험을 부담한다.

(2) 효 과

① 반대급부청구권의 소멸

채무자는 상대방의 이행을 청구하지 못한다. 즉 채권자와 채무자 모두 의무를 면하게 된다. 채무자의 채권자에 대하여 반대급부(대금지급)를 청구하는 권리를 잃는다. 결국 경제적 손실은 채무자가 부담하게 된다.

② 부당이득반환

이미 지불한 계약금, 중도금 등 반대급부는 부당이득으로서 원상회복해야 한다.

> **예** 甲이 乙에게 자신의 건물을 1억원에 매도하는 계약을 체결하고 계약금 1천만원을 교부받았다. 계약 후 이웃집 화재에 의해 주택이 멸실된 경우, 甲은 자기채무를 면하지만 乙에게 대금지급을 청구할 수 없다. 이 경우 乙은 甲에게 지급한 계약금 1천만원의 반환을 청구할 수 있다.

3 예외 : 채권자위험부담주의

> **제538조【채권자귀책사유로 인한 이행불능】** ① 쌍무계약의 당사자일방의 채무가 채권자의 책임 있는 사유로 이행할 수 없게 된 때에는 채무자는 상대방의 이행을 청구할 수 있다. 채권자의 수령지체 중에 당사자 쌍방의 책임없는 사유로 이행할 수 없게 된 때에도 같다.
> ② 전항의 경우에 채무자는 자기의 채무를 면함으로써 이익을 얻은 때에는 이를 채권자에게 상환하여야 한다.

(1) 요 건

쌍무계약의 당사자 일방의 채무가 채권자의 책임 있는 사유 또는 채권자의 수령지체 중 양 당사자의 귀책사유로 이행할 수 없게 된 때에는, 건물 멸실에 대한 위험은 채권자가 부담하게 된다.

(2) 효 과

① 채무자는 상대방의 반대급부(대금지급)이행을 청구할 수 없다. 즉 채무자는 의무를 면하나 채권자는 의무를 면하지 못한다.

> **예** 甲이 乙에게 자신의 건물을 1억원에 매도하는 계약을 체결하고 계약금 1천만원을 교부받았다. 乙의 귀책사유로 주택이 멸실된 경우, 甲은 채무(건물을 이전할 의무)를 면하는 반면, 乙의 대금지급의무는 소멸하지 않는다. 따라서 甲은 乙에게 대금지급을 청구할 수 있다.

② 채무자는 자기의 채무를 면함으로써 이익을 얻은 때에는 이를 채권자에게 상환하여야 한다.

1 해제의 의의와 종류

(1) 의 의

유효하게 성립하고 있는 계약의 효력을 당사자 일방의 의사표시에 의하여, 그 계약이 처음부터 있지 않았던 것과 같은 상태에 복귀시키려는 것으로서, 해제권은 일방적 의사표시에 의하여 법률효과를 발생시키는 형성권이다.

(2) 해제권의 종류

① **약정해제권의 발생**

약정해제권은 계약에 의하여 당사자 사이에 해제권을 유보하였다가, 그에 의해 계약을 해제하는 것이다.

> 예 甲소유의 X토지에 대하여 매매계약을 하면서 건축불허가가 되면 매매계약을 해제하기로 약정한 경우와 같이 미리 해제권을 특약으로 유보한 경우이다.

② **법정해제권의 발생**

㉠ 채무불이행을 원인으로 계약을 해제하는 것이다. 법정해제권의 발생원인인 채무불이행은 이행지체, 이행불능, 불완전이행 및 수령지체 등이 있다.

㉡ 법정해제할 수 있는 채무불이행은 주된 채무의 불이행이어야 한다. 특약이 없는 한 부수적 채무불이행을 이유로 계약을 해제할 수 없다(대판 2001다20394).

2 법정해제권의 발생

> **제544조【이행지체와 해제】** 당사자 일방이 그 채무를 이행하지 아니하는 때에는 상대방은 상당한 기간을 정하여 그 이행을 최고하고 그 기간 내에 이행하지 아니한 때에는 계약을 해제할 수 있다. 그러나 채무자가 미리 이행하지 아니할 의사를 표시한 경우에는 최고를 요하지 아니한다.

(1) 이행지체에 의한 해제권의 발생

① 채무자의 책임 있는 사유에 의한 이행지체가 있을 것

② **상당한 기간을 정하여 최고하였을 것**: 최고의 방법에는 제한이 없다.

  ㉠ 상당한 기간이란 채무자가 이행의 준비를 하고 이것을 이행함에 필요한 기간을 말하며, 상당한 기간인지 여부는 채무자의 주관적 사정을 고려하지 않고 객관적으로 결정한다.

  ㉡ 최고기간을 정하지 않거나 상당하지 않은 경우에도 최고로서는 유효하다. 다만 상당한 기간이 경과함으로써 해제권을 행사할 수 있게 된다.

③ 최고기간 내에 이행 또는 이행의 제공이 없을 것

(2) 채무자가 미리 이행하지 아니할 의사를 표시한 경우의 해제권 발생

① 채무자가 미리 이행하지 아니할 의사를 표시한 경우에는 최고를 요하지 아니한다.

  예 매도인 甲이 소유권이전등기일 7월 31일 이전인 7월 20일에 매수인에게 등기거절의사를 명백히 표시한 경우에는 매수인 乙은 등기이행을 최고할 필요없이 즉시 해제할 수 있다.

② 그러나 이행거절의 의사가 적법하게 철회된 경우에는 다시 최고하여야 해제할 수 있음을 주의한다.

  예 위의 사례에서 매수인이 해제하지 않은 사이, 매도인 甲이 다시 소유권이전등기일 7월 31일에 소유권이전등기하여 주겠다고 한 경우(이행거절을 철회한 경우), 7월 31일 소유권이전등기를 해주지 않으면 등기를 최고한 후 해제할 수 있다.

(3) 정기행위에서의 이행지체와 해제권의 발생

> **제545조【정기행위와 해제】** 계약의 성질 또는 당사자의 의사표시에 의하여 일정한 시일 또는 일정한 기간 내에 이행하지 아니하면 계약의 목적을 달성할 수 없을 경우에 당사자일방이 그 시기에 이행하지 아니한 때에는 상대방은 전조의 최고를 하지 아니하고 계약을 해제할 수 있다.

① 정기행위란 일정한 시일이나 일정한 기간 내에 이행하지 않으면 계약을 체결한 목적을 달성할 수 없는 행위를 말한다. 즉 정기행위는 이행의 시기가 계약의 중요한 내용이 된다.

  예 결혼식에 입을 예복주문과 같이 정해진 시기에 이행을 하여야 목적달성이 되는 행위를 말한다.

② 계약의 성질상(결혼식에 입을 예복 주문) 또는 당사자의 의사표시(저녁 7시까지 치킨을 배달해주기로 한 경우)에 의한 것이든 최고없이 계약을 해제할 수 있다.

(4) 이행불능에 의한 해제권의 발생

> 제546조【이행불능과 해제】채무자의 책임있는 사유로 이행이 불능하게 된 때에는 채권자는 계약을 해제할 수 있다.

① 계약 성립 후 채무자에게 책임 있는 사유에 의해 채무를 이행할 수 없게 된 경우를 말한다.

② 이행불능이 있으면 최고없이 해제권은 발생한다(제546조). 또한 이행기일을 기다리지 않고 자신의 채무를 제공할 필요없이 해제할 수 있다.

> **예** 매도인 甲이 소유권이전등기일 7월 31일 이전인 7월 20일에 자신의 잘못으로 인해 건물이 화재로 멸실되어 이행할 수 없게 된 경우, 매수인은 7월 31일을 기다릴 필요없이 7월 20일에 즉시 해제할 수 있다. 이 경우 최고도 필요없고, 잔금제공도 하지 않아도 된다.

(5) 불완전이행에 의한 해제권의 발생

① 불완전이행이란 채무의 이행으로 급부를 하였으나 그 급부가 불완전한 경우를 의미한다.

> **예** TV를 주문하여 배송하였으나 TV액정이 손상된 경우

② 완전이행이 가능하면 최고한 후 해제할 수 있고, 완전이행이 불가능한 경우에는 최고없이 곧 해제권이 발생한다.

> **예** TV교체가 가능하면 하자없는 완전한 TV로 교체하여 줄 것을 최고하고, 만일 동종의 TV가 단종되어 더 이상 생산되지 않아 하자없는 물건으로 교체가 불가능하다면 최고없이 해제할 수 있다.

(6) 채권자지체에 의한 해제권의 발생

채권자지체란 채무자의 이행의 제공이 있음에도 불구하고 채권자의 책임 있는 사유로 인하여 채무를 수령하지 않아 채무이행이 실현될 수 없는 경우를 말한다.

3 해제권의 행사

(1) 해제권의 행사방법

> 제543조【해지, 해제권】① 계약 또는 법률의 규정에 의하여 당사자의 일방이나 쌍방이 해지 또는 해제의 권리가 있는 때에는 그 해지 또는 해제는 상대방에 대한 의사표시로 한다.
> ② 전항의 의사표시는 철회하지 못한다.

해제권의 행사는 상대방에 대한 일방적 의사표시로 한다(상대방 있는 단독행위).

(2) **해제권의 불가분성**(임의규정) : 배제특약이 유효하다.

> **제547조【해지, 해제권의 불가분성】** ① 당사자의 일방 또는 쌍방이 수인인 경우에는 계약의 해지나 해제는 그 전원으로부터 또는 전원에 대하여 하여야 한다.
> ② 전항의 경우에 해지나 해제의 권리가 당사자 1인에 대하여 소멸한 때에는 다른 당사자에 대하여도 소멸한다.

4 해제의 효과

(1) 계약의 소급적 무효

계약이 해제되면 유효하게 성립한 계약은 처음부터 계약이 성립하지 않았던 것과 같은 효력이 생긴다. 해제된 계약에 기하여 이미 행하여진 이행행위가 등기나 인도로 물권변동이 발생하고 있더라도 원인행위인 채권계약이 해제되면 일단 이전되었던 권리는 등기나 인도 없이 당연히 복귀한다.

> **예** 甲이 乙명의로 이전등기한 후 매수인 乙의 잔금미지급을 이유로 해제한 경우, 乙명의의 등기를 말소하지 않아도 소유권은 매도인 甲에게 당연히 복귀한 것이다.

(2) 원상회복의무

> **제548조【해제의 효과, 원상회복의무】** ① 당사자 일방이 계약을 해제한 때에는 각 당사자는 그 상대방에 대하여 원상회복의 의무가 있다. 그러나 제3자의 권리를 해하지 못한다.
> ② 전항의 경우에 반환할 금전에는 그 받은 날로부터 이자를 가하여야 한다.

① 계약이 해제되면 각 당사자는 상대방으로 하여금 계약이 없었던 것과 같은 상태로 복귀하게 할 의무가 있다. 이를 원상회복의무라 한다.

② 따라서 이미 지급한 것이 물건이면 원물과 사용이익을 반환하여야 한다.

> **예** 매수인이 건물을 인도받아 사용한 경우, 건물과 사용이익을 반환하여야 한다.

③ 채무자가 받은 것이 금전인 때에는 그 받은 날로부터 이자를 붙여서 반환하여야 한다.

> **예** 매도인이 계약금과 중도금을 받았다면 계약금과 중도금 그리고 그 받은 날부터 이자를 가산하여 반환하여야 한다.

④ 해제로 인한 원상회복시에는 선의·악의를 묻지 않고 또한 이익의 현존여부도 묻지 않고 급부를 전부 상대방에게 반환하여야 한다.

(3) 손해배상

> **제551조【해지, 해제와 손해배상】** 계약의 해지 또는 해제는 손해배상의 청구에 영향을 미치지 아니한다.

① 계약의 해제는 손해배상의 청구에 영향을 미치지 않는다(제551조). 따라서 해제와 더불어 손해배상(이행이익 배상)을 청구할 수 있다.

② 손해배상청구는 신뢰이익이 아닌 이행이익의 배상을 구하는 것이 원칙이지만 선택적으로 신뢰이익의 배상을 청구할 수도 있다(대판 2002다2539).

(4) 해제의 효과와 동시이행

> **제549조【원상회복의무와 동시이행】** 제536조의 규정은 전조의 경우에 준용한다.

① 원상회복뿐만 아니라 손해배상의무에 대해서도 동시이행관계를 인정한다.

② 계약을 해제한 자 또는 귀책사유있는 자가 먼저 원상회복시킬 의무가 있는 것은 아니다.

(5) 제3자의 보호

> **제548조【해제의 효과, 원상회복의무】** ① 당사자일방이 계약을 해제한 때에는 각 당사자는 그 상대방에 대하여 원상회복의 의무가 있다. 그러나 제3자의 권리를 해하지 못한다.

① 제3자라 함은 해제된 계약으로부터 생긴 법률적 효과를 기초로 새로운 이해관계를 가졌을뿐만 아니라 등기 또는 인도 등으로 완전한 권리를 취득한 자를 말한다.

② 제3자의 범위

　㉠ 원칙 : 원칙적으로 보호되는 제3자는 계약의 해제 전에 권리를 취득한 자를 말한다.

　㉡ 예외 : 그러나 해제 후라 하더라도 그 등기가 말소되기 전에 해제사실을 모르고 권리를 취득한 경우에는 제3자로서 보호된다.

> **예** 매수인 乙명의로 X건물에 대한 소유권이전등기된 후 甲이 乙의 잔금미지급을 이유로 매매계약을 해제하였다. 이후 乙이 丙에게 X건물을 매매한 후 소유권이전등기를 한 경우, 해제사실을 알지 못한 丙은 X건물의 소유권을 취득한다. 따라서 甲은 丙을 상대로 말소등기를 청구할 수 없다.

③ 보호되지 않는 제3자

계약상 채권을 양수받은 양수인은 특별한 사정이 없는 보호되는 제3자에 해당하지 않는다(대판 95다49882).

5 유사개념과의 구별

(1) 합의해제(계약)

① 해제는 해제권자의 일방적 의사표시에 의하여 성립하는 단독행위라는 점에서, 계약당사자가 체결한 계약의 효력을 합의에 의해 소멸시키는 해제계약(합의합제)과 구별된다. 즉 합의해제는 계약으로 해제하는 것이다.

② 민법상 해제에 관한 규정은 합의해제에는 적용되지 아니한다. 따라서 특약이 없는 한 손해배상청구할 수 없고, 또 합의해제로 인하여 반환할 금전에 받은 날로부터 이자를 반드시 가산하여야 하는 것도 아니다.

③ 매매계약의 합의해제시에도 계약은 소급하여 무효이므로 소유권은 당연히 매도인에게 복귀한다.

④ 계약의 합의해제에 있어서도 제3자의 권리를 해하지는 못한다.

⑤ 묵시적 합의해제가 가능하다.

> **예** 매도인이 이미 지급받은 계약금과 중도금을 공탁하였는데 매수인이 아무런 이의없이 이를 수령한 경우

(2) 해 지

소급효 없이 장래에 향하여 계약관계를 소멸시킨다는 점에서 해제와 구별된다. 이러한 해지는 임대차·고용·위임 등 계속적 계약관계의 경우에 적용된다.

해 제	1회적 계약	소급효	원상회복의무	손해배상청구 인정
해 지	계속적 계약	비소급효	청산의무	손해배상청구 인정

(3) 해제조건(실권약관)

① 자동해제특약이라고도 하며, 실권약관특약의 경우 별도의 해제의 의사표시가 필요없다.

② 중도금미지급시 계약은 자동해제된다는 특약을 한 경우 매수인이 중도금을 미지급한 경우라도 특별한 사정이 없는 한 계약은 자동해제된다.

(4) 취 소

① 취소는 계약, 단독행위, 합동행위 등 모든 법률행위에서 인정된다.

② 법률의 규정(착오·사기·강박·제한능력자 등)에 의해서만 발생하며, 약정취소가 없다.

③ 취소의 효과로 부당이득반환의무가 발생한다.

④ 구체적인 차이점은 아래 표와 같다.

구 분	해 제	취 소
	① 형성권(단독행위) ② 소급효(소급적 무효) ③ 제3자 보호규정	
대 상	• 계약에 특유한 제도 • 계약만 해제할 수 있다.	• 모든 법률행위 • 단독행위, 계약을 취소할 수 있다.
원 인	• 후발적 사유 • 계약 성립 후 채무불이행이란 사유가 발생한 것	• 원시적 하자 • 계약 성립할 때 제한능력, 착오, 사기, 강박사유가 이미 존재하였던 것
사 유	① 약정해제 ② 법정해제	법률의 규정(법정취소만 있음)

효 과	① 원상회복
	  • 선악·불문 : 받은 이익 전부
	② 손해배상청구 ○
		① 부당이득반환
		  • 선의 : 현존이익반환
		  • 악의 : 받은 이익 전부
		② 별도의 손해배상청구 ×

• **계약의 해제와 취소의 경합**
  계약을 해제한 후라도 상대방은 착오를 이유로 취소할 수 있다.

(5) 철 회

① 아직 종국적인 법률효과가 생기지 않은 법률행위 또는 의사표시가 장래에 계속 존속하는 것을 막기 위한 일방적 의사표시이다.

② 철회는 법률효과가 발생하기 전에 확정적으로 무효로 한다는 점에서 효과발생 후 소급적으로 무효로 하는 해제와는 다르다.

1 매매의 의의와 법적성질

> **제563조【매매의 의의】** 매매는 당사자일방이 재산권을 상대방에게 이전할 것을 약정하고 상대방이 그 대금을 지급할 것을 약정함으로써 그 효력이 생긴다.

(1) 의 의

매매는 당사자 일방이 상대방에게 재산권을 이전할 것을 약정하고 상대방이 그 대금을 지급할 것을 약정함으로서 그 효력이 있다.

(2) 매매의 법적 성질 : 매매는 낙성·불요식계약이다.

① 매매계약은 당사자 쌍방의 의사표시의 합치만으로 성립하는 낙성계약이다.

② 매매계약의 성립으로 발생하는 당사자 쌍방의 채무는 서로 대가적 관계에 있으므로 쌍무계약이다.

③ 당사자 쌍방의 출연(出捐)은 서로 대가관계에 서므로 매매는 유상계약이다.

④ 매매계약은 특별한 방식없이 성립하는 불요식계약이다.

2 매매의 효력

> **제568조【매매의 효력】** ① 매도인은 매수인에 대하여 매매의 목적이 된 권리를 이전하여야 하며 매수인은 매도인에게 그 대금을 지급하여야 한다.
> ② 전항의 쌍방의무는 특별한 약정이나 관습이 없으면 동시에 이행하여야 한다.

(1) 매도인의 의무

> **제569조【타인의 권리의 매매】** 매매의 목적이 된 권리가 타인에게 속한 경우에는 매도인은 그 권리를 취득하여 매수인에게 이전하여야 한다.

매도인은 재산권이전의무를 부담하게 된다.

① **매매목적물은 제한이 없다.**

    ㉠ 소유권에 한하지 않고 제한물권, 공유지분 등도 매매의 목적이 될 수 있다.

    ㉡ 매매계약 당시에 현존할 것을 요구하지 않으므로 아파트 분양과 같이 장래 성립할 재산권도 매매의 목적이 될 수 있다.

    ㉢ 타인의 재산권을 매매의 목적으로 할 수 있다. 이 경우에는 매도인은 이를 취득하여 매수인에게 이전하여야 한다.

② **동시이행관계**

    이러한 매도인의 재산권이전의무는 매수인의 대금지급의무와 동시이행의 관계이다.

(2) 매수인의 의무

① 매수인은 매도인의 재산권이전에 대한 반대급부로서 대금지급의무를 부담한다(제568조 제1항).

② 대금은 반드시 금전이어야 한다. 금전이 아닌 다른 물건이나 권리의 이전은 교환이다.

    예 건물을 이전하고 10억원을 받기로 했으면 매매계약, 토지로 받기로 했다면 교환계약이다.

③ 대금지급 시기나 장소 등은 당사자의 특약 또는 관습에 의하여 정해지는 것이 보통이지만 민법은 이에 다음과 같은 보충규정을 두고 있다.

    ㉠ 대금지급시기

> **제585조【동일기한의 추정】** 매매의 당사자 일방에 대한 의무이행의 기한이 있는 때에는 상대방의 의무이행에 대하여도 동일한 기한이 있는 것으로 추정한다.

    목적물의 인도시기만을 약속하는 때에는 대금지급시기도 목적물의 인도시기와 동시로 추정한다(제585조).

    ㉡ 대금지급장소

> **제586조【대금지급장소】** 매매의 목적물의 인도와 동시에 대금을 지급할 경우에는 그 인도장소에서 이를 지급하여야 한다.

대금의 지급장소에 대하여 특약이 없는 한 지참채무의 원칙에 의하여 매도인의 현
주소에서 지급하는 것이 원칙이나, 목적물 인도와 동시에 대금을 지급할 경우에는
대금을 인도장소에서 지급한다(제586조).

ⓒ 대금의 이자: 매수인이 목적물을 인도받은 날로부터 대금의 이자를 지급하여야 한
다(제587조). 다만, 별도의 약정이 있거나 정당한 이유가 있는 경우에는 이자를 지급
하지 않아도 된다.

> **예** 7월 30일 물건을 인도받고 대금 10억원을 지급하지 않은 경우, 이후 8월 10일에 대금 10억원
> 을 지급할 때 대금에 대한 10일치 이자를 지급하여야 한다.

(3) 과실의 귀속

> **제587조【과실의 귀속, 대금의 이자】** 매매계약 있은 후에도 인도하지 아니한 목적물로부터 생긴
> 과실은 매도인에게 속한다.

① 매매계약시부터 인도할 때까지(이행기 후라 하더라도) 목적물로부터 생긴 과실은 매도
인에게 속한다.

② 인도 전이라도 매수인이 이미 대금을 지급한 경우 과실은 매수인에 귀속된다. 따라서
대금완납 후 매도인이 수취한 과실은 매수인에게 인도하여야 한다.

(4) 계약비용의 부담

> **제566조【매매계약의 비용의 부담】** 매매계약에 관한 비용은 당사자 쌍방이 균분하여 부담한다.

3 계약금

(1) 의 의

계약금이란 계약을 체결할 때 당사자 일방이 상대방에 대해 교부하는 금전 기타 유가물을
말한다.

(2) 계약금계약의 성질

계약금계약은 매매계약과는 별도의 요물계약에 해당하며, 매매 기타의 계약에 부수하여
이루어지는 종된 계약이다. 따라서 주된 계약인 매매계약이 무효, 취소, 해제되면 계약금
계약도 당연히 효력을 잃는다.

(3) 계약금의 종류

① 증약금

계약금은 계약체결의 증거로서의 의미를 가진다. 계약금은 증약금의 성질을 가진다.

② 손해배상예정액으로서의 위약금

㉠ 계약금을 교부한 자가 계약을 위반하여 채무불이행한 경우에 계약금을 몰수하고, 이를 교부받은 자는 불이행한 경우 받은 계약금의 배액을 상환할 것을 약정함으로써 계약위반에 대한 손해배상을 계약금으로 대체하는 경우, 계약금은 손해배상예정으로서의 성질을 갖는다.

㉡ 계약금을 위약금으로 하기 위해서는 반드시 특약을 해야 한다. 만일 위약금특약이 없는 채무불이행을 한 경우에도 계약금을 몰수하거나 배액을 청구할 수 없다.

㉢ 만일 위약금특약이 있는 경우, 민법상 계약금은 해약금의 성질을 가지므로 해약금과 손해배상예정의 성질을 동시에 가진다.

③ 해약금 추정

> **제565조【해약금】** ① 매매의 당사자일방이 계약당시에 금전 기타 물건을 계약금, 보증금 등의 명목으로 상대방에게 교부한 때에는 당사자간에 다른 약정이 없는 한 당사자의 일방이 이행에 착수할 때까지 교부자는 이를 포기하고 수령자는 그 배액을 상환하여 매매계약을 해제할 수 있다.
> ② 제551조의 규정은 전항의 경우에 이를 적용하지 아니한다.

㉠ 당사자 사이에 다른 약정이 없는 한 계약금은 해약금으로 추정한다.

㉡ 해제시기

ⓐ 당사자 일방이 이행에 착수하기 전에 계약금을 포기하고 해제할 수 있으며, 이행에 착수한 경우에는 해제할 수 없다. 보통은 매수인이 중도금을 지급하게 되면 이행에 착수한 것으로 본다.

ⓑ 따라서 매수인이 중도금을 지급하거나 제공한 후에는 비록 매도인이 이행에 착수하지 않았다 하더라도 매수인은 계약금을 포기하고 해약금에 의한 해제는 할 수 없다.

㉢ 해제의 방법

ⓐ 교부자 : 계약금의 교부자는 계약금을 포기하고 매매계약을 해제할 수 있다.

ⓑ 수령자 : 수령자는 그 배액을 상환하여 매매계약을 해제할 수 있다(제565조 제1항). 다만 상대방이 계약금의 배액을 수령하지 않는다고 하여 공탁할 필요는 없다(대판 80다2784).

ⓔ 해제의 효과

> **제565조【해약금】** ② 제551조의 규정은 전항의 경우에 이를 적용하지 아니한다.

ⓐ 계약금계약에 의한 계약해제의 경우에 일반적 해제와 마찬가지로 소급효가 있다.

ⓑ 다만 아직 이행 전 상태에서의 해제이기 때문에 원상회복의 문제는 발생하지 않는다.

ⓒ 해약금에 의한 해제는 채무불이행에 의한 해제가 아니므로 손해배상청구권의 문제도 발생하지 않는다.

ⓜ 배제특약이 없을 것

ⓐ 해약금 규정은 임의규정이다.

ⓑ 계약금을 포기하고 행사할 수 있는 해제권은 당사자의 합의로 배제할 수 있다.

ⓒ 즉 당사자가 민법 제565조의 해약권을 배제하기로 하는 약정을 하였다면 더 이상 그 해제권을 행사할 수 없다.

4 매도인의 담보책임

(1) 의의와 성질

① 의 의

매매의 목적인 재산권에 하자가 있어서 이로 말미암아 그 재산권의 전부 또는 일부를 이전할 수 없거나 또는 그 재산권의 객체인 물건에 하자가 있는 것을 급부한 경우 매도인이 지는 일정한 책임을 매도인의 담보책임이라 한다.

② 성 질

그 법적 성질은 법정책임·무과실책임이다. 이러한 매도인이 담보책임은 매수인을 보호하고 거래안전을 보호하기 위하여 매도인의 잘못이 없더라도 법률규정에 의해 지는 법적 책임이다.

(2) 권리의 하자에 대한 담보책임

① 권리의 전부가 타인소유에게 속한 경우

> **제569조【타인의 권리의 매매】** 매매의 목적이 된 권리가 타인에게 속한 경우에는 매도인은 그 권리를 취득하여 매수인에게 이전하여야 한다.
>
> **제570조【동전－매도인의 담보책임】** 전조의 경우에 매도인이 그 권리를 취득하여 매수인에게 이전할 수 없는 때에는 매수인은 계약을 해제할 수 있다. 그러나 매수인이 계약 당시 그 권리가 매도인에게 속하지 아니함을 안 때에는 손해배상을 청구하지 못한다.

㉠ 선의의 매수인은 계약해제권과 손해배상청구권을 행사할 수 있다. 다만 악의의 매수인도 계약해제권이 인정된다.

> **예** 乙은 甲소유 X토지 1,000㎡를 10억원에 매수하는 매매계약을 체결하고 계약금 1억원, 중도금 4억원을 지급하였다. 그런데 토지 전부가 丙소유임이 밝혀졌다. 선의의 乙은 매매계약을 해제하고 계약금, 중도금을 반환청구할 수 있고, 손해배상을 청구할 수 있다.

㉡ 권리의 전부가 타인소유에 속하여 이전할 수 없는 경우에, 매수인의 해제권과 손해배상청구권의 행사기간에는 제한이 없다.

② **권리의 일부가 타인에게 속하는 경우**

> **제572조【권리의 일부가 타인에게 속한 경우와 매도인의 담보책임】** ① 매매의 목적이 된 권리의 일부가 타인에게 속함으로 인하여 매도인이 그 권리를 취득하여 매수인에게 이전할 수 없는 때에는 매수인은 그 부분의 비율로 대금의 감액을 청구할 수 있다.
> ② 전항의 경우에 잔존한 부분만이면 매수인이 이를 매수하지 아니하였을 때에는 선의의 매수인은 계약전부를 해제할 수 있다.
> ③ 선의의 매수인은 감액청구 또는 계약해제외에 손해배상을 청구할 수 있다.
>
> **제573조【전조의 권리행사의 기간】** 전조의 권리는 매수인이 선의인 경우에는 사실을 안 날로부터, 악의인 경우에는 계약한 날로부터 1년 내에 행사하여야 한다.

㉠ 선의의 매수인은 대금감액청구, 계약해제, 손해배상청구할 수 있고, 악의의 매수인에게는 대금감액청구권이 인정된다.

> **예** 乙은 甲소유 X토지 1,000㎡를 10억원에 매수하는 매매계약을 체결하고 계약금 1억원, 중도금 4억원을 지급하였다. 그런데 1,000㎡ 중 200㎡가 丙소유임이 밝혀졌다. 선의의 乙은 800㎡로도 계약의 목적을 달성할 수 있으면 계약을 유지하면서 2억원의 매매대금감액을 청구할 수 있고, 800㎡으로는 목적달성이 불가능하다면 매매계약을 해제할 수 있다.

㉡ 매수인이 선의의 경우에는 그 사실을 안 날부터, 악의의 경우에는 계약한 날부터 1년 내에 행사하여야 한다.

③ **수량부족 · 일부멸실의 경우**

> **제574조【수량부족, 일부멸실의 경우와 매도인의 담보책임】** 전2조의 규정은 수량을 지정한 매매의 목적물이 부족되는 경우와 매매목적물의 일부가 계약 당시에 이미 멸실된 경우에 매수인이 그 부족 또는 멸실을 알지 못한 때에 준용한다.

㉠ 선의의 매수인은 대금감액청구, 계약해제, 손해배상청구할 수 있다.

> **예** 乙은 甲소유 X토지 1,000㎡를 ㎡당 1,000만원 기준으로 10억원에 매수하는 매매계약을 체결하고 계약금 1억원, 중도금 4억원을 지급하였다. 그런데 1,000㎡ 중 200㎡가 부족하고 800㎡ 밖에 되지 않음이 밝혀졌다. 선의의 乙은 800㎡로도 계약의 목적을 달성할 수 있으면 계약을 유지하면서 2억원의 매매대금감액을 청구할 수 있고, 800㎡으로는 목적달성이 불가능하다면 매매계약을 해제할 수 있다.

ⓒ 매수인이 선의의 경우에는 그 사실을 안 날부터, 1년 내에 행사하여야 한다.

④ 제한물권 있는 경우

> **제575조 【제한물권 있는 경우와 매도인의 담보책임】** ① 매매의 목적물이 지상권, 지역권, 전세권, 질권 또는 유치권의 목적이 된 경우에 매수인이 이를 알지 못한 때에는 이로 인하여 계약의 목적을 달성할 수 없는 경우에 한하여 매수인은 계약을 해제할 수 있다. 기타의 경우에는 손해배상만을 청구할 수 있다.
> ② 전항의 규정은 매매의 목적이 된 부동산을 위하여 존재할 지역권이 없거나 그 부동산에 등기된 임대차계약이 있는 경우에 준용한다.
> ③ 전2항의 권리는 매수인이 그 사실을 안 날로부터 1년 내에 행사하여야 한다.

㉠ 선의의 매수인은 대금감액청구, 계약해제, 손해배상청구할 수 있다.

> **예** 乙은 甲소유 X토지 1,000m²를 10억원에 매수하는 매매계약을 체결하고 계약금 1억원, 중도금 4억원을 지급하였다. 그런데 법정지상권이 성립하여 토지를 사용·수익할 수 없는 상황이라면 선의의 乙은 계약의 목적을 달성할 수 없으므로 매매계약을 해제할 수 있다.

ⓒ 매수인이 선의의 경우에는 그 사실을 안 날부터, 1년 내에 행사하여야 한다.

⑤ 저당권·전세권의 행사와 담보책임

> **제576조 【저당권, 전세권의 행사와 매도인의 담보책임】** ① 매매의 목적이 된 부동산에 설정된 저당권 또는 전세권의 행사로 인하여 매수인이 그 소유권을 취득할 수 없거나 취득한 소유권을 잃은 때에는 매수인은 계약을 해제할 수 있다.
> ② 전항의 경우에 매수인의 출재로 그 소유권을 보존한 때에는 매도인에 대하여 그 상환을 청구할 수 있다.
> ③ 전2항의 경우에 매수인이 손해를 받은 때에는 그 배상을 청구할 수 있다.

㉠ 저당권의 실행으로 소유권을 취득하지 못한 매수인은 선의·악의를 불문하고 계약해제와 손해배상을 청구할 수 있다.

> **예** 乙은 3억원을 피담보채권으로 하는 A저당권이 설정된 甲소유 X토지 1,000m²를 甲이 말소하기로 하고(저당채무인수없이) 10억원에 매수하는 매매계약을 체결하였다. 이후 甲이 피담보채무를 변제하지 않는 바람에 저당권이 실행되어 乙이 소유권을 상실하였다면 乙은 甲과의 매매계약을 해제할 수 있다.

ⓒ 해제권과 손해배상청구권의 행사기간에는 제한이 없다.

(3) 물건의 하자에 대한 담보책임

① 특정물 매매와 매도인의 담보책임

> **제580조【매도인의 하자담보책임】** ① 매매의 목적물에 하자가 있는 때에는 제575조 제1항의 규정을 준용한다. 그러나 매수인이 하자있는 것을 알았거나 과실로 인하여 이를 알지 못한 때에는 그러하지 아니한다.
> ② 전항의 규정은 경매의 경우에 적용하지 아니한다.

② 종류물(불특정물) 매매와 매도인의 담보책임

> **제581조【종류매매와 매도인의 담보책임】** ① 매매의 목적물을 종류로 지정한 경우에도 그 후 특정된 목적물에 하자가 있는 때에는 전조의 규정을 준용한다.
> ② 전항의 경우에 매수인은 계약의 해제 또는 손해배상의 청구를 하지 아니하고 하자 없는 물건을 청구할 수 있다.
>
> **제582조【전2조의 권리행사기간】** 전2조에 의한 권리는 매수인이 그 사실을 안 날로부터 6월 내에 행사하여야 한다.

(4) 경매와 담보책임

> **제578조【경매와 매도인의 담보책임】** ① 경매의 경우에는 경락인은 전8조의 규정에 의하여 채무자에게 계약의 해제 또는 대금감액의 청구를 할 수 있다.
> ② 전항의 경우에 채무자가 자력이 없는 때에는 경락인은 대금의 배당을 받은 채권자에 대하여 그 대금전부나 일부의 반환을 청구할 수 있다.
> ③ 전2항의 경우에 채무자가 물건 또는 권리의 흠결을 알고 고지하지 아니하거나 채권자가 이를 알고 경매를 청구한 때에는 경락인은 그 흠결을 안 채무자나 채권자에 대하여 손해배상을 청구할 수 있다.

5 환 매

> **제590조【환매의 의의】** ① 매도인이 매매계약과 동시에 환매할 권리를 보류한 때에는 그 영수한 대금 및 매수인이 부담한 매매비용을 반환하고 그 목적물을 환매할 수 있다.
> ② 전항의 환매대금에 관하여 특별한 약정이 있으면 그 약정에 의한다.
> ③ 전2항의 경우에 목적물의 과실과 대금의 이자는 특별한 약정이 없으면 이를 상계한 것으로 본다.

(1) 매도한 목적물을 일정기간 내에 매도인이 다시 매수할 수 있게 한 제도이다.

> **예** 甲이 자신의 X건물을 乙에게 10억원에 매도하면서 5년 이내에 甲이 다시 매수할 수 있는 특약을 한 경우이다.

(2) 환매특약은 반드시 매매계약과 동시에 하여야 한다.

(3) 환매기간 내에 환매대금을 제공하면서 환매권을 행사하면 환매가 이루어진다.

① 환매기간은 특약이 없으면 부동산은 5년, 동산은 3년을 넘지 못한다.
② 환매대금은 특약이 없는 한 원매매대금과 매수인이 부담한 매매비용이다.

6 교 환

> **제596조【교환의 의의】** 교환은 당사자 쌍방이 금전이외의 재산권을 상호이전할 것을 약정함으로써 그 효력이 생긴다.
>
> **제597조【금전의 보충지급의 경우】** 당사자 일방이 전조의 재산권이전과 금전의 보충지급을 약정한 때에는 그 금전에 대하여는 매매대금에 관한 규정을 준용한다.

(1) 의 의

금전 이외의 재산권을 상호이전할 것을 약정함으로써 성립하는 쌍무·유상·불요식·낙성계약이다.

(2) 보충금의 지급

① 교환되는 재산권의 가치가 균등하지 않을 때 그 차액을 보충하기 위해 지급하는 금전을 말한다.

> **예** 건물(10억)과 토지(7억)를 교환하면서 보충금 3억원을 지급하기로 약정

② 보충금에 대해서는 매매대금에 관한 규정을 준용한다.
③ 보충금 미지급시 교환계약의 해제사유가 된다.

1 임대차의 의의 및 성질

(1) 의 의

> **제618조【임대차의 의의】** 임대차는 당사자일방이 상대방에게 목적물을 사용, 수익하게 할 것을 약정하고 상대방이 이에 대하여 차임을 지급할 것을 약정함으로써 그 효력이 생긴다.

임대차라 함은 당사자 일방이 상대방에게 목적물을 사용·수익하게 할 것을 약정하고, 상대방이 이에 대하여 차임을 지급할 것을 약정함으로써 성립하는 낙성·쌍무·유상·불요식계약이다.

핵심 용어 Check

◆ **소비대차**
당사자 일방(대주)이 금전 기타 대체물의 소유권을 상대방에게 이전할 것을 약정하고 상대방(차주)은 그와 같은 종류, 품질 및 수량으로 반환할 것을 약정함으로써 성립하는 계약을 말한다.

◆ **사용대차**
당사자 일방이 상대방에게 무상으로 사용·수익하게 하기 위하여 목적물을 인도할 것을 약정하고 상대방은 이를 사용·수익한 후 그 물건을 반환할 것을 약정함으로써 성립하는 낙성·무상·편무계약을 말한다.

(2) 요 소

① 임대차의 목적물은 동산·부동산 모두 가능하며 사용·수익의 대가로 차임을 지급하는 것을 요소로 한다.

② 차임은 금전에 한하지 않으며 과실·미곡 등으로 지급하여도 무방하다.

③ 보증금은 요소가 아니다.

④ 임대차는 채권계약에 해당하며 임대인은 임대물에 대한 소유권이나 또는 처분권한을 가지고 있을 것을 요하지 아니한다.

◆ **보증금**

1. 장래 발생일지도 모르는 채무를 담보하기 위하여 특정한 관계에 있는 사람 사이에 교부되는 금전 기타 유가물. 예를 들면 부동산의 임대차 보증금이 있다.
2. 보증금 계약은 임대차 또는 기타 법률관계에서의 부수적 계약인 경우가 보통이며, 보증금교부의 법적 성격은 임대차관계 또는 일정한 법률관계가 종료하는 때에 이행되지 아니한 채무액에 충당하고, 나머지 금액을 반환한다는 조건으로 교부한다.

2 임대차의 성립

임대차는 낙성·불요식의 계약이므로 당사자의 의사의 합치만으로 성립한다.

3 임대차의 존속기간

(1) 기간의 약정이 있는 경우

임대차의 최장기 및 최단기 제한은 없다. 따라서 존속기간은 당사자가 자유로이 정할 수 있나.

(2) 임대차의 갱신(기간의 연장)

① 계약에 의한 갱신

당사자는 10년을 넘지 않는 범위 내에서 약정기간을 갱신할 수 있으며 이 갱신에 횟수 제한은 없다.

② 묵시의 갱신(법정갱신)

> **제639조 【묵시의 갱신】** ① 임대차기간이 만료한 후 임차인이 임차물의 사용·수익을 계속하는 경우에 임대인이 상당한 기간내에 이의를 하지 아니한 때에는 전임대차와 동일한 조건으로 다시 임대차한 것으로 본다. 그러나 당사자는 제635조의 규정에 의하여 해지의 통고를 할 수 있다.
> ② 전항의 경우에 전임대차에 대하여 제3자가 제공한 담보는 기간의 만료로 인하여 소멸한다.

임대차가 법정갱신된 경우, 기간의 약정이 없는 것으로 본다.

◆ **갱신**(更新)

어떤 계약의 존속기간이 만료된 때에 그 기간을 연장하는 것을 말한다.

(3) 기간의 약정이 없는 경우

> **제635조 【기간의 약정 없는 임대차의 해지통고】** ① 임대차기간의 약정이 없는 때에는 당사자는 언제든지 계약해지의 통고를 할 수 있다.
> ② 상대방이 전항의 통고를 받은 날로부터 다음 각 호의 기간이 경과하면 해지의 효력이 생긴다.
> 1. 토지, 건물 기타 공작물에 대하여는 임대인이 해지를 통고한 경우에는 6월, 임차인이 해지를 통고한 경우에는 1월

◼ 4 임대차의 효력

(1) 임대인의 권리와 의무

① **임대인의 권리**: 임대인의 권리에는 차임지급청구권, 목적물반환청구권, 차임증액청구권, 목적물의 보존에 필요한 행위를 할 권리, 법정담보물권 등이 있다.

② **임대인의 의무**

> **제623조 【임대인의 의무】** 임대인은 목적물을 임차인에게 인도하고 계약존속 중 그 사용, 수익에 필요한 상태를 유지하게 할 의무를 부담한다.

  ㉠ 임대인은 임대차계약이 존속하는 동안 목적물을 사용·수익하게 할 의무를 부담한다. 이로부터 목적물인도의무, 방해제거의무, 비용상환의무, 수선의무, 담보책임 등의 여러 의무가 파생된다.

  ㉡ 수선의무
    ⓐ 임차목적물에 파손 또는 장애가 생기더라도 그것이 별 비용을 들이지 않고 손쉽게 고칠 수 있거나, 수선을 하지 않아도 임차인의 사용·수익에 지장이 없는 정도의 사소한 수선은 임대인이 수선의무를 부담하지 않는다.

    ⓑ 수선하지 않으면 '임차인의 사용·수익을 방해'할 상태인 경우에는 임대인은 수선의무를 지지만, 이는 특약에 의해 면제할 수 있다. 다만 특약에 의해 임대인이 면할 수 있는 수선의무는 통상 생길 수 있는 파손의 수선(소규모 수선)이며, 대규모의 수선은 이에 포함되지 아니하고 여전히 임대인이 수선의무를 부담한다.

  ㉢ 비용상환의무
    임대인은 임차인이 지출한 필요비와 유익비에 대해 상환의무가 있다.

  ㉣ **임대인의 담보책임**: 임대차는 유상계약이기 때문에 매매에 관한 규정이 준용되므로 임대인은 목적물에 하자가 있거나 권리에 하자가 있는 때에는 매도인과 동일한 담보책임을 부담한다.

(2) 임차인의 권리와 의무

① 임차인의 권리

ⓧ 사용·수익권(임차권)

ⓐ 임차인은 계약 또는 그 목적물의 성질에 관하여 정하여진 용법으로 이를 사용·수익할 권리를 갖는다(제654조).

ⓑ 임차인이 이와 같은 임차권의 범위를 위반하는 사용·수익을 하는 때에는 임대인은 계약을 해지할 수도 있다.

ⓧ 임차권의 대항력

> **제621조 【임대차의 등기】** ① 부동산임차인은 당사자간에 반대 약정이 없으면 임대인에 대하여 그 임대차등기절차에 협력할 것을 청구할 수 있다.
> ② 부동산임대차를 등기한 때에는 그때부터 제3자에 대하여 효력이 생긴다.
>
> **제622조 【건물등기있는 차지권의 대항력】** ① 건물의 소유를 목적으로 한 토지임대차는 이를 등기하지 아니한 경우에도 임차인이 그 지상건물을 등기한 때에는 제3자에 대하여 임대차의 효력이 생긴다.
> ② 건물이 임대차기간 만료 전에 멸실 또는 후폐한 때에는 전항의 효력을 잃는다.

ⓐ 부동산임대차의 경우 당사자간에 반대약정이 없으면, 임차인은 임대인에 대하여 임대차등기에 협력할 것을 청구할 수 있고 임차권을 등기하면 대항력을 갖게 된다(제621조).

ⓑ 건물의 소유를 목적으로 하는 토지임대차는 이를 등기하지 아니한 때에도 임차인이 그 지상건물을 등기한 때에는 제3자에 대하여 임대차의 효력(대항력)이 생긴다(제622조 제1항).

> 예 甲의 토지에 乙이 임차권을 취득하여 건물을 축조하였으나 기간만료 전 토지소유권이 丙으로 변경된 경우, 丙이 토지인도를 청구하면 乙은 토지를 인도하고 원상복구하여야 한다. 그러나 임차권을 등기하거나 건물을 등기한 이후 토지소유자가 丙으로 변경된 경우에는 존속기간 만료될 때까지 계속 사용·수익할 수 있으며, 丙의 토지인도청구에 대하여 대항할 수 있다.

부동산임차권은 원칙적으로 채권이지만, 이를 등기한 때에는 그때부터 제3자에 대해서도 효력이 있다. 등기된 임차권이 제3자에 의하여 침해당하고 있는 경우에 임차인은 임차권에 대해 방해제거청구권이 인정된다.

ⓒ 비용상환청구권

> **제626조【임차인의 상환청구권】** ① 임차인이 임차물의 보존에 관한 필요비를 지출한 때에는 임대인에 대하여 그 상환을 청구할 수 있다.
> ② 임차인이 유익비를 지출한 경우에는 임대인은 임대차종료시에 그 가액의 증가가 현존한때에 한하여 임차인의 지출한 금액이나 그 증가액을 상환하여야 한다. 이 경우에 법원은 임대인의 청구에 의하여 상당한 상환기간을 허여할 수 있다.

ⓐ 필요비

임차인이 임차물의 보존에 관한 필요비를 지출한 때에는 임대차의 종료를 기다리지 않고서 곧 임대인에게 그 상환을 청구할 수 있다(제626조 제1항).

> **예** 임차인이 보일러 수선을 위해 수선비를 지출한 경우, 지출한 즉시 임대인에게 그 비용을 청구할 수 있다.

ⓑ 유익비

> 1. 임차인이 유익비를 지출한 경우에는 임대인은 임대차 종료시에 그 가액의 증가가 현존할 때 한하여 임차인이 지출한 금액이나 그 증가액을 상환하여야 한다. 필요비와 달리 지출 즉시 청구할 수 있는 것이 아니고 종료시에 청구할 수 있다.
> 2. 이 경우에 법원은 임대인의 청구에 의하여 상당한 상환기간을 허여할 수 있다(제626조 제2항).

ⓒ 필요비 및 유익비상환청구권은 목적물을 반환받은 날로부터 6월 내에 행사하여야 한다.

> **📖 판례**
>
> **필요비 또는 유익비에 해당하지 않는다고 한 판례**
> 다방경영에 필요한 시설비용, 식당경영을 위해 부착시킨 간판, 사무실용 건물부분에 임차인이 작은 방, 큰 방 등을 만들어 삼계탕집을 경영하면서 들인 비용

ⓔ 부속물매수청구권

> **제646조【임차인의 부속물매수청구권】** ① 건물 기타 공작물의 임차인이 그 사용의 편익을 위하여 임대인의 동의를 얻어 이에 부속한 물건이 있는 때에는 임대차의 종료시에 임대인에 대하여 그 부속물의 매수를 청구할 수 있다.
> ② 임대인으로부터 매수한 부속물에 대하여도 전항과 같다.

ⓐ 부속물이란 건물에 부속된 물건으로서 임차인의 소유에 속하고, 건물의 구성부분으로는 되지 아니한 것으로서 건물의 사용에 객관적인 편익을 가져오게 하는 물건이라 할 것이므로, 부속된 물건이 오로지 임차인의 특수한 목적에 사용하기 위하여 부속된 것일 때는 부속물에 해당하지 않는다(대판 93다25738, 25745).

ⓑ 부속물매수청구권은 형성권이다. 임차인이 부속물매수청구권을 행사하면 그 즉시 부속물에 대한 매매가 성립하는 것이지 임대인의 승낙이 있어야 성립하는 것은 아니다.

ⓒ 건물의 증·개축부분은 특별한 사정이 없는 한 건물자체의 구성부분을 이루며 독립한 물건이라고 보이지 않으므로 부속물매수청구의 대상이 될 수 없다.

ⓓ 매수청구권은 임대차가 만료된 경우에 발생한다. 따라서 임대차계약이 임차인의 차임연체 등 채무불이행으로 해지된 경우에는 부속물매수청구권이 인정되지 않는다.

ⓔ 임차인의 부속물매수청구권에 관한 규정은 강행규정이다. 따라서 임차인이 매수청구권을 포기하는 특약은 임차인에게 불리하므로 무효가 된다.

㉭ 토지임차인의 갱신청구권과 지상물매수청구권

> **제643조【임차인의 갱신청구권, 매수청구권】** 건물 기타 공작물의 소유 또는 식목, 채염, 목축을 목적으로 한 토지임대차의 기간이 만료한 경우에 건물, 수목 기타 지상시설이 현존한 때에는 제283조의 규정을 준용한다.
>
> **제283조【지상권자의 갱신청구권, 매수청구권】** ① 지상권이 소멸한 경우에 건물 기타 공작물이나 수목이 현존한 때에는 지상권자는 계약의 갱신을 청구할 수 있다.
> ② 지상권설정자가 계약의 갱신을 원하지 아니하는 때에는 지상권자는 상당한 가액으로 전항의 공작물이나 수목의 매수를 청구할 수 있다.

ⓐ 토지임대차 기간의 만료 후 지상시설이 현존한 때 토지임차인의 갱신청구권에 대해 임대인이 거절한 경우, 임차인이 행사할 수 있다.

ⓑ 지상시설이 현존하여야 한다. 지상시설이 현존하기만 하면 충분하며 기존건물, 임대인의 동의없는 경우, 건축허가를 받지 않은 무허가 건물도 지상물매수청구의 대상이 된다.

ⓒ 지상물매수청구권은 형성권이다. 임차인이 지상물매수청구권을 행사하면 그 즉시 지상물에 대한 매매가 성립하는 것이지 임대인의 승낙이 있어야 성립하는 것은 아니다.

ⓓ 임대차 기간이 만료된 때 인정되므로 임차인의 채무불이행(2기 이상의 차임 연체) 등의 사유로 임대차계약이 해지된 경우 계약갱신청구권이나 매수청구권은 인정되지 않는다(대판 90다19695).

ⓔ 임차인의 지상물매수청구권에 관한 규정은 강행규정이다. 임대차기간 만료시 지상건물 철거 등 지상물매수청구권을 배제하는 약정은 임차인에게 불리한 것으로 효력이 없다.

② **임차인의 의무**

  ㉠ 차임지급의무

   ⓐ 차임의 내용과 액

      차임의 내용은 반드시 금전이어야 하는 것은 아니며 기타 물건으로 지급하여도 좋다. 그러나 차임액에 관하여는 민법상 아무런 제한이 없다.

   ⓑ 차임지급시기

      차임의 지급에 관하여 후급을 원칙으로 하고 있다. 즉 동산·건물·대지에 대하여는 매월 말에, 기타 토지에 대하여는 매년 말에 지급하여야 한다. 그러나 수확기에 있는 것에 대하여는 그 수확 후 지체 없이 지급하여야 한다(제633조).

   ⓒ 차임연체와 해지

   > **제640조【차임연체와 해지】**건물 기타 공작물의 임대차에는 임차인의 차임연체액이 2기의 차임액에 달하는 때에는 임대인은 계약을 해지할 수 있다.
   >
   > **제641조【동전】**건물 기타 공작물의 소유 또는 식목, 채염, 목축을 목적으로 한 토지임대차의 경우에도 전조의 규정을 준용한다.

      ㉮ 2기의 차임연체는 연속하여 2기를 연체하는 것은 아니며, 연체액이 2기에 달하면 해지권이 발생한다.

      ㉯ 제640조와 제642조는 강행규정이므로 임차인에게 불리한 약정은 무효이다.

         🔵 예 1기의 차임 연체시 해지할 수 있다는 약정은 법률에 규정된 2기 이상 연체하여야 해지할 수 있다는 규정보다 임차인에게 불리하므로 무효이다.

   ⓓ 일부멸실과 해지 및 차임감액청구

   > **제627조【일부멸실 등과 감액청구, 해지권】** ① 임차물의 일부가 임차인의 과실없이 멸실 기타 사유로 인하여 사용, 수익할 수 없는 때에는 임차인은 그 부분의 비율에 의한 차임의 감액을 청구할 수 있다.
   > ② 전항의 경우에 그 잔존부분으로 임차의 목적을 달성할 수 없는 때에는 임차인은 계약을 해지할 수 있다.

   ⓔ 차임증감청구권(편면적 강행규정)

   > **제628조【차임증감청구권】**임대물에 대한 공과부담의 증감 기타 경제사정의 변동으로 인하여 약정한 차임이 상당하지 아니하게 된 때에는 당사자는 장래에 대한 차임의 증감을 청구할 수 있다

  ㉡ 기타 : 임차물보관의무, 임차권의 무단양도·전대 금지의무, 임차물반환의무, 공동임차인의 연대의무, 손해배상의무

> **제610조【차주의 사용, 수익권】** ① 차주는 계약 또는 그 목적물의 성질에 의하여 정하여진 용법으로 이를 사용, 수익하여야 한다.
>
> **제617조【손해배상, 비용상환청구의 기간】** 계약 또는 목적물의 성질에 위반한 사용, 수익으로 인하여 생긴 손해배상의 청구와 임차인이 지출한 비용의 상환청구는 임대인이 물건의 반환을 받은 날로부터 6월 내에 하여야 한다.
>
> **제624조【임대인의 보존행위, 인용의무】** 임대인이 임대물의 보존에 필요한 행위를 하는 때에는 임차인은 이를 거절하지 못한다.
>
> **제625조【임차인의 의사에 반하는 보존행위와 해지권】** 임대인이 임차인의 의사에 반하여 보존행위를 하는 경우에 임차인이 이로 인하여 임차의 목적을 달성할 수 없는 때에는 계약을 해지할 수 있다.
>
> **제634조【임차인의 통지의무】** 임차물의 수리를 요하거나 임차물에 대하여 권리를 주장하는 자가 있는 때에는 임차인은 지체없이 임대인에게 이를 통지하여야 한다. 그러나 임대인이 이미 이를 안 때에는 그러하지 아니하다.

5 임대차의 종료

(1) 종료원인

① 손속기간의 만료

② 해지통고(존속기간 정하지 않은 경우, 파산, 보류특약)

> **제635조【기간의 약정없는 임대차의 해지통고】** ① 임대차기간의 약정이 없는 때에는 당사자는 언제든지 계약해지의 통고를 할 수 있다.

③ 해지

(2) 종료효과

① 언제나 장래에 대해서만 소멸한다(소급효가 없다).

② 임대차계약 종료 후에도 임차인이 동시이행항변권을 행사하여 임차목적물을 계속 점유사용하여 온 경우

　㉠ 불법점유로 인한 손해배상책임은 없다.

　㉡ 그 사용으로 얻은 실질적 이득이 있는 경우, 부당이득으로서 반환하여야 한다.

> **제615조【차주의 원상회복의무와 철거권】** 임차인이 임차물을 반환하는 때에는 이를 원상에 회복하여야 한다. 이에 부속시킨 물건은 철거할 수 있다.

6 임차권의 양도와 전대

> 제629조【임차권의 양도, 전대의 제한】 ① 임차인은 임대인의 동의 없이 그 권리를 양도하거나 임차물을 전대하지 못한다.
> ② 임차인이 전항의 규정에 위반한 때에는 임대인은 계약을 해지할 수 있다.

(1) 의 의

① **임차권의 양도**

임차권이 동일성을 유지한 채 새로운 권리자에게 이전되는 계약이다. 임차권의 양도가 있게 되면 임차인은 임차인으로서 지위를 벗어나고 양수인이 임차인으로서의 권리와 의무를 승계하게 된다.

② **임차물의 전대**

임차인이 종전의 계약상의 지위를 유지하면서 임대인과의 지위는 그대로 유지한 채 전차인과의 사이에 새로운 임대차관계를 성립하게 하는 계약을 전대라고 한다.

(2) 민법의 규정

① **원 칙**

임차권의 양도 또는 임차물의 전대는 임대인의 동의를 얻어야 한다. 임대인의 동의를 얻지 않은 경우에는 임대인에게 대항할 수 없고, 임대인은 임대차계약을 해지할 수 있다(제629조). 다만 이는 임의규정이므로 특약으로 달리 정할 수 있다.

② **예 외**

㉠ 건물의 임차인이 그 건물의 소부분을 타인에게 사용하게 하는 경우에는 임대인의 동의를 요하지 않고 할 수 있다(제632조).

㉡ 임차인이 임대인으로부터 별도의 승낙을 얻은 바 없이 제3자에게 임차물을 사용·수익하도록 한 경우에 있어서도 임차인의 당해 행위가 임대인에 대한 배신적 행위라고 인정할 수 없는 특별한 사정이 있는 경우에는 해지권은 발생하지 않는다(대판 92다45303). 따라서 임차권자가 임차건물에 동거하면서 함께 가구점을 경영하고 있는 자신의 아내에게 임차권을 양도한 것은 임대인에 대한 배신적 행위라고 인정할 수 없는 특별한 사정이 있는 경우이므로 해지사유가 될 수 없다.

③ **임대인의 동의**

㉠ 임대인의 동의는 임차권의 양도 또는 전대를 가능하게 하는 권능을 임차인에게 부여하는 일방적 의사표시이다.

ⓛ 임대인의 동의는 양도·전대의 유효요건(효력발생요건)은 아니고 대항요건에 해당
한다. 즉 임대인의 동의 없이 임차권의 양도·전대차 계약이 이루어져도 그 계약자
체는 유효히며 임차인은 임대인의 동의를 얻어 줄 의무를 부담한다.

ⓒ 동의는 반드시 양도 또는 전대차 이전에 이루어져야 하는 것은 아니며 사후 동의도
가능하다.

(3) 임대인의 동의있는 전대차

제630조【전대의 효과】 ① 임차인이 임대인의 동의를 얻어 임차물을 전대한 때에는 전차인은 직
접 임대인에 대하여 의무를 부담한다. 이 경우에 전차인은 전대인에 대한 차임의 지급으로써 임
대인에게 대항하지 못한다.
② 전항의 규정은 임대인의 임차인에 대한 권리행사에 영향을 미치지 아니한다.

제631조【전차인의 권리의 확정】 임차인이 임대인의 동의를 얻어 임차물을 전대한 경우에는 임대
인과 임차인의 합의로 계약을 종료한 때에도 전차인의 권리는 소멸하지 아니한다.

제632조【임차건물의 소부분을 타인에게 사용케 하는 경우】 전3조의 규정은 건물의 임차인이 그
건물의 소부분을 타인에게 사용하게 하는 경우에 적용하지 아니한다.

제638조【해지통고의 전차인에 대한 통지】 ① 임대차계약이 해지의 통고로 인하여 종료된 경우에
그 임대물이 적법하게 전대되었을 때에는 임대인은 전차인에 대하여 그 사유를 통지하지 아니하
면 해지로써 전차인에게 대항하지 못한다.
② 전차인이 전항의 통지를 받은 때에는 제635조 제2항의 규정을 준용한다.

제644조【전차인의 임대청구권, 매수청구권】 ① 건물 기타 공작물의 소유 또는 식목, 채염, 목축
을 목적으로 한 토지임차인이 적법하게 그 토지를 전대한 경우에 임대차 및 전대차의 기간이 동
시에 만료되고 건물, 수목 기타 지상시설이 현존한 때에는 전차인은 임대인에 대하여 전전대차와
동일한 조건으로 임대할 것을 청구할 수 있다.
② 전항의 경우에 임대인이 임대할 것을 원하지 아니하는 때에는 제283조 제2항의 규정을 준용
한다.

제647조【전차인의 부속물매수청구권】 ① 건물 기타 공작물의 임차인이 적법하게 전대한 경우에
전차인이 그 사용의 편익을 위하여 임대인의 동의를 얻어 이에 부속한 물건이 있는 때에는 전대
차의 종료시에 임대인에 대하여 그 부속물의 매수를 청구할 수 있다.
② 임대인으로부터 매수하였거나 그 동의를 얻어 임차인으로부터 매수한 부속물에 대하여도 전
항과 같다.

제37회 공인중개사 시험대비 **전면개정**

2026 박문각 공인중개사 **1차** 기초입문서

초판인쇄 | 2025. 10. 20.   **초판발행** | 2025. 10. 25.   **편저** | 박문각 공인중개사연구소
발행인 | 박 용   **발행처** | (주)박문각출판   **등록** | 2015년 4월 29일 제2019-000137호
주소 | 06654 서울시 서초구 효령로 283 서경빌딩 4층
팩스 | (02)584-2927   **전화** | 교재주문·학습문의 (02)6466-7202

판 권
본 사
소 유

정가 21,000원   ISBN 979-11-7519-298-0 / ISBN 979-11-7519-297-3(1·2차 세트)

박문각 공인중개사

박문각 공인중개사

박문각 공인중개사